Going Public. Praktiken des Veröffentlichens im Kunstfeld

Herausgegeben von
Sigrid Adorf, Sønke Gau
und Basil Rogger

Inhalt

Einleitung

Sigrid Adorf, Sønke Gau, Basil Rogger

Veröffentlichungspraktiken im Kunstfeld sind vielfältig – sei es als Ausstellen und Publizieren von Kunst, als Schreiben über Kunst oder in Form von Ergebnissen künstlerischer und kuratorischer Forschung und Praxis. Erst durch das Veröffentlichen werden Resultate künstlerischer Arbeit einem Publikum oder Partizipierenden zugänglich gemacht – ein performativer Akt und zugleich das Betreten eines Marktplatzes der Aufmerksamkeit, des Symbolischen und nicht zuletzt des Geldes. Rezeption ist in diesem Zusammenhang ein wesentlicher Teil der Produktion – ob durch die künstlerische An- und Vorwegnahme bestimmter Perspektiven oder durch konkrete Steuerungsanliegen anderer Akteur:innen des Feldes, wie Förderinstitutionen, Kurator:innen, Intendant:innen, Galerist:innen, Kritiker:innen etc. Daraus ergibt sich ein komplexer Veröffentlichungsdiskurs im Feld der Künste.

Kunstbezogene Debatten beschränken sich dabei nicht notwendigerweise auf eine Kunst-Öffentlichkeit. Vielmehr finden sie – ob gezielt oder unbeabsichtigt – in einem gesamtgesellschaftlichen Rahmen statt, in dem die hier auftretenden und kenntlich werdenden Antagonismen/Agonismen Teil der politischen Öffentlichkeit sind und sich an deren Herstellung und Verhandlung beteiligen. Von Streitfragen öffentlicher Repräsentation, wie sie um Beiträge zu Kunst im öffentlichen Raum, aber auch zu Denkmälern und architektonischen Setzungen geläufig sind, bis zu aktivistischen Kunstformen, die Kunst als Mittel gesellschaftlicher Teilhabe definieren, sind Fragen des Öffentlich-Werdens/Seins konstitutiv für den politischen und vor allem auch demokratischen Wert von Kunst als *res publica*.

Auch wenn der Begriff der Öffentlichkeit ursprünglich aus dem Kunstfeld stammt (vgl. dazu die Überlegungen im Beitrag von Eva Kernbauer gleich zu Beginn des Buches), so ist er heute doch weitaus stärker im Feld der Politik und der Gesellschaft angesiedelt. Trotzdem, oder vielleicht gerade deswegen, lohnt es sich, aus der Perspektive der vorliegenden Publikation einen einleitenden Blick auf einige der wesentlichen soziologisch-politologischen Theorien zu werfen, die sich mit dem Begriff der Öffentlichkeit im 20. Jahrhundert beschäftigt haben. Versucht man, diese Theorien zu kategorisieren, dann drängt sich die folgende Betrachtungsweise auf: So gibt es eine vor allem in den USA angesiedelte und im angelsächsischen Raum wirksame elitistisch-funktionale Sicht (Walter Lippmann), eine agonistische Sicht (Hannah Arendt), eine systemtheoretische Sicht (Niklas Luhmann), eine deliberativ partizipatorische Sicht (Jürgen Habermas), eine poststrukturalistisch-postmarxistische Sicht (Chantal Mouffe und Ernesto Laclau), die wiederum den Bogen zurück auf eine hegemonietheoretische Sicht (Antonio Gramsci) schlägt. Diese sechs Zugangsweisen sollen hier einleitend kurz nachgezeichnet werden, denn sie bilden auf unterschiedliche Weise den Ausgangspunkt der Überlegungen zu den Veröffentlichungs*praktiken*, die in *Going Public* verhandelt werden.

1922 veröffentlichte der US-amerikanische Publizist WALTER LIPPMANN *The Public Opinion*, einen der folgenreichsten Texte des angloamerikanischen Raums über politische und mediale Öffentlichkeit.[1] Das breit rezipierte und kontrovers diskutierte Werk vertritt einen Ansatz, der stark elitistische und auf einem zumindest diskutablen Demokratieverständnis aufbauende Züge aufweist, die zuweilen fast an einen aufgeklärten Absolutismus erinnern: Den Bürgerinnen und Bürgern einer gegenwärtigen, demokratisch verfassten Gesellschaft ist es – so Lippmann in der Einleitung – unmöglich, die Komplexität der gesamten sozialen und politischen Realität zu erfassen, weshalb sie sich in einer selbst zurechtgelegten Pseudo-Realität bewegen und daher besonders anfällig sind für eine durch die Massenmedien gesteuerte irreführende Kommunikation, sprich Propaganda. Deshalb, so Lippmann, ist es die Aufgabe einer oder mehrerer Eliten, die öffentliche Meinung (fast im Sinne einer staatsräsonnistischen Haltung) so zu gestalten, dass sie erstens für »normale Bürgerinnen und Bürger« verständlich ist, zweitens konsensfähig ist und drittens im Interesse der übergeordneten Gemeinschaft ist.

Lippmanns Verdienst ist es, sowohl die Konstruiertheit des Phänomens »Public Opinion«

als auch die hohen Ansprüche an Bürgerinnen und Bürger einer demokratisch verfassten Gesellschaft, ebendiese »Public Opinion« gleichzeitig zu verstehen/interpretieren und herzustellen, freigelegt zu haben. Das zugrundeliegende Verständnis der (Nicht-)Handlungsfähigkeit und Mündigkeit von Bürgerinnen und Bürgern (im Sinne einer Überforderung durch ein Zuviel an massenmedialer Kommunikation) wurde ebenso stark kritisiert wie das Nicht-Reflektieren der Machtverhältnisse und (Eigen-)Interessen von nicht näher spezifizierten »Eliten«. Die ausführlichste Kritik stammt von John Dewey; sie und die darauffolgenden Repliken Lippmanns und Dupliken Deweys sind als »Dewey-Lippmann-Debate« in die Geschichte eingegangen.[2] In seiner Besprechung von *The Public Opinion* teilt Dewey Lippmanns Analyse des gegenwärtigen Zustandes der (US-amerikanischen) Demokratie, nennt sie gar »perhaps the most effective indictment of democracy as currently conceived ever penned«[3]. Dewey kann sogar Lippmanns Verständnis der Rolle von »Eliten« positiv würdigen: »Im Grunde ist Lippmanns Argument ein starkes Plädoyer für die Dezentralisierung von Regierungsangelegenheiten aus einem neuen Blickwinkel; ein Plädoyer für die Anerkennung der Tatsache, dass die tatsächliche Regierung, ob es uns nun gefällt oder nicht, von nicht-politischen Stellen ausgeübt werden muss, von Organen, die wir üblicherweise nicht als mit der Regierung zu tun habend betrachten.«[4] Lippmanns Konsequenzen aus der Analyse hingegen teilt Dewey nicht, er würde sogar sagen, dass Lippmanns Lösungsvorschläge (die Machtverteilung durch eine differenziertere Expertokratie zu verbessern) am eigentlichen Ziel vorbeischieße: In einer »robusten« Demokratie müssten die Prozesse der Entscheidungsfindung nicht besser administriert und organisiert sein, sondern in einer Bevölkerung breiter abgestützt, insbesondere durch eine partizipatorische Kommunikation in einer Gesellschaft, die aus Individuen und aus Gruppen besteht, die keineswegs monolithisch mit vorgefassten Meinungen in einen öffentlichen Raum hineingehen, sondern diese Meinungen erst in diesem öffentlichen Raum herstellen und dadurch Öffentlichkeit konstituieren. Abschließend dazu zweierlei: Erstens rückt Dewey dadurch stark in die Nähe des später noch zu diskutierenden Jürgen Habermas – ein Vergleich, der im Kontext der vorliegenden Einleitung nicht zu leisten ist. Zweitens sind der Stimmen Legion, die in der jüngsten Vergangenheit angesichts von als »demokratische Dysfunktionalitäten« gelesenen Ereignissen wie Trumpism oder Brexit die »Dewey-Lippmann-Debate« letztendlich zugunsten von Lippmann zu reinterpretieren versuchen. Sie blenden dabei aber konsequent aus, dass die Dysfunktionalitäten der westlichen Demokratien während und nach dem Ersten Weltkrieg der Ausgangspunkt und nicht das Ende der Überlegungen sowohl von Lippmann wie auch von Dewey darstellten.

Wie so vieles ist auch und gerade das Verständnis von Öffentlichkeit bei HANNAH ARENDT geprägt und getragen von der Bezugnahme auf die attische Demokratie und das demokratische Ideal der Polis. Auf der Agora, dem physischen Ort, an dem Öffentlichkeit innerhalb der Polis stattfinden kann, treffen sich die freien Bürger (gender intended), um sich den nicht durch Zwänge des Familienlebens oder des Erwerbs geprägten Formen des Zusammenlebens widmen zu können. Erwerbs- oder auch Care-Arbeit sind in diesem Arendt'schen Verständnis weder freie noch öffentliche Tätigkeiten, das gemeinsame Denken, Aushandeln und politische Entscheidungen treffen hingegen schon, sofern sie im öffentlichen Raum stattfinden. Öffentlichkeit ist das Hinter-sich-lassen-Können des Privaten und der öffentliche Raum ist den freien Bürgern (nicht Frauen, nicht Kinder, nicht Unfreie, nicht Menschen ohne Bürgerrechte) vorbehalten.

Arendt versteht Modernisierung als einen Prozess des Verlustes dieses öffentlichen Raumes, weil in diesem das Politische zunehmend durch das Gesellschaftliche verdrängt werde.[5] Sie deswegen als »nostalgische« oder »antimodernistische« Denkerin zu akzentuieren, wäre aber falsch. Seyla Benhabib hat vorgeschlagen, Arendts »agonistischem« Öffentlichkeits-Begriff (der aus der *Vita Activa* stammt) einen anderen zur Seite zu stellen, den sie aus Arendts Totalitarismus-Theorie ableitet, nämlich denjenigen des »Assoziationsraumes«: »In der ›agonistischen Lesart‹ stellt der Bereich des Öffentlichen jenen Raum der Erscheinungen dar, in dem moralische und politische Größe, Heroismus und Außergewöhnlichkeit offenbar werden, zur Schau gestellt und mit anderen geteilt werden. Dies ist ein Raum des Wettstreits, in dem man um Anerkennung, Vorrang und Beifall konkurriert, letztlich ist es der Raum, in dem man eine Versicherung gegen die Vergeblichkeit und Vergänglichkeit aller menschlichen Dinge sucht. […] Im Gegensatz dazu steht die ›Assoziations‹-Vorstellung des öffentlichen Raums. Dieser eröffnet sich immer dort und dann, wo, in Arendts Worten, ›Männer im Einverständnis miteinander handeln‹. In diesem Modell ist der öffentliche Raum die Sphäre, ‹in der die Freiheit in Erscheinung treten kann‹.«[6]

Im Anschluss daran schlägt Seyla Benhabib vor, den »agonistischen« Raum als den klassisch griechischen, und den »Assoziationsraum« als den modernen öffentlichen Raum zu denken. Dadurch eröffnet sich die Möglichkeit, den öffentlichen Raum als »prozeduralen« Raum zu begreifen: »Wichtig ist hier nicht so sehr, was Gegenstand des öffentlichen Diskurses ist, als vielmehr die Art und Weise, wie dieser Diskurs stattfindet. […] Vom Standpunkt dieses prozeduralen Modells sind weder die Unterscheidung zwischen dem Gesellschaftlichen und dem Politischen noch die zwischen Herstellen, Arbeit und Handeln wirklich relevant. Entscheidend sind die reflexive Thematisierung von Streitfragen durch alle die, die von ihren absehbaren Konsequenzen betroffen sind, und die Anerkennung von deren Recht, so zu handeln.«[7] Ob Benhabib damit Arendt interpretiert oder weiterschreibt, darf hier dahingestellt bleiben. Vielmehr ist entscheidend, dass in dieser Verschränkung von Reflexion und Handlung(sfähigkeit) ein entscheidendes Moment von Öffentlichkeit freigelegt ist, das gerade in der Gegenwart eine hohe Dringlichkeit hat.

Ähnlich wie Hannah Arendt hat auch NIKLAS LUHMANN keine spezifische Theorie der Öffentlichkeit vorgelegt, wenn er auch das Thema in seinem Werk wiederholt bearbeitet hat, am ausführlichsten wohl in dem posthum von André Kieserling herausgegebenen Band *Die Politik der Gesellschaft* und dort insbesondere im Kapitel 8: »Öffentliche Meinung«[8]. Aus systemtheoretischer Perspektive sieht Luhmann – sich dabei auf den im vorliegenden Band ebenfalls präsenten Dirk Baecker beziehend – »das Charakteristikum des Öffentlichen in der Reflexion (oder genauer: in der Beobachtung der Beobachtung) von innergesellschaftlichen Systemgrenzen«[9]. In diesem kondensierten Satz sind gleich mehrere Momente enthalten, entlang derer sich der systemtheoretische Öffentlichkeitsbegriff ausfalten lässt:

1. Öffentlichkeit ist die »generalisierte andere Seite aller innergesellschaftlichen Sozialsysteme«[10] und kann daher gar nichts anderes, als diese innergesellschaftlichen Systeme zu reflektieren.
2. Diese Reflexion funktioniert im Modus zweiter Ordnung, d.h. es ist immer eine Beobachtung der Beobachtung, nicht eine Beobachtung von Phänomenen, des Systems als Ganzes oder gar des Systems von außen (was rein systemlogisch undenkbar wäre).
3. Daher funktioniert Öffentlichkeit wie ein Spiegel, sie vermag keine dahinterliegende Wirklichkeit zu zeigen, sie zeigt lediglich Beobachter, die sich beobachtend in der Öffentlichkeit bewegen.

Für das Verständnis von Öffentlichkeit, von öffentlicher Meinung und von Medien hat das weitreichende Konsequenzen: »Selbst die Massenmedien erzeugen in dem, was sie kommunizieren, zwar Transparenz. Aber wie andere gesellschaftliche Systeme oder auch andere Akteure im System der Massenmedien darauf reagieren, bleibt einer prinzipiell intransparenten Zukunft vorbehalten. Entgegen allen Erwartungen der Tradition garantiert Öffentlichkeit kein validiertes und als solches bekanntes Wissen, geschweige denn eine Art Vernunftsauslese. Vielmehr ist Öffentlichkeit geradezu ein Symbol für die durch Transparenz erzeugte Intransparenz.«[11]

Dies als aporetisch zu verstehen, läge nahe, wäre aber falsch. Vielmehr könnte es darum gehen, dieses Moment der (Selbst-)Beobachtung zweiter Ordnung als Reflexion ernst zu nehmen und daraus Konsequenzen zu ziehen. Etwa in dem Sinne, dass man als Akteur:in in einer Öffentlichkeit das eigene Beobachten und das Beobachtet-Werden immer mitzubedenken hat, oder dass man nicht der Versuchung anheim fällt, eine Öffentlichkeit außerhalb einer Gesellschaft imaginieren zu wollen und zu meinen, man könne seine eigene Situiertheit und Eingebundenheit überwinden, oder dem naiven Glauben zu verfallen, man könne als Akteur:in in einer wie auch immer gearteten Öffentlichkeit zu so etwas wie »Information« oder »Transparenz« oder gar »Aufklärung« verhelfen, ohne die eigene Eingebundenheit oder Situiertheit mitzubedenken. All dies waren und sind immer wieder Überlegungen, Taktiken oder Strategien gar, denen sich auch künstlerische Positionen zu stellen haben.

Im Jahr 1962 veröffentlichte JÜRGEN HABERMAS seine Habilitationsschrift unter dem Titel *Strukturwandel der Öffentlichkeit. Untersuchungen zu einer Kategorie der bürgerlichen Gesellschaft*. Als Öffentlichkeit bezeichnet Habermas diejenigen Kommunikationsbedingungen, »unter denen die diskursive Meinungs- und Willensbildung eines Publikums von Staatbürgern zustande kommen kann.«[12] Ausgehend von einer historischen Betrachtung der Entstehung bürgerlicher Öffentlichkeit in der Zeit der Aufklärung entwickelt er einen Idealtypus von Öffentlichkeit. Die Genese der bürgerlichen Öffentlichkeit vollzog sich ihm zufolge unter anderem dadurch, dass kulturelle Produkte, die sich fortan ausserhalb rein repräsentativer Funktionen für Adel und Klerus an ein breiteres Publikum[13] richteten, warenförmig wurden. Die Überführung von Kultur in Warenform machte diese somit überhaupt erst zu einer diskussionsfähigen Kultur. Kaffeehäuser, Salons, Zeitungen und auch kulturelle Institutionen wie z.B. Museen wurden im Zuge dieser Entwicklung zu Treffpunkten sozialer Interaktion, in denen vorerst über literarische und künstlerische Themen (»literarische Öffentlichkeit«), in der Folge aber auch über andere gesellschaftliche und politische Fragen diskutiert wurde und wird. Wesentlich für Habermas Argumentation ist, dass diese Treffpunkte in seiner Sichtweise grundsätzlich für alle Bevölkerungsschichten gleichermaßen zugänglich sind. Im Vordergrund stünden nicht länger soziale Hierarchien, sondern die Autorität des Arguments im Rahmen eines allgemeinen rationalkritischen Austauschs- und Verständigungswunsches. Das spezifisch politische Moment liegt damit im Wechsel von der »literarischen« zur »bürgerlichen Öffentlichkeit«. Die in öffentlichen Debatten von kulturellen Themen geübte Bevölkerung entwickle sich vom Publikum zu selbstbewussten Akteur:innen. Habermas zufolge wendeten diese ihre diskursiven Fähigkeiten auch außerhalb ästhetischer Fragestellungen an, übten Kritik an anderen Strukturen gesellschaftlicher Organisation und forderten Teilhabe an der Mitgestaltung der politischen Ordnung.[14] Gleichzeitig formuliert er normative Anforderungen: Öffentlichkeit müsse für alle Bürger zugänglich sein, jeder müsse am öffentlichen Diskurs teilnehmen können: »Eine Öffentlichkeit, von der angebbare Gruppen eo ipso ausgeschlossen wären, ist nicht nur etwa unvollständig, sie ist vielmehr gar keine Öffentlichkeit.«[15] Des Weiteren müssen die Akteure ihm zufolge rational und kommunikativ handeln, das heißt sie müssen logisch argumentieren, und die Kommunikation muss auf Verständigung und Einverständnis abzielen.

Dass diese Bedingungen in der Realität nicht gegeben sind, liegt nach Habermas daran, dass es einen Strukturwandel der Öffentlichkeit gegeben habe, mit dem ein politischer Funktionswandel der Öffentlichkeit einhergegangen sei. Er sieht eine Entwicklung von den Versammlungsöffentlichkeiten der Aufklärung hin zu einer massenmedial hergestellten Öffentlichkeit der Gegenwart, die durch Staat und Parteien sowie die Privatinteressen der Wirtschaft okkupiert sei. Dadurch entstehe eine Medienmacht, die manipulativ eingesetzt werde und das emanzipative Potenzial der Öffentlichkeit – herrschaftsfreier Diskurs und rationale Argumentation – zunichte gemacht habe.

Im Vorwort der 1990 erschienenen Neuauflage von *Strukturwandel der Öffentlichkeit* wies Habermas darauf hin, dass sein hier entwickeltes Modell einer universellen Öffentlichkeit nicht ohne Widersprüche blieb und merkte (selbst-) kritisch an: »Unter Bedingungen einer Klassengesellschaft geriet so die bürgerliche Demokratie von Anbeginn in Widerspruch zu wesentlichen Prämissen ihres Selbstverständnisses.«[16]

Auf eine weitergehende Widerspruchsanalyse wird jedoch auch in der Neuauflage verzichtet. So bleibt zu kritisieren, dass Diskurse in der Realität niemals vollkommen rational und herrschaftsfrei sein können. Auch lässt Habermas die Heterogenität des bürgerlichen Publikums zur Zeit der Aufklärung außer Acht und versäumt es, Gegenöffentlichkeiten und die Bedeutung sozialer Bewegungen in die Betrachtung einzubeziehen. Das Habermas'sche Modell eines für alle gleichermaßen zugänglichen rational-kritischen Kommunikationsraums stellt eine idealisierte Abstraktion der gesellschaftlichen Situation in Westeuropa des 18. und 19. Jahrhunderts dar, die stark normativen Charakter aufweist und die real existierenden Ausschlussmechanismen dieser Öffentlichkeit ignoriert. So bleibt sein Subjekt dem patriarchalen Charakter der bürgerlichen Familie verhaftet, vergeschlechtlicht (männlich) und gleichzeitig entkörperlicht. Andere Formen von Öffentlichkeit, wie zum Beispiel die plebejische oder proletarische, die auf differierenden Kommunikationsformen beruhen, kommen nicht in den Blick.

In ihrem Buch *Öffentlichkeit und Erfahrung. Zur Organisationsanalyse von bürgerlicher und proletarischer Öffentlichkeit*[17] unternehmen OSKAR NEGT UND ALEXANDER KLUGE bereits 1972 einen Gegenvorschlag zu Habermas' exklusiver Vereinheitlichung, der Öffentlichkeit als eine sozial fragmentierte Sphäre mit ungleichen Zugangsmöglichkeiten und konkurrierenden Kommunikationspraktiken beschreibt. Einer der Hauptunterschiede in den beiden Konzepten von Öffentlichkeit(en) drückt sich bereits in den Titeln aus. Während sich bei Habermas *die* Öffentlichkeit als Singular erweist, kündigen Negt und Kluge zumindest zwei unterschiedliche Öffentlichkeiten an.

In der Dialektik von bürgerlicher und proletarischer Öffentlichkeit bei Negt und Kluge ist die bürgerliche Öffentlichkeit keineswegs allgemein zugänglich und egalitär. In der kapitalistischen Gesellschaft nehme sie vielmehr den Charakter einer »Produktionsöffentlichkeit« an, die durch Massenmedien, Werbung und Kulturindustrie im Interesse der Mächtigen produziert werde, und deren Herrschaftsfunktion primär darin bestehe, proletarische Öffentlichkeit – als Organisationsform kollektiver Erfahrung – zu unterdrücken. Damit entwerfen Negt und Kluge ein Szenario von hegemonialer bürgerlicher Öffentlichkeit und proletarischer Gegenöffentlichkeit.

Neben Negt/Kluge hat auch die Philosophin und Feministin NANCY FRASER grundlegend zu einer Revision des Habermas'schen Modells bürgerlicher Öffentlichkeit beigetragen, indem sie vier Annahmen in Frage stellte, die »für eine spezielle, nämlich bürgerlich maskulinisierte, von der Überlegenheit der weißen Rasse überzeugte Konzeption der Öffentlichkeit zentral sind«[18]: (1) das Ideal des freien Zugangs und das Absehen von sozialer Ungleichheit bei der diskursiven Interaktion; (2) die Annahme einer einzigen allumfassenden Öffentlichkeit; (3) die Vorstellung, dass es ein »Gemeinwohl« bzw. ein allgemein geteiltes Interesse gebe, das Privatinteressen ausschließe und (4) die Annahme, dass eine scharfe Trennung zwischen Zivilgesellschaft und Staat für eine funktionierende Öffentlichkeit notwendig sei.

Doch nochmals zurück zu Habermas: Zum 60jährigen Jubiläum des Erscheinens von »Strukturwandel und Öffentlichkeit« veröffentlichte Habermas eine Publikation mit dem Titel »Ein neuer Strukturwandel der Öffentlichkeit und die deliberative Politik«[19], in der er – aufbauend auf seinen früheren Thesen und im Umkehrschluss zur seinerzeitigen Manipulationsthese durch die öffentlichen Medien – diagnostiziert, dass professioneller Journalismus und öffentliche Medien durch Zugangskontrolle und durch ihre vermeintlich objektiven Filterfunktionen heute die letzte Bastion gegen den endgültigen Niedergang der demokratischen Öffentlichkeit darstellten. Auch wenn er den rasanten digitalen Entwicklungen durchaus ein emanzipatives Potential zuschreibt, so sieht Habermas den neuen Strukturwandel als Folge einer diskursiven Entgrenzung, welche durch digitale Plattformen ihre ungehinderten Zugänge und ungefilterten Inhalte ermöglicht werde. Die für eine funktionierende Öffentlichkeit unerlässliche Trennung von Staat und Gesellschaft sowie von Öffentlichem und Privatem erodiere zusehends. An die Stelle der einen (idealen) inklusiven Öffentlichkeit seien Halböffentlichkeiten getreten, in denen »eine anonyme Intimität« unwidersprochene Falschaussagen ermögliche und durch Blasenbildungen dazu führe, dass wir uns nur noch mit Menschen austauschen, die unsere Meinung teilen, anstatt mit Vertreter:innen anderer Ansichten in eine Diskussion zur Herausbildung des besten Arguments zu treten. In der größten Öffentlichkeit, die es bisher gab, konzentriere sich die Macht heute bei den großen Social-Media-Plattformen, die bestimmen, was gesagt werden dürfe und was nicht. Die neuen Medien hätten einen revolutionären Charakter, da »es sich nicht bloß um eine Erweiterung des bisherigen Medienangebots, sondern um eine mit der Einführung des Buchdrucks vergleichbare Zäsur in der menschheitsgeschichtlichen Entwicklung der Medien«[20] handle. Und wie Habermas kulturpessimistisch einige Seiten später fortfährt: »Die Selbstermächtigung der Mediennutzer ist der eine Effekt; der andere ist der Preis, den diese für die Entlassung aus der redaktionellen Vormundschaft der alten Medien bezahlen, solange sie den Umgang mit den neuen Medien noch nicht hinreichend gelernt haben. Wie der Buchdruck alle zu potentiellen Lesern gemacht hatte, so macht die Digitalisierung heute alle zu potentiellen Autoren. Aber wie lange hat es gedauert, bis alle lesen gelernt hatten?«[21]

Diese rhetorische Frage lässt einen nichts Gutes für die Zukunft des kommunikativen Handelns erwarten – allerdings läuft Habermas in der Gegenüberstellung von alten und neuen Medien Gefahr, einem zu einfach gestrickten Dualismus Vorschub zu leisten: Nicht nur im World Wide Web kommt es zu gefährlichen Monopolbildungen, sondern auch im Angebot traditioneller Medien. Auch ist die Qualität der Beiträge nicht nur in vielen digitalen Foren zweifelhaft, sondern auch immer mehr ehemalige Leitmedien neigen zu ideologischen Vereinseitigungen und tendenziösen Meinungsbildungen. Zugegebenermaßen sind Fake News, alternative Fakten und dogmatische Abschottungen in fragmentierten Öffentlichkeiten ein Problem, aber ein Zurück zu der Alleinstellung der traditionellen Medien ist weder eine wünschbare noch eine realistische Option. Vielmehr wird es darum gehen kommunikatives Handeln im Habermas'schen Sinne mit den Möglichkeiten der digitalen Medien zu verbinden, um neue Formen der Auseinandersetzung in Entscheidungsfindungsprozessen zu ermöglichen, die kollektiven Widerstandsverhalten in einer agonistischen Gesellschaft eine breitere Basis zur Verfügung stellt.

Einen anderen Zugang zur Genese von Öffentlichkeit vertreten ERNESTO LACLAU und CHANTAL MOUFFE. In ihrem Konzept einer radikalen Demokratie[22] beziehen sie sich auf die Gedanken des französischen Philosophen Claude Lefort, der die »demokratische Revolution« als das entscheidende Ereignis für die Entstehung der modernen Demokratie wertet.[23] Mit der physischen wie auch symbolischen Enthauptung von Louis XVI. sei der von nun an »leere Ort der Macht«,[24] diese negative Leerstelle, zum Kern der Demokratie geworden, da um die temporäre Neubesetzung dieses Ortes in der Zivilgesellschaft ein permanenter politischer und damit öffentlicher Wettstreit entstanden sei: »Als Folge treten Risse zwischen den Instanzen der Macht, des Wissens und des Rechts auf und ihre Grundlagen sind nicht länger gesichert. Die Möglichkeit eines unendlichen Prozesses der Infragestellung tut sich auf.«[25]

Das Volk – in seiner sozialen Teilung – wird zum neuen Souverän erhoben, dessen Identität aber immer partikulär sowie prekär bleibt und daher nicht endgültig festgelegt werden kann. Die Einheit der Macht kann nach Lefort nur durch Totalitarismus wieder hergestellt werden. Die Zivilgesellschaft hingegen ist bei der Suche nach Legitimierung stets auf sich selbst zurückgeworfen und muss jene aus dem Prinzip des Rechts und des Wissens herleiten. Den Rahmen für diesen Prozess liefern seit der »demokratischen Revolution« die beiden großen Themen des demokratischen Imaginären: Gleichheit und Freiheit, die als Bezugspunkte auf immer weitere gesellschaftliche Gruppen und Bereiche übertragen werden. Für demokratische Gesellschaften besteht daher die Notwendigkeit, sich immer wieder aufs Neue selbst zu instituieren. Der Raum, in dem durch konfliktuelle Auseinandersetzungen Öffentlichkeiten generiert werden, ist der Raum des Politischen. Die Unmöglichkeit einer endgültigen Fixierung macht demnach immer wieder neue partielle und temporäre Fixierungen möglich, aber auch notwendig. Diese hegemonialen Verdichtungen im Diskurs (Laclau und Mouffe bezeichnen sie auch als »Knotenpunkte«)[26] sind die Grundlage für permanente antagonistische Auseinandersetzungen um soziale Beziehungen und Identitäten. Die Gesellschaft lässt sich so nicht länger als gegebene Einheit verstehen, da es keine gesellschaftlichen Prozesse mehr gibt, die sich auf feststehende gesellschaftliche Strukturen zurückführen ließen – und damit ist sie genauso wie Demokratie in letzter Konsequenz *grundlos*.[27]

Laclau und Mouffe plädieren daher für eine Vermehrung radikal neuer und verschiedener politischer Räume. Im Zusammenhang mit der notwendigen Pluralität politischer Räume und der Polyphonie der Stimmen betonen sie, dass auf jede Form von Universalismus verzichtet werden muss. Es gibt keine Klassen, Gruppierungen oder Subjekte, die einen privilegierten Zugang zu »der Wahrheit« für sich beanspruchen könnten.

Damit ist, nach einem stark verkürzten und keineswegs abschließenden Gang durch die Öffentlichkeitstheorien des 20. und 21. Jahrhunderts, der Raum geschaffen, in welchem wir den Blick richten können auf die kulturellen und ästhetischen Praxen des Veröffentlichens, die im vorliegenden Band zur Debatte gestellt werden. Im Vordergrund von *Going Public* steht dabei ein Verständnis von Veröffentlichen als *ästhetisch-politischer* Praxis, dem es nicht primär um »objektiv gesichertes Wissen« geht, sondern um die Notwendigkeit der öffentlichen Mitteilung als einer emanzipatorischen Praxis, die auch Unsicherheiten, Fragen und Komplexitäten nicht nur zulässt, sondern anstrebt.

Going Public erscheint anlässlich des 15jährigen Bestehens der Vorlesungs- und Kolloquienreihe *Positionen und Diskurse*, die seit Herbst 2009 gemeinsam vom Master Art Education und dem Master Transdisziplinarität in den Künsten am Departement Kulturanalysen und Vermittlung an der Zürcher Hochschule der Künste durchgeführt wird. Die Veranstaltungsreihe widmet sich aktuellen Fragestellungen und diskutiert diese mit Gästen aus Theorie und Praxis. In Bezugnahme auf das nahende Jubiläum beschäftigten wir uns drei Semester lang mit Veröffentlichungspraktiken der Produktion, Distribution und Rezeption im künstlerischen Feld, die in unterschiedlicher Gewichtung und Fokussierung während der Veranstaltungsreihe immer wieder Thema waren. Wir folgten dabei den Schwerpunkten der Vorlesungsreihe und fokussierten einerseits den Vorgang des Ver-/Öffentlichens als ästhetisch-politisch-publizistische Praxis und andererseits als künstlerisches Medium der Erfahrung, Mitteilung und Zeugenschaft. Ergänzend dazu berücksichtigten wir Verschiebungen und Neujustierungen im Zusammenhang mit Prozessen der Digitalisierung.

Unser abschließender Dank gilt neben den Autor:innen von *Going Public* (Dirk Baecker, Margarida Brito Alves, Stephan Geene, Jens Kastner, Eva Kernbauer, Isabell Lorey, Geert Lovink, Tine Melzer, Maria Muhle, Shusha Niederberger, Uriel Orlow, Volker Pantenburg, Marion von Osten) den weit über hundert Referent:innen der vergangenen 15 Jahre für ihre Bereitschaft, an unserer Vorlesungsreihe mitzuwirken. Es berührt uns in diesem Kontext besonders, dass wir einen der allerletzen Texte der 2020 viel zu früh verstorbenen Marion von Osten veröffentlichen dürfen. Unser Dank gebührt ebenso unseren Kolleg:innen, die – wie wir – in den letzten fünfzehn Jahren programmierend und moderierend an *Positionen und Diskurse* mitgewirkt haben: Gesa Ziemer, Paolo Bianchi, Christoph Doswald, Ines Kleesattel und Anisha Imhasly. Und abschließend geht unser Dank an das Departement Kulturanalysen und Vermittlung der Zürcher Hochschule der Künste, unter dessen institutionellem Dach die bisher längste Vorlesungsreihe in der Geschichte der Zürcher Hochschule der Künste stattfinden konnte.

Sigrid Adorf, Sønke Gau, Basil Rogger
2025

1 Walter Lippmann: *Public Opinion*. New York, Harcourt, Brace and Company, 1922 (https://archive.org/details/publicopinion00lippgoog/mode/1up (zuletzt: 16.06.2024). Erste deutsche Übersetzung: Walter Lippmann: *Die öffentliche Meinung*. München, Rütten & Loening, 1964. In diesem Kontext wäre selbstverständlich auch Edward Bernays' Werk *Propaganda* (1928, dt. erstmals 2013) zu erwähnen, auf das hier nicht näher eingegangen werden kann.

2 Vgl. etwa Lance E.Mason: »The ›Dewey-Lippmann‹-Debate and the Role of Democratic Communication in the Trump Age.« In: *Dewey Studies*, Jg. 1, Nr. 1, Spring 2017, S. 79–110.

3 John Dewey: »Conscription of Thought.« In: Jo Ann Boydston (Hg.): *The Collected Works of John Dewey, 1882–1953*, Carbondale and Edwardsville: Southern Illinois University Press, 1967–1990. *The Middle Works*, Bd. 13, S. 337.

4 John Dewey: »Practical Democracy.« In: Ebd. *The Late Works*, Bd. 2, S. 217. Deutsche Übersetzung des Autors.

5 Vgl. dazu Seyla Benhabib: »Modelle des öffentlichen Raumes. Hannah Arendt, die liberale Tradition und Jürgen Habermas«. In: *Soziale Welt*. Baden-Baden: Nomos, Jg. 42 (1991), Heft 2, S. 148

6 Ebd., S. 151

7 Ebd., S. 153

8 Niklas Luhmann: *Die Politik der Gesellschaft*. Hg. von André Kieserling. Frankfurt a.M., Suhrkamp, 2020. Das erwähnte Kapitel 8 auf den Seiten 274–318

9 Ebd., S. 284

10 Ebd., S. 285

11 Ebd.

12 Jürgen Habermas: *Strukturwandel der Öffentlichkeit. Untersuchungen zu einer Kategorie der bürgerlichen Gesellschaft*, Frankfurt a.M.: Suhrkamp, 1990, S. 38

13 Habermas definiert das räsonierende »Publikum« der literarischen und daraus hervorgehenden politischen Öffentlichkeit als aktiv und unterscheidet sich damit von Definitionen, die mit dem Begriff »Publikum« grundsätzlich eine passive, konsumierende Haltung verbinden.

14 »Der Prozess, in dem die obrigkeitlich reglementierte Öffentlichkeit vom Publikum der räsonierenden Privatleute angeeignet und als eine Sphäre der Kritik an der öffentlichen Gewalt etabliert wird, vollzieht sich als Umfunktionierung der schon mit Einrichtungen des Publikums und Plattformen der Diskussion ausgestatteten literarischen Öffentlichkeit.«, Habermas: *Strukturwandel der Öffentlichkeit*, S. 116.

15 Ebd. S. 156.

16 Ebd. S. 18.

17 Oskar Negt/Alexander Kluge: *Öffentlichkeit und Erfahrung. Zur Organisationsanalyse von bürgerlicher und proletarischer Öffentlichkeit*, Frankfurt a.M.: Suhrkamp, 1972.

18 Nancy Fraser: »Rethinking the Public Sphere: A Contribution to the Critique of Actually Existing Democracy«, in: *Social Text*, No. 25/26 (1990), S. 56-80, hier S.62/63, auch unter: https://www.jstor.org/stable/466240 (zuletzt: 25.05.2024).

19 Jürgen Habermas: *Ein neuer Strukturwandel der Öffentlichkeit und die deliberative Politik*, Berlin: Suhrkamp, 2022.

20 Ebd.Habermas: *Ein neuer Strukturwandel der Öffentlichkeit*, S. 41.

21 Ebd., S. 46.

22 Ernesto Laclau und Chantal Mouffe: *Hegemonie und radikale Demokratie. Zur Dekonstruktion des Marxismus*. Hg. v. Michael Hintz und Gerd Vorwallner, Wien: Passagen, 1991. Die folgenden Abschnitte sind eine überarbeitete und gekürzte Fassung des Kapitels »Hegemonie und Diskurstheorie«, in Sønke Gau: *Institutionskritik als Methode. Hegemonie und Kritik im künstlerischen Feld*, Wien: Turia + Kant, 2017, S. 463-477.

23 Vgl. u.a. Claude Lefort: »Die Frage der Demokratie« sowie Claude Lefort und Marcel Gauchet: »Über die Demokratie: Das Politische und die Instituierung des Gesellschaftlichen«, beide in: Ulrich Rödel (Hg.): *Autonome Gesellschaft und libertäre Demokratie*. Frankfurt a.M.: Suhrkamp, 1990, S. 281–297 und S. 89–122. Verschiedene Texte zur Einführung in die Theorie von Lefort, aber auch Laclau und Mouffe finden sich im Sammelband von Oliver Flügel, Reinhard Heil und Andreas Hetzel (Hg.): *Die Rückkehr des Politischen. Demokratietheorien heute*. Darmstadt: Wissenschaftliche Buchgesellschaft, 2004, darin: Daniel Gaus: »Demokratie zwischen Konflikt und Konsens. Zur politischen Philosophie Claude Leforts«, S. 65–86; Dirk Jörke: »Die Agonalität des Demokratischen: Chantal Mouffe«, S. 164–184; Andreas Hetzel: »Demokratie ohne Grund. Ernesto Laclaus Transformation der Politischen Theorie«, S. 185–210.

24 »Leer und unbesetzbar, so dass kein Individuum, keine Gruppe, ihm konsubstantiell zu sein vermag, erweist sich der Ort der Macht zugleich als nichtdarstellbar.« Lefort: »Die Frage der Demokratie«, S. 293.

25 Laclau/Mouffe: *Hegemonie und radikale Demokratie*, S. 231.

26 Laclau und Mouffe schreiben hierzu: »Die Unmöglichkeit einer endgültigen Fixiertheit von Bedeutung impliziert, dass es partielle Fixierungen geben muss – ansonsten wäre das Fliessen der Differenzen selbst unmöglich. Gerade um sich zu unterscheiden, um Bedeutungen zu untergraben, muss es eine Bedeutung geben. Auch wenn das Soziale sich nicht in den intelligiblen und instituierten Formen einer Gesellschaft zu fixieren vermag, so existiert es doch nur als Anstrengung, dieses unmögliche Objekt zu konstruieren. Jedweder Diskurs konstituiert sich als Versuch, das Feld der Diskursivität zu beherrschen, das Fliessen der Differenzen aufzuhalten, ein Zentrum zu konstruieren. Wir werden die privilegierten diskursiven Punkte dieser partiellen Fixierung Knotenpunkte nennen.« Ebd., S. 150.

27 Hetzel schreibt diesbezüglich über Laclaus Ansatz: »Als ›radikal‹ kann der radikaldemokratische Ansatz Laclaus insofern bezeichnet werden, als er, im Gegensatz etwa zur Habermas'schen Diskurstheorie, keine transzendentalen Rahmenbedingungen der Demokratie zulässt, die nicht selbst immer wieder in der demokratischen Auseinandersetzung in Frage gestellt werden könnten. Demokratie legitimiert sich hier gerade über ihre Grundlosigkeit, nicht dagegen durch einen Rekurs auf universale Werte oder kategoriale Rechtsprinzipien, die den demokratischen agon von außen begrenzen. Normativ gehaltvoll wird Demokratie dann einzig durch die Positivierung ihrer leeren Mitte, durch die Abweisung aller Versuche, diese leere Mitte abschließend zu besetzen. In Anlehnung an eine Formulierung Derridas bleibt Demokratie auch für Laclau notwendig ›im Kommen‹.« Hetzel: »Demokratie ohne Grund«, S. 186.

Öffentlich/keit machen

Das Publikum
als Bild und Wert

Eva Kernbauer

Künstler:innen stehen verschiedene Formate zur Verfügung, Öffentlichkeit(en) zu erreichen. Kunst »erscheint«[1] dabei nicht direkt, immateriell, sondern in spezifischen Präsentationsformaten und -medien, denen jeweils bestimmte Konventionen, Bedingungen und Potentiale eingeschrieben sind. Eine überschlagsmäßige Kategorisierung der zur Verfügung stehenden Präsentationsmöglichkeiten im Bereich der bildenden Kunst ergibt zumindest die folgenden (einander regelmäßig überschneidenden) Formate[2]: Die *Ausstellung*, das etablierte Medium zur Kunstpräsentation seit Beginn der Moderne, ideal, um ein Publikum und den Markt in einer geschützten Situation zu erreichen; das *Buch*, womit hier kurz die Möglichkeiten zur Publikation in Zeitschriften, (Künstler-)Büchern, Onlineportalen zusammengefasst seien; der *Vortrag* bzw. die Lecture Performance im Sinne einer Positionierung im akademischen Kunstbetrieb, womit die zunehmende Bedeutung von Künstler:innen als Lehrende und Forschende umrissen sei; die *Straße* als symbolische Kurzformel für die Sphäre des politischen Konflikts, häufig auch verbunden mit interventionistischen und aktionistischen Formaten, die gezielt an den etablierten institutionellen Rahmungen vorbei entworfen werden. All diese Bereiche sind in den letzten Jahrzehnten natürlich grundlegend von der Digitalität verändert worden, der Mobilität von Daten und Informationen, die alle Darstellungsformate und Zugangsweisen zum Öffentlichen verändert hat und auch weiterhin verändert. Mit dieser Transformation von Kunst im Zeitalter ihrer digitalen Zirkulation ist ein Paradigmenwechsel verbunden, der an Bedeutung demjenigen nahekommt, den Walter Benjamin in seinem Aufsatz »Das Kunstwerk im Zeitalter seiner technischen Reproduzierbarkeit« 1935 beschrieben hat.[3]

Die mit diesen Präsentationsformaten verbundenen Gestaltungsweisen bringen spezifische ästhetische, stilistische und formale Entscheidungen mit sich, die Bestandteil künstlerischer Arbeit werden und wesentlich zu den Modi der Kunstrezeption beitragen. Kunstöffentlichkeiten werden nicht vorgefunden, sondern im Zusammenspiel von Künstler:innen, Werk, Institution und Publikum erzeugt. Kunst zu machen bedeutet, bestimmte öffentliche Erscheinungsformen, aber auch bestimmte Öffentlichkeiten mit hervorzubringen. Dabei arbeiten Künstler:innen sowohl für ein konkretes Gegenüber (dem sie allerdings nicht oft persönlich begegnen) als auch für ein imaginiertes: das ebenso oft verunglimpfte und gefürchtete wie idealisierte Bild des Kunstpublikums.

Diese Erkenntnis trifft hinein in den seit Jahrhunderten sich immer wieder erneuernden Konflikt zwischen zwei sozialen wie ästhetischen Konzeptionen: Publikum und Öffentlichkeit. Der erste bezeichnet eine konkrete Gruppe von Adressat:innen, versammelt an einem Hier und Jetzt (für eine Ausstellung, eine Performance, oder einen Vortrag), oder örtlich und zeitlich disseminiert (etwa im Fall von Kunst im öffentlichen Raum, von Publikationen, oder generell im Internet). ›Öffentlichkeit‹ aber ist eine abstrakte, konstitutiv immaterielle soziologische Formation. Als zentrale politische und soziale Kategorie der Moderne ist sie die legitimierende Instanz in politischen, moralischen und ästhetischen Fragen, und zwar unabhängig davon, ob man nun das klassische bürgerlich-emanzipatorische Modell von Jürgen Habermas heranzieht oder das Konzept der ›Gegenöffentlichkeit‹ von Oskar Negt und Alexander Kluge.[4]

Weder Politik noch Moral noch Kunst brauchen von sich aus Öffentlichkeit. Deren Entstehung ist mit der Aufwertung demokratischer Entscheidungsprozesse im historischen Kontext grundlegender gesellschaftlicher Umwälzungen seit Beginn der Moderne verbunden. Für die bildende Kunst war dieser Umbruch um nichts weniger tiefgreifend als für andere Bereiche des nun öffentlichen Lebens. Wie sich künstlerische Arbeitsformen mit der Entstehung von Ausstellungen als primärem Präsentationsformat bildender Kunst seit Beginn der Moderne verändert hat, hat Oskar Bätschmann in seinem Buch »Ausstellungskünstler« dargelegt.[5] Bätschmanns Erzählung setzt mit der Einführung regelmäßiger Kunstausstellungen durch die Pariser *Academie royale de peinture et de sculpture* im 17. und im 18. Jahrhundert ein, die einen grundlegenden Wandel der Produktion und Präsentation bildender Kunst nach sich zog. Dies führte zu intensiven Auseinandersetzungen mit der Kunstöffentlichkeit als realer Figur und imaginärem Konstrukt in der Kunsttheorie, in der Kunstkritik und in Bilddarstellungen.[6]

Blickt man auf diese Quellen, dann wird deutlich, dass die Konzeption von Kunstöffentlichkeit strukturell oder ideologisch nicht spezifischen gesellschaftlichen Schichten oder politischen Gesinnungen zugeschrieben werden kann.[7] ›Öffentlichkeit‹ entstand nicht als bürgerliches Gegengewicht zum Absolutismus oder als Ausgleich zwischen den Interessen von Staat und Gesellschaft, sondern wurde anfänglich entscheidend von der politischen Theorie des Absolutismus geprägt.[8] Tatsächlich entstammt erstaunlicherweise ein bemerkenswert umfassendes und idealistisches Öffentlichkeitsmodell, das das gesamte Volk unabhängig von sozialem Status oder individueller Kulturnähe einbezieht, dem französischen Hochabsolutismus. Die Geburtsstunde des Kunstpublikums mit politischer Mitbestimmung und die Entstehung des Kunstmuseums in der Französischen Revolution anzusetzen, ist nicht nur historisch falsch, sondern unterschlägt das sehr ambivalente Verhältnis bildender Kunst zur Aufklärung, zur Demokratie, und generell zu denjenigen literarischen und diskursiven Publizitätsformen (Buch, Zeitschrift, öffentliche Debatte), die Habermas als entscheidende Vorläufer politischer Öffentlichkeit annahm. Während diese die Vorstellung von einer prinzipiell unbegrenzten, ortslosen »Gemeinschaft ohne sichtbare Präsenz«[9] erlauben – entsprechend dem ungreifbaren Charakter, den man mit »public sphere« verbinden kann – geschah die Rezeption bildender Kunst in Ausstellungen eher in Analogie zum Theaterpublikum: ortsgebunden, temporär, als soziales Ereignis.

Eben an diesem Punkt wird die Konkurrenz der Begriffe ›Publikum‹ und ›Öffentlichkeit‹ wirksam, im Englischen und im Französischen durch die Polysemie von ›public‹ verbunden, (während die Begriffsgeschichte des deutschen ›Publikum‹ später, mit der Übernahme des Lehnworts aus dem Französischen gegen Ende des 18. Jahrhunderts, eine klarere Unterscheidung traf). ›Public‹ bezeichnete zunächst im Englischen wie im Französischen, in Ableitung vom lateinischen ›publicus‹, das Gemeinwohl oder die Gesamtheit des Volks. Der Begriff ›le public‹ wurde auch zur Beschreibung von Kunstöffentlichkeit bzw. Kunstpublikum verwendet, und zwar vor allem in Bezug auf die kulturell tonangebenden Institution des Theaters. Dafür entstand, wie Erich Auerbachs Untersuchung des französischen Theaterpublikums des 17. Jahrhunderts zeigt, zusätzlich noch die Bezeichnung ›la cour et la ville‹ (dies beschreibt die urban geprägte Bildungsallianz aus Aristokratie und Bürgertum, im Unterschied ›le peuple‹, dem Volk im politischen Sinne).[10] Im Theater aber entstand die Kunstöffentlichkeit auf ganz andere Weise als es das Bild der ortlosen, politisch-emanzipatorischen, text- und diskussionsgebundenen Öffentlichkeit der Aufklärung suggeriert: es war historisch früher zwischen 1675 und 1735 in Frankreich verortet;[11] es urteilte direkt und unmittelbar, auf Basis der Sinne ebenso wie des Verstands; es war zutiefst geprägt von den Regeln und Praktiken urbaner Soziabilität. Die Berücksichtigung dieser wichtigen Präfiguration der modernen Öffentlichkeit lenkt den Blick auf die herausragende Bedeutung des Theaters (mit seinem theoretischen Apparat) für die Entwicklung der diskursive Formation des Kunstöffentlichkeit im 18. Jahrhundert.[12]

Die beiden Beschreibungsmöglichkeiten des Kunstpublikums/der Kunstöffentlichkeit kollidierten auf spektakuläre Weise im 18. Jahrhundert, als ›le public‹ eine diskursive Aktivierung erfuhr: Er bezeichnete nun nicht mehr nur den »Geltungsbereich staatlicher Autorität, sondern zugleich den geistigen und sozialen Raum, in dem diese sich legitimieren und kritisieren lassen muss«.[13] Im englischen System der Gewaltenteilung entstand der Begriffs ›public opinion‹ als ethisches und politisches Bezugssystem bereits in den 1720er und 1730er Jahren;[14] das französische Äquivalent folgte, beflügelt vom republikanischem Denken, in den 1760er Jahren (›opinion publique‹). Die Öffentlichkeit wurde ein »fiktiver Partner«,[15] der als unfehlbarer Adressat und Richter angerufen werden konnte.

Ausstellungen: Die Präsentation von Kunst und ihren Betrachter:innen

Zum unverzichtbaren Instrument zur Anrufung dieses »fiktiven Partners« für die bildende Kunst der Moderne wurde die Kunstausstellung, ein Format, das inzwischen, transformiert durch den neuerlichen »Strukturwandel« der Digitalität, selbst schon leicht »historisch« wirkt. Es ist aber dennoch wertvoll, sich anzusehen, wie Ausstellungen im Zuge ihrer Entstehung zur Konfliktzone für Öffentlichkeitsansprüche wurden.

Als sich die Akademieausstellungen im Louvre im 18. Jahrhundert zu Publikumsmagneten entwickelten – mit etwa 20.000 Besucher:innen innerhalb weniger Wochen(Abb. 1), – häuften sich auch die Versuche, die Ausstellungen und die von ihnen angezogenen Menschenmengen sinnvoll auf ihre eigentliche Aufgabe als legitimierende und urteilende Instanz zu beziehen. Die Beschreibung des Publikums in den Quellen des 18. Jahrhunderts (und dazu zählt neben akademischen Debatten vor allem die Kunstkritik) speist sich zwar aus der historischen Evidenz der Besucher:innen in den Ausstellungen, war aber einem höchst imaginären Konzept der absolutistischen Repräsentationspolitik verpflichtet: Zur Etablierung und Sicherung des Ruhms der Künstler:innen und damit der königlichen Akademie wurde das Ausstellungspublikum als unfehlbare Urteilsinstanz über die Qualität der Kunstwerke angerufen. Dies ist der eigentliche Entstehungsmoment des modernen Konzepts der Kunstöffentlichkeit, zu deren Konzeption die Akteur:innen des Kunstbetriebs selbst maßgeblich beitrugen: Künstler:innen, Kritiker:innen, Beamte der königlichen Kunstpolitik, die Unterhaltungsliteratur. In diesem Zusammentreffen verschiedenster Anliegen und Agenden

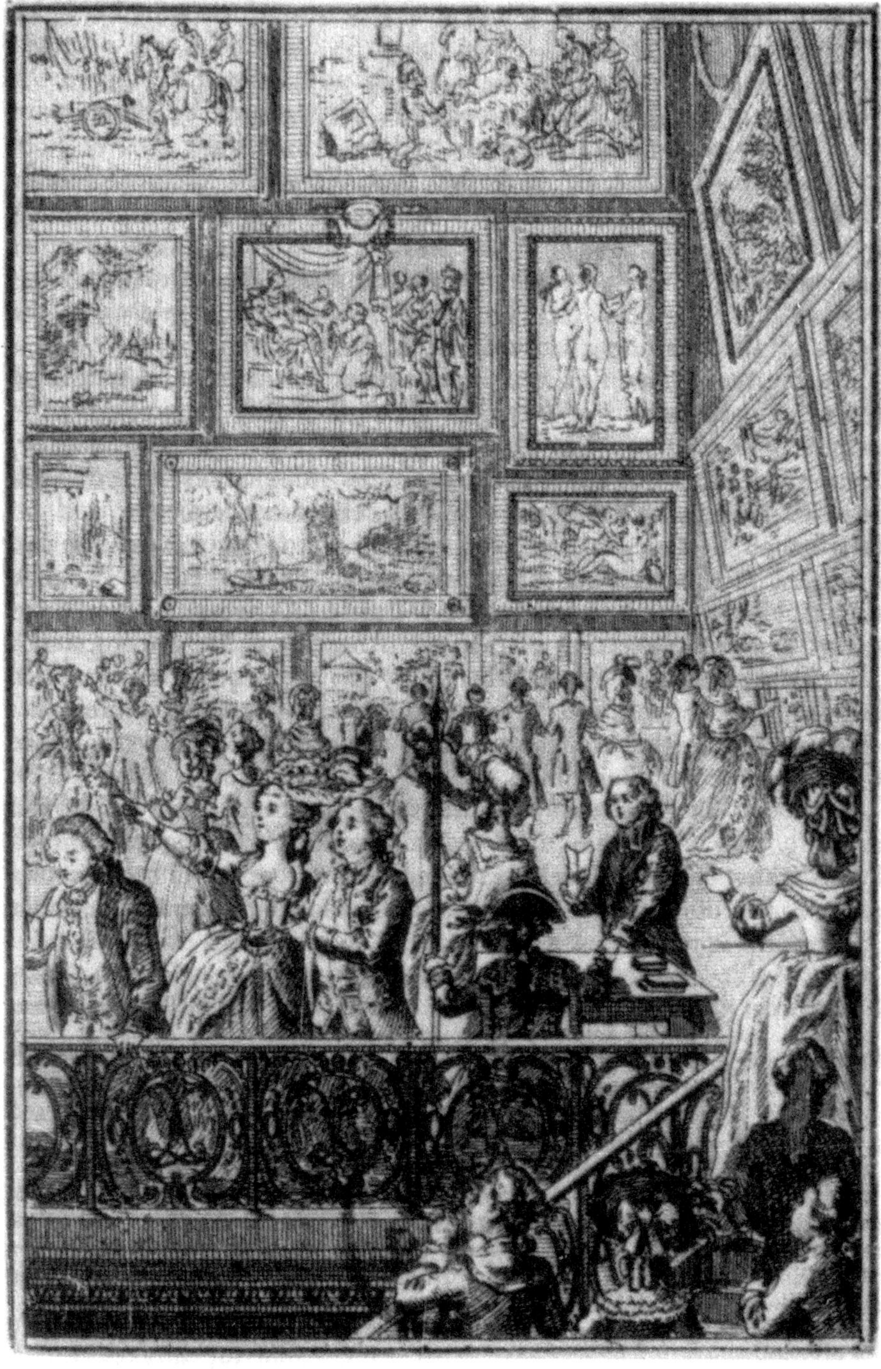

Abb. 1 [anon.], *Salon* von 1765, 1765, Paris, Bibliothèque nationale.

ist es kaum möglich an der Idee eines »kritischen Außen« festzuhalten, und noch weniger, dieses zu lokalisieren.

Innerhalb der absolutistischen Repräsentationspolitik gab es vier Adressat:innen (sowohl für die französische Literatur wie auch für die öffentlichen Monumente, die Ludwig XIV. glorifizierten): das Volk (›le peuple‹), die urbane gesellschaftliche Oberschicht (›la cour et la ville‹), die internationalen Beobachter der europäischen politischen Bühne (›étrangers‹) und, zuletzt als bedeutendste Instanz, der Ruhm der Nachwelt (›gloire‹), dessen Widerhall die Ausstellungen gewährleisten sollten.[16]

Die Ausstellungen wurden mit Hinweis auf das antike Vorbild der Anrufung des Publikums durch den Künstler Apelles veranstaltet, wie sie in einer Anekdote von Plinius des Älteren überliefert ist. Dieser zufolge habe sich der Maler auf der Straße hinter seinem Gemälde versteckt, um den Vorübergehenden zu lauschen und ihren Kommentaren zu folgen – zumindest, wenn er sie als nützlich erachtete. Denn Apelles akzeptierte nicht jede Kritik. Sprichwörtlich ist seine Zurückweisung des Urteils eines Schusters, der zwar zu Recht die Darstellung eines Schuhs kritisiert hatte (Apelles korrigierte diese daraufhin). Die tags darauf folgende Kritik an der Darstellung des Beins aber lockte den Künstler zornig hinter seiner Bildtafel hervor: der Schuster solle bei seinem Leisten bleiben.[17] Aus der Anekdote des *Apelles post tabulam* konnten also unterschiedliche Schlüsse gezogen werden; das französische 18. Jahrhundert zog daraus zumeist die folgenden beiden: erstens die hohe Verantwortung, die dem Künstler bei der Wahl seines Publikums und seiner Ratgeber auferlegt wurde, und zweitens das Gebot der notwendigen Distanz zum Publikum. Dieses sollte nichts von der Anwesenheit des Apelles wissen, um frei urteilen zu können; der Künstler sollte also keinesfalls direkt das Urteil herausfordern.

Das Ausmaß, in dem die ausstellenden Künstler:innen im Rahmen der »expositions« nun selbst dem Publikum gegenüber exponiert waren, wurde als ein tiefgreifendes strukturelles Problem wahrgenommen(Abb. 2). Tatsächlich fand die Einführung der Ausstellungen vor dem Hintergrund massiver Umbrüche in Bezug auf die Schaffung, Präsentation und Finanzierung von Kunst statt: Das (auch nicht reibungslose) Modell der klassischen Patronage wurde, scheinbar auf einen Schlag, innerhalb weniger Jahrzehnte vom anonymen Kunstmarkt ersetzt, als dessen Schreckgestalt sich das sozial höchst heterogene Ausstellungspublikum anbot. Es ist ungemein faszinierend zu sehen, wie die mit diesem Umbruch einhergehenden Ängste im 18. Jahrhundert verhandelt wurden: Das unförmige, vielstimmige, launische, dissonante Publikum,

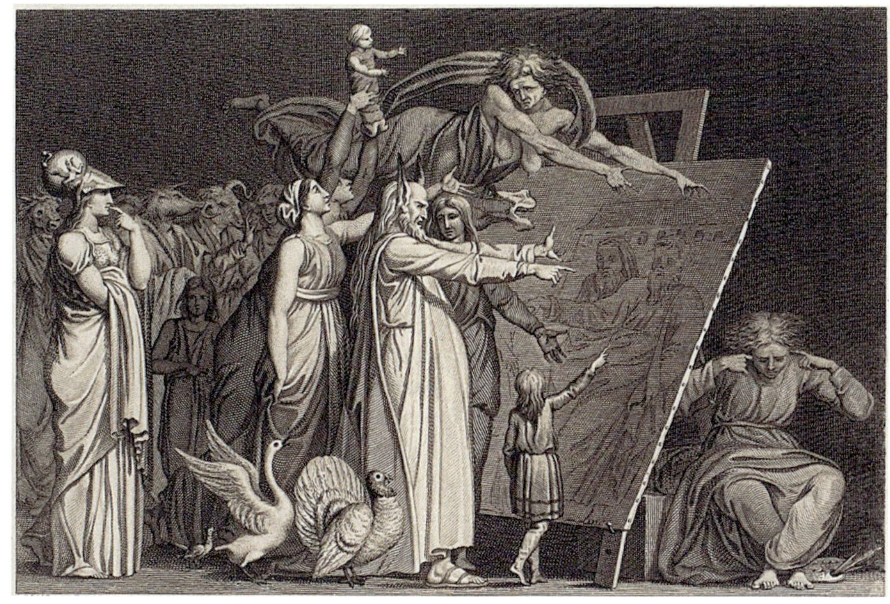

Abb. 2 [anon.], *Le sort des artistes*, um 1800, Paris, Bibliothèque nationale.

dem kein allgemeingültiges, verbindliches ästhetisches Urteil abzuringen war, wurde rasch als monströses Zerrbild des ›falschen‹ Publikums wahrgenommen, für das die abfällige Bezeichnung ›multitude‹ herangezogen wurde. Manche Kunstkritiker:innen waren der Meinung, dass diese Menge von der Wirkung überragender Kunstwerke gezähmt und Stück für Stück belehrt werden könnte, doch im Grund galt sie als wankelmütig, unberechenbar und unbeständig. Nach wie vor aber blieb die ideelle Rolle des Publikums als überzeitlicher Garant für den Ruhm der königlichen Akademie, seiner Künstler:innen, und letztlich, der Kunstpolitik und des Königs, aufrecht. Im Zuge der Entstehung des modernen Kunstpublikums also mussten sich Künstler:innen durch das Minenfeld des Apelles bewegen, ihr Publikum wählen, ansprechen und anleiten. Bis heute ist es zu einer wichtigen künstlerischen Fähigkeit geworden, sich öffentlich zu positionieren, die eigenen ideale Öffentlichkeit zu erreichen und dabei Elitismus ebenso wie Ausverkauf zu vermeiden, und auch, sich in öffentliche Sphären zu begeben, die nicht zur eigenen Praxis passen. Die Wahl der geeigneten Instrumente, institutionellen Strukturen und ästhetischen und sozialen Präsentationsformen ist dabei entscheidend.

Das Publikum als Bild

Der Vorgang, die eigene öffentliche Präsenz und eigene Öffentlichkeiten zu schaffen, ist komplex, und neben der Gestaltung von Kunstwerken auch anderen, insbesondere institutionellen und medialen Faktoren unterworfen. Die Ausstellung ist weit mehr als ein räumliches Dispositiv. Sie bedeutet nicht nur den grundsätzlichen Raumbezug der darin ausgestellten Kunstwerke, sondern die Herstellung einer Situation, in der Künstler:in, Institution und Publikum in ein Beziehungsgeflecht treten. Dieser Umstand kann in künstlerischen Arbeiten mehr oder weniger sichtbar bzw. zum Thema gemacht werden. In einem Interview mit Hans-Ulrich Obrist sagte Felix Gonzalez-Torres 1996: »Ich brauche einen Betrachter, ich brauche eine Öffentlichkeit, damit die Arbeit existieren kann. Ohne den Betrachter, ohne eine Öffentlichkeit hat [die] Arbeit keine Bedeutung.«[18] Seine Arbeiten waren als direkte Angebote an die Ausstellungsbesucher:innen gestaltet: Plinthenförmige Stapel mit Postern zur freien Entnahme werden Stück für Stück von den Besucher:innen gemeinsam abgetragen und, wie erneuerbare Skulpturen, bei Bedarf vom Galeriepersonal wieder aufgestockt (*Poster Stacks*, 1988–89). Eine andere Serie besteht aus Haufen bunt verpackter Bonbons, die ebenfalls frei entnommen werden konnten (*Candy Spills*, 1990–93), und Genuss ebenso wie Sehnsucht und Verlust, Krankheit und Tod wachriefen. *Untitled (Portrait of Ross in L.A.)* steht symbolisch für den Körper seines sterbenden Partners, der in der Ausstellung nicht mehr von der tödlichen Krankheit, sondern von den Besucher:innen aufgezehrt wird. Die Gabe und der Verzehr der Bonbons führen zu einer quasi-eucharistischen Geste, in der der Partner in den Körpern des Publikums weiterlebt. Beide Werkserien verschmelzen das anonyme, heterogene, zufällig sich versammelnde Ausstellungspublikum mit der idealen Öffentlichkeit, in der sich das Werk erst vollkommen realisiert. Ideelles und konkretes Ausstellungspublikum fallen in eins: Wenn das Publikum Gonzales-Torres' subtiles Angebot annimmt, dann vollendet es poetisch die künstlerischen Arbeiten, ja nimmt im Falle der *Candy Spills* deren Gehalt leiblich in sich auf. Ein idealer Zusammenklang also, der sicherlich dazu beitrug, dass Gonzales-Torres zu einem gerne zitierten Glücksfall der *Relational Aesthetics*[19] wurde, der eher vagen Theoretisierung künstlerischer Praxis also, die sich erst in ihrer Beziehung zum, und innerhalb des Publikums, verwirklicht.

Wie wir nach mehreren Jahrzehnten andauernder »artifical hells«[20] aber wissen, funktionieren nicht alle publikumsorientierten künstlerischen Arbeiten so glatt und produktiv wie in den *Relational Aesthetics* gedacht. Die bunte Geschichte partizipatorischer Kunst enthält auch Provokations-, Irritations- und Überwältigungsangebote, oft kommuniziert in holprig formulierten Anweisungen an das Publikum, das dann mehr oder weniger angenehme Erfahrungen machte.[21] Man mochte als Gast von dem/r Künstler:in empfangen und bekocht werden (Rirkrit Tiravanija), in instruktive oder immersive, quasi-ökologische Atmosphären eintauchen (Olafur Eliasson), verstört durch Gänge irren (Gregor Schneider), der voyeuristisch inszenierten Präsentation von Körpern beiwohnen (Vanessa Beecroft, Santiago Sierra), zur Mensch- oder Tierquälerei angestiftet (Marina Abramović, Yoko Ono, Marco Evaristi), überwacht, verfolgt oder belästigt werden (Sophie Calle, Vito Acconci, Tania Bruguera). Die Sprache, in der zahlreiche Mitmachangebote der letzten Jahrzehnte in Pressetexten oder Künstler:innenanleitungen übermittelt, wie (ideale) Besucher:innenreaktionen vorausgeahnt oder vorgeschrieben wurden, birgt häufig noch den bevormundenden, ideologischen Ton modernistischer Aktivierungsvorstellungen. Als Besucher:in mag man sich mit seinem pressetextfiktiven Avatar identifizieren – oder auch nicht. Dies zeigt, einmal mehr, die Spaltung zwischen den idealen und den tatsächlich anwesenden Teilnehmer:innen an einer Ausstellungssituation.

Im Kontext des (nicht auf performative Arbeiten beschränkten) *Performative Turn* in der Gegenwartskunst ergeben sich allerdings nun wieder vermehrt Situationen, in denen die Besucher:innen nichts anderes als *zusehen* sollen – aus Sicht des Modernismus derjenige unbefriedigende passive Ausgangspunkt, der durch aktives Handeln ja überwunden werden sollte.[22] Kontemplatives Schauen ist nicht nur eine etwas veraltete Form der Kunstbetrachtung und wird daher Museumsbesucher:innen in künstlerischen oder institutionellen Anleitungen selten empfohlen, sondern ist auch schwierig leistbar, wenn es sich bei den »Exponaten« um Menschen handelt: Claire Bishop hat sich mit dieser atmosphärisch spannenden, aber sozial herausfordernden »Gray Zone« zeitgenössischer Tanzperformances im Ausstellungsraum beschäftigt, und sie den geklärten Situationen des klassischen modernen White Cube und die Black Box der Kino-Galerie zur Seite gestellt.[23] Maria Hassabis 2016 für das MoMa inszenierte Arbeit *Plastic,* die Bishop unter anderem anführt, illustriert die Problematik eingängig. Bei dieser Nonstop-Tanzperformance rollten und robbten mehrere Performer:innen im Zeitlupentempo durch das gesamte Museum: durch die Ausstellungsräume, über die Treppen, Korridore, etc. Den Besucher:innen verblieb, sofern sie ihre Aufmerksamkeit überhaupt den langsam sich bewegenden Körper schenkten – denn üben wir nicht täglich im Stadtraum, störende Körper auszublenden? –, mit dem Zuschauen kaum mehr als die ungemütlichen Rollen des Im-Weg-Stehens, ohne adäquate Verhaltensempfehlungen. Wie Bishop dargelegt hat, entscheiden sich in dieser »grauen«, ungeklärten Beziehungszone viele für die Rolle des Aufzeichnens: sie zückten ihre Handykameras und schalteten ein neutrales Dokumentationsinstrument zwischen sich und die Performer:innen. Durch dieses medial-apparative Dritte war die körperliche Ko-Präsenz von Performer:innen und Publikum entschärft.

Diesen Gesten kam Anne Imhofs Performance *Faust* im Deutschen Pavillon der Biennale von Venedig 2017 mit einer kühlen bühnenhaften Inszenierung zuvor, die die räumlich vermittelte Distanz zwischen Performer:innen und Publikum noch verstärkte. Die betrachteten und die betrachtenden Körper waren mehrfach durch Glasfronten bzw. durch einen im Pavillon eingezogenen doppelten Glasboden getrennt, so dass man die Performance wie im Schaufenster oder auf Screens verfolgen konnte. Die ›vampiristische‹ Faszination der Zuschauer:innen an der ästhetischen Inszenierung von Körpern,[24] oder aber, publikumsfreundlicher ausgedrückt, das voyeuristische Dilemma der Betrachter:innen, wurde damit Bestandteil der Inszenierung eines beiderseitigen, medial vermittelten Konsumverhältnisses (Abb. 3). Die

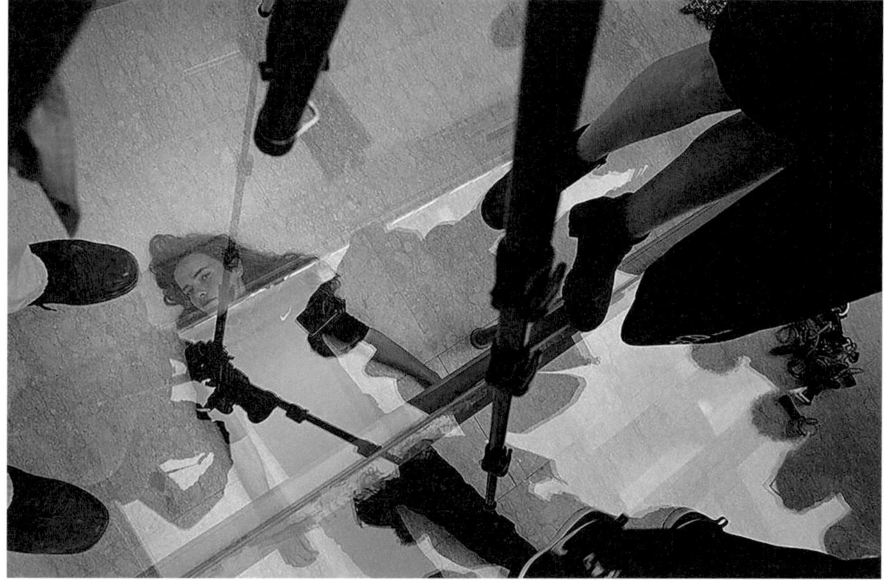

Abb. 3 Anne Imhof, *Faust*, Deutscher Pavillon, Biennale von Venedig, 2017.

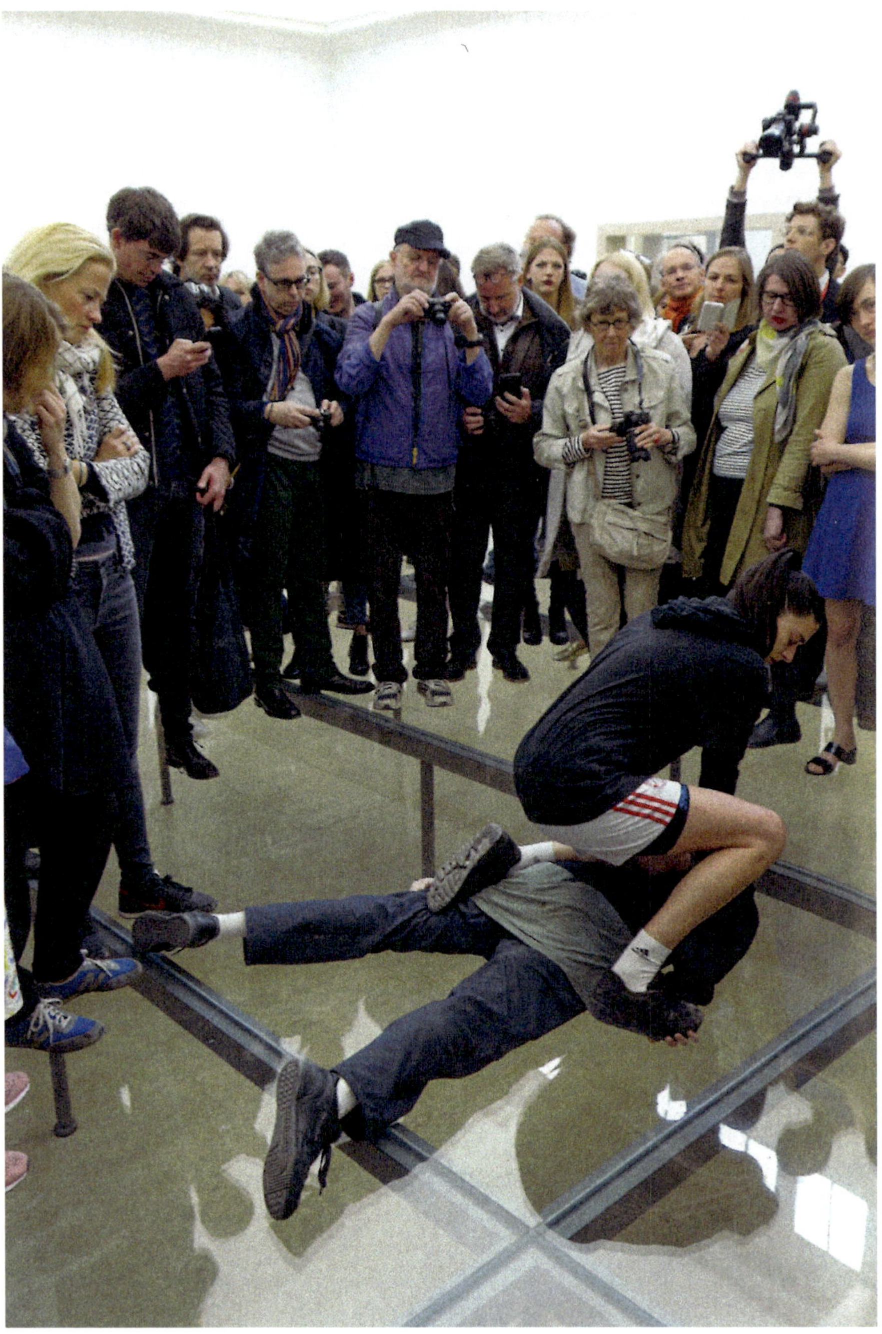

Abb. 4 Anne Imhof, *Faust*, Deutscher Pavillon, Biennale von Venedig, 2017.

Unbehaglichkeit des direkten Gegenübers konnte man durch Filmen, Aufzeichnen, Dazwischenschalten vermeiden, unterstützt vermutlich zuweilen von der pragmatischen Einsicht, dass es sich hier um wertvolle, verwertbare, ja zur Verwertung erzeugte Bilder handelte und dass man, egal auf welcher Seite, in mediale Aufmerksamkeitsökonomien eingeschrieben war. Die Menge wurde gebraucht: sie musste zuschauen und zuschauend konsumieren, darüber hinaus wurde ihr nichts abverlangt. Oder doch?

In moderner und postmoderner Kunsttheorie gilt das Publikum, das ›nur‹ zusieht, und noch dazu in medial vermittelter Form, oft als kulturtheoretischer Tiefpunkt, war doch das ›Mitmachen‹ in der heroischen Moderne der 1920er Jahre als Mittel zur aktivierenden, aufrüttelnden politischen Emanzipation gedacht. Doch muss diese Aktivierung sich nicht unbedingt im Handeln ausdrücken. Kunstbetrachtung ist Teil einer Beziehungsarbeit und verlangt eine aktive Auseinandersetzung mit dem darin explizit oder implizit vorgeschlagenen Verhältnis zwischen Kunst, Institution und Publikum. Innerhalb von *Faust* drückt das Mitfilmen eine zumindest adäquate Reaktion auf die skopisch-konsumierende Anordnung der Performance aus. Die Besucher:innen traten in einen Wettbewerb der Bilderzeugung ein, der sie selbst in einer zusätzlichen Rolle sichtbar werden ließ: die Trauben um die Performer:innen, die Schlangen vor dem Pavillon, bezeugen die Attraktivität des Spektakels, das umgekehrt die Betrachter:innen nicht nur massenhaft, sondern auch vollständig in seinen Bann zog(Abb. 4). Bereits in diesem Sinne, als Teil einer Gruppe wie als Individuum nimmt jede:r Ausstellungesbesucher:in bereits eine doppelte Rolle ein. Als Teil der Menschenmenge, die sich im und um den deutschen Pavillon versammelt hatte, und einzeln, durch das Zusehen und Aufzeichnen, durch Vervielfachen und Verbessern des Prozesses der Kunstbetrachtung, stellte das oft belächelte Mitfilmen eine präzise Antwort auf die spezifische Umgebung aus, insbondere auf die vielen Glasscheiben, die Performer:innen und Publikum wie Bildschirme oder Schaufenster trennten. Die Menge wurde mit medialer Hilfe zu demjenigen ideellen Gegenüber weltweiter Reichweite und Dokumentation, die das Internet verspricht. Im großen und ganzen also kam das passive, in die Kameras starrende Publikum im deutschen Pavillon also der Vorstellung des idealen Kunstpublikums, wie es die Repräsentationspolitik des französischen Hochabsolutismus vorgesehen hatte, ziemlich nahe.

Dazu allerdings braucht es das Recht auf das Bild. Zu welchen Extremen der Kommodifizierung des Publikums es führt, wenn dieses Recht beschränkt oder einseitig ausgeübt wird, zeigt Marina Abramović's

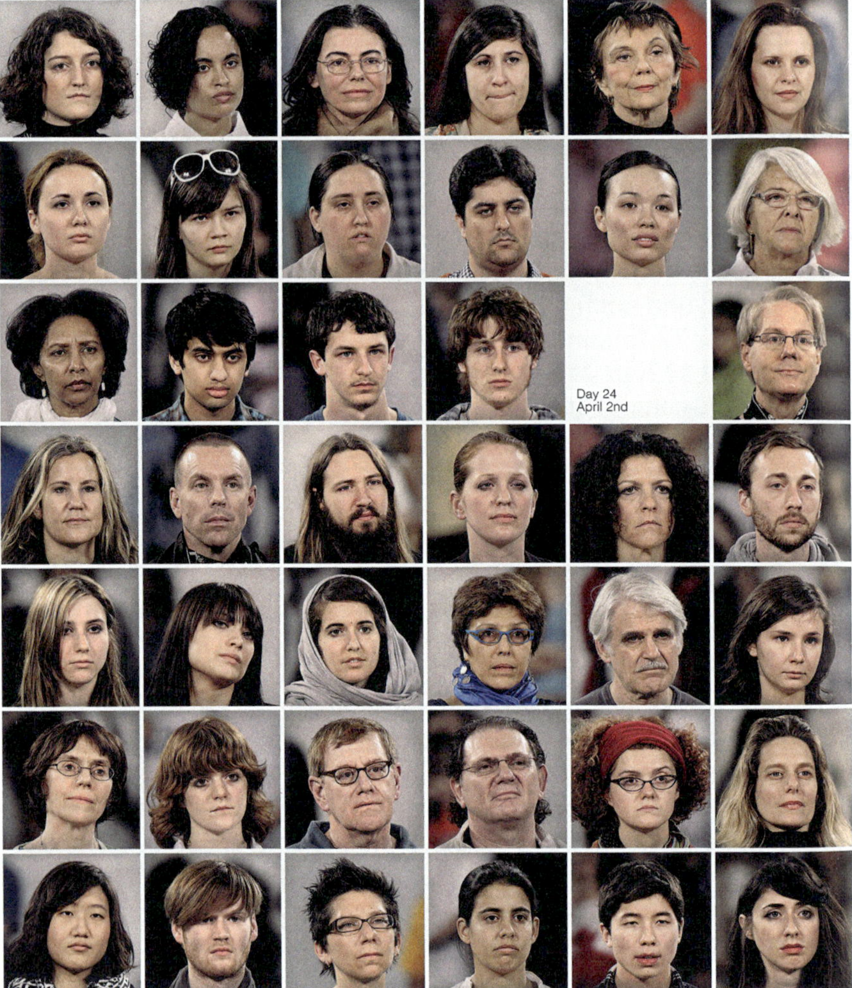

#0440 15 min	#0441 19 min	#0442 8 min	#0443 3 min	#0444 14 min	#0445 16 min
#0446 13 min	#0447 7 min	#0448 10 min	#0449 14 min	#0450 45 min	#0451 1 h 1 min
#0452 58 min	#0453 20 min	#0454 7 min	#0455 5 min	Day 24	#0456 4 min
#0457 28 min	#0458 15 min	#0459 10 min	#0460 43 min	#0461 5 min	#0462 13 min
#0463 8 min	#0464 28 min	#0465 16 min	#0466 18 min	#0467 48 min	#0468 34 min
#0469 8 min	#0470 12 min	#0471 11 min	#0472 44 min	#0473 18 min	#0474 17 min
#0475 17 min	#0476 15 min	#0477 21 min	#0478 1 h 2 min	#0479 7 min	#0480 17 min

Abb. 5 Marco Anelli, *Portraits in the Presence of Marina Abramović: 716 Hours, 3000 Eyes.*

mit großem kunstinstitutionellem Aufwand veranstaltete Retrospektive »The Artist is Present« im New Yorker MOMA (2012). Alleiniger Inhalt und vermarkteter Wert der Performance war (auf den ersten Blick) die Präsenz der Künstlerin, entsprechend der bekannten Formulierung auf Einladungskarten zu Vernissagen. Während der gesamten Ausstellungsdauer stellte das Museum die Künstlerin in einem durch Klebebänder abgegrenzten Bereich dem Publikum zur Verfügung. Dieses war eingeladen, ihr gegenüber Platz zu nehmen, die Künstlerin ›schenkte‹ ihm Präsenz.

Wie die Besucherschlangen hinter dem abgegrenzten Bereich dokumentieren, war Abramović's Angebot für viele Menschen attraktiv. Neben zahlreichen zahlenden Besucher:innen lukrierte die Performance auch gesteigerte öffentliche und mediale Aufmerksamkeit. Das gesamte kunstinstitutionelle Setting war darauf ausgerichtet, diese in eine sichtbare Quantifizierbarkeit der Wirkung von Kunst zu überführen. Da die Performance direkt auf der Website des Museums via Livestream übertragen wurde und die Gesichter aus dem Publikum fotografisch dokumentiert wurden, wurde dem Publikum vor Betreten des abgegrenzten Bereichs die Freigabe der Veröffentlichungsrechte der Fotografien abverlangt. Die daraus entstandenen Porträtfotografien wurden zuerst im Internet publiziert[25] und dann in einem 1500seitigen Fotoband, mit Angaben zum Datum und zur Dauer des Verbleibens der Besucher:innen in der »Präsenz« der Künstlerin (Abb. 5) [26]. Seite um Seite zeigt der Band staunende, gebannte, gerührte, manchmal tränenüberströmte Gesichter, konzentrieren sich die Fotos doch auf den vermarktbaren Wert der Emotionen des Publikums, das der künstlerische und institutionelle Apparat erzeugt hatte. Eine Auswahl der Fotografien wurde auf tumblr.com in den Serien »Marina Abramović made me cry« oder »Marina Abramović hotties« veröffentlicht.[27]

Das solchermaßen erzeugte Bild des Publikums, sowohl als Menge wie auch vereinzelt, ist bemerkenswert. Abgesehen von dem erwartbaren Fokus auf dasjenige sozial privilegierte Bevölkerungssegment, das die Ausstellung besucht hatte und dem es möglich gewesen war, stunden-, zuweile tagelang in der Schlange zu stehen, sticht die Vereinzelung der Betrachter:innen ins Auge, die der Anordnung der audienzgleichen Performance geschuldet ist, doch in den Fotografien noch verstärkt wird. Diese »Menge« ist zwar, wie die 1500 Seiten des Bandes belegen, zahlreich, aber künstlerisch gezähmt: ein Foto pro Seite, mit identischem Bildausschnitt. Die Inszenierung im MoMA ermöglichte die beispiellose Aufbereitung und Vermarktung des Kunstpublikums: passiv, sprachlos, austauschbar, vereinzelt. Hier konnte

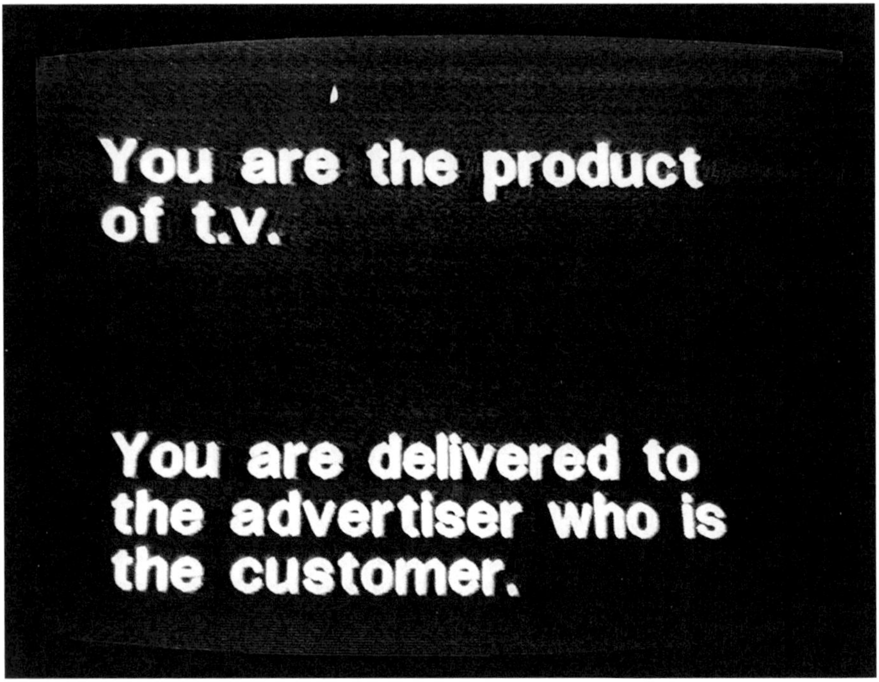

Abb. 6 Richard Serra, Television Delivers People, 1973.

kein Zusammenschluss stattfinden, sei es zur Gemeinschaft, wie in Nicolas Bourriauds idealistischen »Relational Aesthetics«, sei es zur »Multitude«, entsprechend dem politisch-philosophisch konfliktfreudigerem Konzept von Michael Hardt und Antonio Negri, und schon gar nicht zum ›public‹ der kollektiven Bilderzeugung.

Bild, Politik und Theater

In Abramović's Performance tritt das Publikum weder untereinander noch mit ihr in Austausch, kann ihr offensichtlich nichts geben, sondern ist nur Empfänger ihrer Präsenz. Es ist vollständig in die kulturellen Ökonomien des Kunstsystems und seiner medialen und populärkulturellen Nebenerwerbszweige im Zuge der medialen Verwertung des Ereignisses eingeschrieben. In gewisser Hinsicht hat die Kunst damit diejenige Einschreibung in massenmediale Kreisläufe erreicht, vor der Richard Serra vor knapp 50 Jahren in Hinblick auf die immersiven Aufmerksamkeitsökonomien des Fernsehens gewarnt hat (Abb. 6). »The Product of Television, Commercial Television, is the Audience. Television delivers people to an advertiser«, heißt es unter anderem in seiner 1973 im Fernsehen ausgestrahlten aufklärerischen Mahnung an das konsumierende und zugleich von der Werbeindustrie konsumierte Fernsehpublikum. »You are the product of t.v. (sic!)«. Heute kann man diese Warnung, zum Bild und damit zum vermarktbaren Produkt der Kunstinstitution zu werden, getrost auf das Kunstpublikum übertragen. Gerade im Kontext der schleichenden Integration des Ausstellungsraums in die Veranstaltungslogiken des Kunstbetriebs ist das Recht auf das Bild – nicht nur auf das »eigene Bild«, sondern darauf, selbst Bilder machen zu können – zum Recht darauf geworden, wenn schon gemacht, dann zumindest *zur Öffentlichkeit* gemacht worden zu sein.

Diese Öffentlichkeit mag zwar »nur« das passive Publikum einer Veranstaltung sein (wie im Theater), vleriert aber dadurch nicht sein kritisches Potential. Und, wie ich hoffentlich deutlich gemacht habe, sollte die Bildlichkeit, ja die Theatralität von Kunst, nicht als Gegensatz zur Politik betrachtet werden, entgegen der häufig geäußerten abschätzigen Kritik, dass es sich am Schluss eben doch nur um Kunst, um die Herstellung von Bildern handle. Weder hinsichtlich des ästhetischen noch des politischen Ausdrucks sind Bildlichkeit und Theatralität ein Makel, wie gerade die historischen Öffentlichkeitsmodelle gezeigt haben.

Nach Jan Verwoert geht es bei der Auseinandersetzung mit Öffentlichkeit darum, herauszufinden »für wen man denn da überhaupt arbeitet«, auch wenn er zugibt, dass das Publikum immer eine imaginäre Größe bleiben wird und »immer nur den Willen [haben wird], den man ihm selbst unterstellt.«[28] Bereits die Vorstellung von kritischer Öffentlichkeit, auch wenn sie historisch oder gegenwärtig als gesellschaftliche Einheit nicht nachweisbar ist, schaffe aus sich selbst heraus Realität. Damit, so Verwoert weiter, liegt das Charakteristikum der kulturellen Öffentlichkeit in einer spezifischen Form von Theatralität. Begreift man die Ausstellung als Bühne, mit einem dem Theater entspringenden, situationsgebundenen und spektakelverliebten Publikum, so zieht die Erzeugung der damit verbundenen Kunstöffentlichkeit eine Auseinandersetzung mit Bildlichkeit, bzw. mit der Inszenierung einer Szene auf der Bühne der Kunst nach sich, die sich kurz mit Theater umschreiben lässt. Entscheidend ist nicht Distanz oder Aktivierung, sondern eine gezielte Auseinandersetzung mit der Bildwerdung künstlerischer Projekte, mit ihrer medialen Verfasstheit, mit den konkreten Räumen und Soziotopen, die den unterschiedlichen Öffentlichkeitsformaten eigen sind. Selbst als höchst imaginäres Gebilde wird das Kunstpublikum heute sein Potential als Öffentlichkeit nur dann ausschöpfen, wenn es das Recht an den Bildwerdungen, die es erfährt und vornimmt, behält und damit, an der künstlerischen Schaffung von Öffentlichkeiten teilzuhaben.

1 Martin Seel: *Ästhetik des Erscheinens*. München, Hanser, 2000.

2 Die Bezeichnung »Kunstwerk« hat in den letzten Jahren auch wegen dessen zunehmenden Flexibilität an Bedeutung verloren, während alternative Begriffe wie »Format« häufiger geworden sind, vgl. David Joselit: *After Art*. Princeton, Princeton University Press, 2013.

3 Zum Kunstwerk im Zeitalter seiner digitalen Zirkulation vgl. Anton Vidokle: »Art Without Artists?«. In: *e-flux journal*, # 16, Mai 2010, https://www.e-flux.com/journal/16/61285/art-without-artists/(zuletzt: 15.06.2024); in Entgegnung darauf: Brad Troemel: »Art after Social Media«. In: *Art Papers*, July–August 2013, S. 10–15; Susanne von Falkenhausen: »Too much too fast«. In: *frieze online*, 14. November 2014, https://frieze.com/article/too-much-too-fast?language=de (zuletzt: 15.06.2024).

4 Jürgen Habermas: *Strukturwandel der Öffentlichkeit*. Neuwied und Berlin, Luchterhand, 1962; Oskar Negt / Alexander Kluge: *Öffentlichkeit und Erfahrung*. Frankfurt a.M., Suhrkamp, 1972.

5 Oskar Bätschmann: *Ausstellungskünstler. Kult und Karriere im modernen Kunstsystem*. Köln, Dumont, 1997.

6 Ausführlich dazu: Eva Kernbauer: *Der Platz des Publikums. Kunst und Öffentlichkeit im 18. Jahrhundert*. Köln und Wien, Böhlau, 2011.

7 Craig Calhoun (Hg.): *Habermas and the public sphere*. Cambridge, MIT Press, 1992; James van Horn Melton: *The Rise of the Public in Enlightenment Europe*. Cambridge, Cambridge University Press, 2001, S. 3–15; Joan Landes: *Women and the Public Sphere in the Age of the Revolution*. Ithaca, Cornell University Press, 1988; Dena Goodman: »Public Sphere and Private Life. Toward a Synthesis of Current Historiographical Approaches to the Old Regime«. In: *History and Theory*, 31, 1992, S. 1–20.

8 Dazu aus sehr unterschiedlichen Perspektiven: Keith M. Baker: »Politics and Public Opinion under the Old Regime. Some Reflections«. In: Jack R. Censer/Jeremy D. Popkin (Hg.): *Press and Politics in Pre-Revolutionary France*. Berkeley, University of California Press, 1987, S. 204–246; Louis Marin: *Le portrait du roi*. Paris, Les Éditions de Minuit, 1981 (dt.: *Das Porträt des Königs*. Berlin, Diaphanes, 2005).

9 Roger Chartier: *Die kulturellen Ursprünge der französischen Revolution*. Frankfurt a.M./New York, Campus, 1995, S. 46.

10 Erich Auerbach: *Das französische Publikum des 17. Jahrhunderts*. München, Hueber, 1933; Erich Auerbach: »La cour et la ville«. In: ders.: *Vier Untersuchungen zur Geschichte der französischen Bildung*. Bern, Francke, 1951, S. 12–50.

11 Werner Krauss beschreibt, Erich Auerbach folgend, die Entstehung des Geschmacks als Ergebnis der Entstehung einer neuen Gesellschaftlichkeit aus Bürgertum und Aristokratie im frühen Absolutismus. Vgl. Werner Krauss: *Die Innenseite der Weltgeschichte*. Leipzig, Reclam, 1983, S. 84.

12 Vgl. etwa die Bedeutung des Theaterpublikums in Jean-Baptiste Du Bos' enorm erfolgreichen *Réflexions critiques sur la poësie et sur la peinture* (1719). Genf, Slatkine, 1982.

13 Lucian Hölscher: »Öffentlichkeit«. In: Otto Brunner (u.a., Hgg.): *Geschichtliche Grundbegriffe. Historisches Lexikon zur politisch-sozialen Sprache in Deutschland*, Bd. IV, Stuttgart, Klett-Cotta, 1978, S. 438.

14 J. A. W. Gunn: *Beyond Liberty and Property. The Process of Self-Recognition in Eighteenth-Century Political Thought*. Kingston/Montreal, McGill-Queen's University Press, 1983, S. 261–267.

15 Hölscher: »Öffentlichkeit«. In: Brunner 1978, S. 435.

16 Peter Burke: *Ludwig XIV. Die Inszenierung des Sonnenkönigs*. Berlin, Wagenbach, 1993, S. 184–185.

17 C. Plinius Secundus d. Ä.: *Naturkunde (Historia naturalis), Buch XXXV (Farben, Malerei, Plastik)*, hg. von Roderich König/Gerhard Winkler. Düsseldorf und Zürich, Artemis & Winkler, 1997, S. 71.

18 Felix Gonzales-Torres, Auszug aus einem Interview mit Hans-Ulrich Obrist. In: *Der Standard*, 10. Januar 1996, S. 8; online: https://www.mip.at/en/texts/169 (zuletzt: 15.06.2024).

19 Nicolas Bourriaud: *Relational Aesthetics*. Dijon-Quétigny, Les Presses du Réel, 2002; zur Kritik am Konsensregime der Relational Aesthetics: Claire Bishop: »Antagonism and Relational Aesthetics«. In: *October*, 110, Herbst 2004, S. 51–79.

20 Claire Bishop: *Artificial Hells. Participatory Art and the Politics of Spectatorship*. London, Verso, 2012.

21 Vgl. Peter Schneemann: »Entwürfe einer Referenzfigur und ihrer Rollen. Die Adressierung des Rezipienten zwischen Einladung und Anweisung«. In: ders. (Hg.): *Paradigmen der Kunstbetrachtung. Aktuelle Positionen der Rezeptionsästhetik und Museumspädagogik*. Bern, Peter Lang, 2015, S. 13–24.

22 Jacques Rancière: »The Emancipated Spectator«. In: *Texte zur Kunst*, 58, Juni 2005, S. 35–52.

23 Claire Bishop: »Black Box, White Cube, Gray Zone: Dance Exhibitions and Audience Attention«. In: *The Drama Review*, 62/2, Sommer 2018, S. 22–42.

24 Juliane Rebentisch: »Dark Play. Anne Imhofs Abstraktionen«. In: Susanne Pfeffer (Hg.): *Anne Imhof. Faust*. Köln, König, 2017, S. 25–33.

25 https://www.moma.org/interactives/exhibitions/2010/marinaabramović/ (zuletzt: 15.06.2024).

26 Marco Anelli: *Portraits in the Presence of Marina Abramović: 716 Hours, 3000 Eyes*. Bologna, Damiani, 2011.

27 http://marinaabramovićmademecry.tumblr.com (zuletzt: 15.06.2026), http://marinaabramovićhotties.tumblr.com/ (zuletzt: 15.06.2024).

28 Jan Verwoert: »Ist da draussen noch jemand? Wert, Macht und Ethik der Kritik angesichts der Anonymität der kulturellen Öffentlichkeit«. In: Silke Boerma (Hg.): *Mise-en-scène – Innenansichten aus dem Kunstbetrieb*. Hannover, Hurricane und Barbie, 2007, S. 62–79.

Das Kommune in der präsentischen Demokratie

Isabell Lorey

Praxen der Kommune sind für ein alternatives Praktizieren von Demokratie unabdingbar. Wir müssen solche Praxen nicht völlig neu erfinden und sie modellhaft in die Zukunft projizieren. Bleiben wir in der Gegenwart und aktualisieren Praxen aus der Vergangenheit. Dazu möchte ich ein paar Überlegungen aus meinem Buch *Demokratie im Präsens* teilen.[1] Es geht darin um die Konzeption einer politischen Gegenwart, mit der die liberale, auf Repräsentation basierende Begrenzung von Demokratie aufgebrochen werden und Demokratie neu gedacht werden kann. Um eine solche präsentische Demokratie zu entfalten, war immer wieder eine Aktualisierung von historischen Praxen der Kommune erforderlich, die aus sozialen und politischen Kämpfen entstanden sind. Ich möchte Kommune nicht von der Zukunft her denken, nicht von der Antizipation einer sogenannten »Enkeltauglichkeit«, sondern durch die Aktualisierung von vergangenen Praxen.

Zwei Praxen der Kommune konnten 2021 ein rundes Jubiläum feiern: die Pariser Commune von 1871 und die munizipalistischen Praxen, die in Spanien aus den Besetzungs- und Demokratiebewegungen von 2011 entstanden sind.

Kommune in diesem Sinn ist keine Gemeinschaft, die über Zugehörigkeit gedacht wird, und auch keine Rückzugsenklave. Kommune ist nicht (aus-)schließend, sie entsteht vielmehr aus repräsentationskritischen Praxen radikaler Inklusion. Es ist interessant, sich der Kommune über Gastfreundschaft zu nähern, darüber, was der Logik eines ›Volkes‹ oder einer begrenzten Gemeinschaft widerstrebt.

Jacques Derrida hat von einer »kommenden Demokratie« gesprochen.[2] Ihm ging es dabei nicht um die Zukunft. Das Kommende zeigt sich viel eher in der Gegenwart, im Jetzt. Es hängt mit Gastfreundschaft zusammen, mit offenen Grenzen. Damit das Kommende, das, was kommt, einen Platz hat, müssen wir die Gegenwart anders begreifen.

Anders als die repräsentative, liberale Demokratie verschiebt die kommende Demokratie nichts in die Zukunft. Wenn Derrida im Französischen von *démocratie à venir* spricht, meint das *à venir* ein Kommen, das gerade nicht künftig ist, sondern *im Kommen bleibt* – eine Bewegung oder Dynamik, die wiederkehrend in der Gegenwart stattfindet und nicht in eine Zukunft flüchtet. Das Kommende wird weder teleologisch noch kontinuierlich, weder gradlinig noch antizipatorisch verstanden. Stattdessen hat das Kommende eine Dauer in der Gegenwart. Es bezieht sich auf das Werden: auf eine ausgedehnte, unvorhersehbare Gegenwart, die andauert und im Werden bleibt. Diese Gegenwart ist keine unmittelbare Gegenwärtigkeit.[3]

Ein erster Reflex ist oft, dass damit alles, was wir als Utopie, als Zukünftigkeit zu bezeichnen gewohnt sind, verloren zu gehen scheint. Als ob alles nur in der Zukunft besser werden könnte und die Gegenwart nicht veränderbar, das Anfangen im Jetzt nicht möglich wäre.

Und immer wieder wird gefragt, wie weit soll Demokratie gehen? Wie viele dürfen (dazu-)kommen? Wem wird Gastfreundschaft zuteil? Die *eingegrenzte* Demokratie, die sich auf die Konstruktion eines sogenannten ›Volkes‹ oder einer Gemeinschaft zurückzieht, kann keine offene Gastfreundschaft anbieten. Denn erst *nachdem* sie sich als ›Hausherr:in‹ setzt, erst *nachdem* nur Gleiche nach Herkunft und Geburt als zugehörig erklärt und alle Ungleichen markiert, hierarchisiert oder ausgeschlossen werden, erst dann kann sie sich unter bestimmten Umständen Gastfreundschaft vorstellen – aber nur für ausgesuchte Wenige.

Im Unterschied dazu bricht die *entgrenzte*, die kommende Demokratie mit der Fantasie von Homogenität und Identität ebenso wie mit Ursprungs- und Herkunftsorten. Stattdessen markiert die kommende Demokratie »eine ›ursprüngliche‹ Heterogenität [...], die stets schon hereingebrochen ist«[4] und die mit dem, was kommt, hereinbrechen kann, um die Demokratie zu öffnen.

Das Kommende des *à venir* bejaht das, was unvorhersehbar, unberechenbar, kontingent ist, das unvorhersehbare Ereignis in der Gegenwart. Gastfreundschaft basiert nicht auf einem geschützten Zuhause oder einer Gemeinschaft. In dieser »absoluten Gastfreundschaft« verändert sich der Ort des Zuhause unentwegt, er ist in strengem Sinne heim(at)los, im Werden, unterwegs – nicht zuletzt aufgrund der unvorhersehbaren und anhaltenden Wiederkehr des und der Kommenden. Die Unterscheidung zwischen Wirt und Gast löst sich auf.

Die radikale Gastfreundschaft entspricht einer Haltung, die als soziale Praxis dem Anderen radikal zugewandt bleibt. Es ist immer möglich, dazu zu kommen, das _Mit_ zu erweitern.[5] Mit der – wie Derrida in *Marx' Gespenster* schreibt – »*unleugbare*[*n*] Erfahrung der Andersheit des anderen, des Heterogenen, Singulären, Nichtselben, Verschiedenen, der Asymmetrie und Heteronomie«.[6] Die radikale Gastfreundschaft als Haltung und soziale Praxis ist eine Lebensform: Handeln ohne Aufschub, dringend, gerade ohne zu wissen, »welcher Weg einzuschlagen ist«.[7] Die kommende Demokratie bleibt im Kommen und lässt sich als eine permanente, soziale Revolution verstehen.

2021 jährt sich die Pariser Commune zum 150. Mal. Karl Marx, der Zeitzeuge, hat sie als soziale Revolution bezeichnet. Die schöpferische Selbstregierung der Commune ist, obwohl sie im Mai 1871 in der

»Blutwoche« durch die französische Armee brutal zerschlagen wurde, nicht einfach eine gescheiterte Revolution.[8] Es kommt darauf an, wie wir sie interpretieren.

Es gehen viele widerständige Praxen verloren, wenn die Commune einfach als Aufstand verstanden wird, als einziger großer Bruch.[9] Darstellungen zeitgenössischer Chronist:innen zufolge waren es die Frauen, die am 18. März 1871 den Anfang machten. Wegen der Organisierung von Nahrungsmitteln früh unterwegs, waren sie es, die Alarm schlugen und die Verteidigung der Kanonen der Nationalgarde ermöglichten.[10] Aber auch solche Gründungsnarrative reißen die Ereignisse des 18. März aus einem vielfältigen und zu diesem Moment schon länger fortdauernden Prozess. Es gab 1871 keinen spontanen *einen* Anfang, die Verdichtung der Ereignisse gerade am 18. März war unvorhersehbar.

Entscheidend war unter anderem, dass 1868 die Presse- und Versammlungsfreiheit durchgesetzt werden konnte: Es entstand eine ganze Bewegung von Versammlungen und Klubs.[11] Immer wieder wurde der Ausschluss der Frauen aus der Politik und ihre Diskriminierung im Alltag als »Frauenfrage« diskutiert. Patriarchale Geschlechterverhältnisse wurden kritisiert, Möglichkeiten von Ehescheidungen und stattdessen »freier Vereinigung« wurden ebenso diskutiert wie Bildung, Prostitution und die Reorganisation von Frauenarbeit.[12]

1869 wurden viele Versammlungen schon wieder aufgelöst, 1870 das Versammlungsrecht für einige Monate ganz ausgesetzt. Anschließend waren die Versammlungssäle schnell wieder voll. Ab Spätsommer 1870 galt auch wieder Pressefreiheit. Jede neue Wendung, jede Position hatte eine große und sehr schnelle Verbreitung auch unter den Vielen, die nicht lesen und schreiben konnten. Immer häufiger wurden auf kommunaler Ebene Forderungen nach lokaler Autonomie und Selbstregierung laut. Auch nach einer Commune. In ganz Frankreich kam es zu aufständischen Situationen, mancherorts wurden bereits Kommunen ausgerufen, die oft blutig niedergeschlagen wurden.[13]

Die Liberalisierung des Versammlungsverbots erleichterte die Organisierung von Streiks, deren Anzahl wie die Anzahl der daran Beteiligten massiv anstieg.[14] Klub-Versammlungen wurden gesellschaftsverändernde Zusammenkünfte: ein »kollektive(s) Verständnis [...] einer urbanen Öffentlichkeit«[15] entstand, die sich vor allem in neuen sozialen Zusammenhängen in den Quartieren als wechselseitige Sorge äußerte. Probleme der sozialen Reproduktion und des Alltags wie Miet- und Nahrungspreise waren die Themen, die in den Versammlungen besprochen wurden. Sorgebeziehungen wurden im urbanen

Nahbereich neu gestaltet, ebenso während der Commune auch die Organisierung der Volksküchen. Auch die in den 1860er Jahren sich ausbreitenden neuen pädagogischen Praktiken, mit denen vor allem Frauengruppen das Erziehungssystem dem Klerus zu entreißen und die Bildungssituation von Frauen zu verbessern suchten, brachte viele junge Lehrerinnen aus der Provinz nach Paris; einige wurden wie Louise Michel zu wichtigen Akteurinnen der Commune.[16]

Der Prozess der Commune besteht aus Experimentieren und wiederkehrendem Beginnen von sozialen und politischen Organisationsformen in einer nicht einheitlichen Gegenwart. Die neue Form der kommunalen Selbstregierung zeigte sich keineswegs einfach in den neuen Praktiken von Räten und abhängigen Mandaten, es ging um »die Herstellung einer neuen Gesellschaft«, wie Walter Benjamin im *Passagen-Werk* schreibt.[17] Vor allem in den Sozialitäten des Alltags der Commune gelang es, neue Netzwerke und Kommunikationssysteme, neue Sorgebeziehungen zu erfinden, die in erster Linie Frauen gestalteten. Die Frauen revolutionierten die soziale Reproduktion vor allem im Bereich der Bildung, der Versorgung von Kleinkindern und der Arbeitsverhältnisse der Frauen, die nicht zuletzt durch höhere Löhne verbessert werden konnten.[18] Aufgrund ihres Ausschlusses aus den repräsentativen Formen bürgerlicher Politik und auch aus den revolutionären Räten erfanden die Frauen in den Kämpfen der Commune spezifische Arten des Widerstands und neue Organisationsformen. Sie hatten entscheidenden Anteil an den unzähligen Kooperativen und Nachbarschaftsgruppen, die sich auch aus ökonomischen Notwendigkeiten heraus bildeten, mitsamt den Volksküchen und Ambulanzen für die Verwundeten. Neue Sozialitäten entstanden aus wechselseitiger Sorge in den Kämpfen der politischen Gegenwart.

2021 ist es auch zehn Jahren her, dass in Spanien am 15. Mai die 15M-Bewegung entstand, diese Besetzungs- und Demokratiebewegung, die das Kommune auf politischer wie sozialer Ebene neu gestaltet hat. Einer der politisch-ökonomischen Hintergründe dieser Bewegung war die Finanzkrise von 2008, die in Europa vor allem die strukturell schwächeren Ökonomien der südeuropäischen Länder traf. Prekarisierung und Verschuldung nahmen massiv zu, der Arbeitsmarkt wurde umstrukturiert, soziale Rechte abgebaut, die Arbeitslosigkeit vor allem von Jugendlichen stieg extrem an; Löhne und Sozialleistungen brachen drastisch ein, die Gesundheitsversorgung wurde prekärer; die Wohnungsnot nahm zu, immer mehr Menschen verloren ihre Wohnungen in immer aggressiveren Formen von Wohnungsräumung durch Banken und staatliche Verwaltungen. Eine solche Form des Regierens war in dieser verdichteten Brutalität neu in der Europäischen Union und wurde vor allem in Griechenland noch härter als in Spanien durchexerziert.[19]

Die Suche nach einer anderen Form von Demokratie im Hier und Jetzt sollte der Fokus der neuen Platzbesetzungsbewegungen werden, nicht nur in Spanien. Diese Bewegungen experimentierten mit vielfältigen Formen horizontaler Versammlung, ohne Horizontalität als Ursprung oder Dogma festzuschreiben. Sie lehnten politische Repräsentation nicht rigoros ab, sondern versuchten, das politische System mit repräsentationskritischen Plattformen ›von unten‹ aufzubrechen und eine neue soziale Politik für alle zu gestalten. Sie fingen wiederkehrend auf der kommunalen Ebene an, in den Nachbarschaften, im urbanen Raum.

Die 15M-Bewegung erstreckte sich dezentral auf ganz Spanien; kein einheitliches Manifest wurde verfasst, sondern viele lokale Manifeste, beschlossen in den *asambleas* der jeweiligen Städte. Es waren Bewegungen, die nicht aus dem Nichts kamen, Praxen, die gescheiterte, abgebrochene und erfolgreiche revolutionäre Praxen aus der Vergangenheit aktualisierten: die Räte und die soziale Revolution der Pariser Commune; die Identitätskritiken und Problematisierungen der sozialen Reproduktion und der Sorge aus den feministischen und queeren Bewegungen seit den 1970er Jahren; die Strategien der Zapatistas aus den 1990er Jahren; das Instrument der Horizontalität aus der Argentinischen Revolution von 2001; Praktiken der globalisierungskritischen Bewegungen sowie der EuroMayDay-Bewegungen der Prekären.

2009 entstand die Plattform der von Hypotheken Betroffenen: PAH.[20] Diese selbstorganisierte Plattform wuchs im Kontext der Besetzungsbewegung zur größten spanischen Bewegung seit dem Franco-Regime an. Die Plattform verhandelt mit Banken und Behörden, um Räumungen aufzuhalten oder aktivistisch zu verhindern, um die Rolle der Banken anzugreifen und auch die rechtliche Lage zu verändern. Die wichtigste Praxis der PAH besteht allerdings darin, zwischen den von Räumung Betroffenen einen Prozess des Austauschs, der gegenseitigen Ermächtigung und Sorge zu ermöglichen, das individualisierte Leid aufzubrechen und die Angst vor der Wohnungslosigkeit gemeinsam zu überwinden.

Anders als die PAH lösten sich die vielen Platzbesetzungen 2011 nach einigen Wochen auf und nahmen neue Formen an. In den Städten und Kommunen breiteten sich die Versammlungen auf die verschiedenen Viertel aus, die die jeweiligen Nachbarschaften stärker berücksichtigten, aber auch in ihrer Größe übersichtlicher waren. Ab 2012 entstanden die *Mareas* (Gezeiten) in verschiedenen sozialen Feldern: Das waren Zusammenhänge, die in diversen Bereichen von Bildung über Recht und Gesundheit bis zur Arbeit selbstverwaltet konkrete Konzepte, Forderungen, Beratungen und Aktionen entwickelten. Vor allem im Gesundheits- und Bildungsbereich waren diese *Mareas* sehr erfolgreich.

2014 begann dann der Wahlzyklus. Nach dem Überraschungserfolg der neu gegründeten Partei *Podemos* bei den Europawahlen begann im Hinblick auf die Kommunalwahlen 2015 die Ausarbeitung un/möglicher Strategien. In Abgrenzung von *Podemos* entstanden die munizipalistischen Projekte der verschiedenen lokalen Bürger:innen-Plattformen, zunächst in Barcelona, dann in immer mehr Städten und Kommunen.[21] Sie formierten sich nicht wie *Podemos* als Partei, sondern explizit als sozialpolitische Bewegungen, die die Praktiken der PAH, der 15M-Bewegung, aber auch aus den *Mareas* und den besetzten Sozialzentren in die Rathäuser tragen wollten. Doch ohne Allianzen mit Parteien hatten die Bürger:innen-Plattformen wenig Chancen. In vielen Kommunen schlossen sie sich mit *Podemos* und anderen linken Gruppierungen zusammen.[22] Im Mai 2015 gelang, was kaum vorauszusehen war: In Madrid und Barcelona wurden die Bündnisse stärkste Kraft und zwei Frauen übernahmen das Amt der Bürgermeisterin. Mit dem Einzug in die Rathäuser entstanden neue Organisationsformen, in denen Anwohner:innen, Leute aus den sozialen Bewegungen sowie aus verschiedenen Initiativen zusammenarbeiteten.[23] Ein neuer Zyklus war entstanden, der Zyklus der munizipalistischen Bewegung.

Die Bürger:innen-Plattformen hatten das Ziel, die Institutionen durch die Praktiken aus den Bewegungen zu transformieren: Wahllisten wurden in offenen Versammlungen erstellt. Von Beginn an wurde versucht, die Logik von Politik als Geschäft von einigen wenigen Repräsentant:innen aufzubrechen. Alle sollten sich beteiligen können, um die gesellschaftlichen Angelegenheiten in einer Weise gemeinsam zu regeln, die der wechselseitigen sozialen Verbundenheit und Abhängigkeit voneinander im urbanen Raum Rechnung trugen. Die Plattformen waren aufgrund der großen Diversität der Beteiligten stark sozial verankert, was mit Hilfe von sozialen Netzwerken die Verbreitung von Informationen enorm erhöhte. Die integrativen Entscheidungsstrukturen in offenen Versammlungen waren sehr effektiv, doch wurden sie immer wieder durch die etablierten Parteien blockiert, die die Entscheidungen aus den Stadtteilversammlungen nicht akzeptierten: Es seien keine gewählten Organe. Ein weiteres Problem war, dass die europäische Austeritätspolitik auch die einzelnen Kommunen zum Sparen und zum Schuldenabbau zwang.

An all diesen verschiedenen Herausforderungen und Blockaden, mit denen die neuen in die Rathäuser getragenen politischen und sozialen Praxen konfrontiert waren, wird nur am offensichtlichsten, dass es eines wiederkehrenden Experimentierens in einem andauernden konstituierenden Prozess bedarf, um auch den Staatsapparat, die Verwaltung, die Bürokratie und damit die Institutionalisierung des Zusammenlebens sowie darin lebbare Subjektivierungen neu zu erfinden. Die sich ablösenden oder koexistierenden Zyklen waren getragen von dem Wunsch, eine demokratische Rebellion loszutreten, die im Lokalen, in der Nähe, der Nachbarschaft, der Kommune beginnt und dort eine Stadt schafft, die für jede und jeden ein Leben in Würde ermöglicht, in der nachhaltig und gerecht agiert wird.[24] Auf kommunaler Ebene wurde ausprobiert, was landes- und europaweit und darüber hinaus ausgebreitet werden sollte.[25]

Die identitäts- und repräsentationskritische Haltung ist eine jetztzeitige politische Praxis der Bewegungen der Prekären in Anbetracht der Defizite repräsentativer Demokratie und der zunehmenden Unmöglichkeit traditioneller Organisierungsweisen in Arbeitsverhältnissen. Die unmögliche Partizipation aller in der Logik liberaler Demokratie wenden die Bewegungen, wie sie in Spanien entstanden sind, zu einem neuen demokratischen Verständnis von Teilhabe als radikaler Inklusion. Immer mehr gesellschaftliche Bereiche werden durch offene Versammlungen gestaltet, durch möglichst egalitäre Weisen der Teilhabe, um gemeinsame Angelegenheiten in den Kommunen sowie in Bildungs- und Gesundheitsinstitutionen selbst zu organisieren und Privatisierungen, auch von gemeinsamen Gütern wie Wasser, abzuwenden.

Eine andere Form der Demokratie ist keine top-down-Frage, sondern sie entsteht in und aus den Subjektivierungen, in und aus den mikropolitischen Poren des Alltags und ermöglicht neue Sozialitäten des Gemeinsamen, als Alternative zu maskulinistischen politischen Strukturen. Die Bewegungen bezogen sich von Beginn an auf feministische Überlegungen zur Neuorganisation von Arbeitsteilung, Reproduktion und Sorge. Diese weitgehend nicht maskulinistische Politik hat kein Interesse daran, dass sich ein ›Volk‹ gegen die ›da oben‹ versammelt.

Wenn Machtverhältnisse ›von unten‹ verändert werden, in den Weisen, wie wir alltäglich zusammenleben, in den Nachbarschaften und Kommunen aufeinander bezogen sind, lassen sie sich in neuer Weise auch auf der politischen Organisations- und Verwaltungsebene verdichten und verstetigen. Für eine solche aus dem Alltag kommende präsentische Demokratie taugt kein Populismus.[26]

1 Vgl. Isabell Lorey: *Demokratie im Präsens. Eine Theorie der politischen Gegenwart*. Berlin, Suhrkamp, 2020.
2 Vgl. Jacques Derrida: *Schurken. Zwei Essays über die Vernunft* (2003). Frankfurt a.M., Suhrkamp, 2005.
3 Vgl. Jacques Derrida: *Marx' Gespenster. Der Staat der Schuld, die Trauerarbeit und die neue Internationale* (1993). Frankfurt a.M., Suhrkamp, 2004, S. 11 f.
4 Jacques Derrida: *Politik der Freundschaft* (1994). Frankfurt a.M., Suhrkamp, 2002, S. 156.
5 Siehe auch Isabell Lorey: »Sorge im Präsens. Verbundenheit, Sorge, _Mit_«. In: Tobias Bärtsch u.a. (Hg.): *Ökologien der Sorge*. Wien u.a., transversal texts, 2017, S. 113–122.
6 Derrida: *Schurken*. S. 61.
7 Ebd., S. 121.
8 Vgl. Roger V. Gould: *Insurgent Identities. Class, Community, and Protest in Paris from 1848 to the Commune*. Chicago/London, The University of Chicago Press, 1995, S. 165.
9 Vgl. zur Lesart als Aufstand beispielsweise Michael Hardt, Antonio Negri: *Multitude. Krieg und Demokratie im Empire*. Frankfurt a.M./New York, Campus, 2004, S. 87. Marx selbst hat mit dem Titel seines einflussreichen Textes »Bürgerkrieg in Frankreich« eine solche eindimensionale Interpretation begünstigt, obwohl er eine weit vielfältigere Lesart anbietet.
10 Vgl. Prosper Lissagaray: *Geschichte der Kommune von 1871*. Stuttgart, Dietz, 1894, S. 74; Louise Michel: *Memoiren* (1886). Münster, Verlag Frauenpolitik, 1977, S. 127.
11 Vgl. Gould: *Insurgent Identities*. S. 121–152.
12 Siehe u.a. Marian Leighton: »Der Anarchofeminismus und Louise Michel«, in: Louise Michel u.a.: *Louise Michel. Ihr Leben – Ihr Kampf – Ihre Ideen. Frauen in der Revolution*, Bd. 1. Berlin, Karin Kramer Verlag, 1976, S. 17–56, hier S. 32 f.
13 In Toulouse, Marseille und Lyon (vgl. Lissagaray: *Geschichte der Kommune von 1871*. S. 51).
14 Vgl. ebd. S. 7–10.
15 Gerald Raunig: *Kunst und Revolution. Künstlerischer Aktivismus im langen 20. Jahrhundert*. Wien u.a., transversal texts, 2017, S. 119.
16 Vgl. Michel: *Memoiren*.
17 Walter Benjamin: »Paris, Hauptstadt des XIX. Jahrhunderts«,. In: Ders.: *Das Passagen-Werk* (1927–1940), 1. Bd., hrsg. von Rolf Tiedemann. Frankfurt a.M., Suhrkamp, 1983, S. 45–59, hier S. 58.
18 Vgl. Kristin Ross: *Communal Luxury. The Political Imaginary of the Paris Commune*. London/New York, Verso, 2015, S. 15.
19 Vgl. David Stuckler, Sanjay Basu: *Sparprogramme töten. Die Ökonomisierung der Gesundheit*. Berlin, Wagenbach, 2014; Niki Kubaczek, Gerald Raunig: »Die politische Neuerfindung der Stadt«. In: Christoph Brunner u.a. (Hg.): *Die neuen Munizipalismen. Soziale Bewegungen und die Regierung der Städte*. Wien u.a., transversal texts, 2017, S. 7–28, hier S. 9–10.
20 *Plataforma de Afectados por la Hipoteca* (vgl. La PAH (http://afectadosporlahipoteca.com/), (zuletzt: 27.08.2024) sowie Ada Colau, Adrià Alemany: *¡Sí se puede! Crónica de una pequeña gran victoria*. Barcelona, Destino, 2013.
21 Vgl. Brunner u.a.: *Die neuen Munizipalismen*.
22 Andere Bündnisse trugen u.a. die Namen *Málaga Ahora, Participa Sevilla, Compromís* in Valéncia und andere mehr.
23 Vgl. Gerald Raunig: »Konfluenzen. Die molekular-revolutionäre Kraft der neuen Munizipalismen in Spanien«. In: Brunner u.a.: *Die neuen Munizipalismen*, S. 51–66.
24 Siehe zum Beispiel *Málaga Ahora* (https://malagaahora.org (inaktiv, hingegen ist der Facebook-Account aktiv) oder *Barcelona En Comú* (https://barcelonaencomu.cat), (zuletzt: 27.08.2024).
25 Siehe hierzu Antonio Negri, Raúl Sánchez Cedillo: *Für einen konstituierenden Prozess in Europa. Demokratische Radikalität und die Regierung der Multituden*. Wien u.a., transversal texts, 2015. Für weitere Hinweise zur munizipalistischen Bewegung siehe Lorey: *Demokratie im Präsens*.
26 Vgl. Negri/Sánchez Cedillo: *Für einen konstituierenden Prozess in Europa*.

»Who's Going to Pick Up the Garbage on Monday Morning?«

Maintenance und reproduktive Ästhetik

Maria Muhle

Im Jahr 1969 tritt die amerikanische Künstlerin Mierle Laderman Ukeles mit einem Manifest an die Öffentlichkeit, dem sie den Titel *MANIFESTO! MAINTENANCE ART—Proposal für an Exhibition, »CARE«* gibt. Es ist in zwei Abschnitte unterteilt, »I. Ideas« und »II. The Maintenance Art Exhibition: ›CARE‹«: Während der zweite Abschnitt ein Ausstellungskonzept unter dem merkwürdig aktuellen Titel »Care« in drei Teilen entwickelt, werden im ersten »Ideas«-Teil zwei Paradigmen oder »basic systems« unterschieden, die Ukeles unter die Schlagwörter »Development« und »Maintenance« stellt. Dieser Dualismus von Entwicklung und Erhaltung lässt sich, so soll in der Folge gezeigt werden, in den Begriffspaaren Produktion und Reproduktion einerseits, Freiheit und Notwendigkeit andererseits, reformulieren und weist so in eine gegenwärtige kritische Auseinandersetzung mit den tradierten Begriffen einer politischen und ästhetischen Moderne. Einer Moderne, die sich zugleich auf einen anderen grundsätzlichen Dualismus beruft, denjenigen von privat und öffentlich, der in besonderer Weise quer steht zu den Begriffen von Entwicklung und Erhaltung bzw. besser: quer gestellt werden muss, um nicht einer allzu einfachen Aufteilung zwischen einer privaten Lebenserhaltungstätigkeit und einer öffentlichen und damit politischen oder ästhetisch-politischen Entwicklung stattzugeben.

Die genannten Begriffspaare sollen im Folgenden für drei unterschiedliche Wissensformen fruchtbar gemacht werden, um so ihre normative Verteilung als eine private, notwendige, reproduktive, erhaltende Tätigkeit auf der eine Seite und eine dem entgegengesetzte öffentliche, freie, produktive (schöpferische) und entwicklungsorientierte Handlungsfähigkeit zu hinterfragen. Dies leistet *erstens* ein lebenswissenschaftlicher Ansatz, der »das Leben« nicht als autonom, sondern nur in Auseinandersetzung mit den Herausforderungen und Determinierungen seines Milieus versteht, sowie zweitens ein ökonomisch-feministischer Ansatz, der die Anerkennung reproduktiver (und angeblich privater) Tätigkeiten fordert, ohne diese zugleich einem verallgemeinerten Modell der Lohnarbeit zu unterstellen. *Zuletzt* gilt dies auch für eine Ästhetik, die sich den Autonomieansprüchen einer klassischen Moderne entzieht und auf die reproduktiven, aneignenden, wiederholenden Anteile einer jeden künstlerischen Produktion verweist. Diese unterschiedlichen Zugriffe sollen so ineinander verschaltet werden, dass sie, vor dem Hintergrund besonders lebenswissenschaftlicher, aber auch ökonomischer Einsichten, Einblicke in den ästhetischen Aspekt eröffnen, die zu der Formulierung einer »Milieuästhetik« führen. Das »Milieu« dieser Ästhetik steht dabei für einen Ort, eine räumliche Anordnung, die den die Moderne strukturierenden

Gegensatz von privat und öffentlich unter Druck setzt: Denn das duale Verständnis des Privaten als Raum der Unfreiheit und der Öffentlichkeit als freiheitlicher Diskursraum, wie dies von Aristoteles über Arendt bis Habermas Konsens war, steht quer zu einem Milieu, wie es hier verstanden werden soll, und zwar als Raum horizontaler Assemblagen und wechselseitiger Determinierungen zwischen Lebewesen und ihren natur-kultürlichen, techno-ästhetischen, digitalen Umwelten.

I. Das Manifest

Nachdem Mierle Laderman Ukeles das Pratt Institute, an dem sie bis 1968 Kunst studiert hat, in einem etwas undurchsichtigen Chaos verlassen hatte – angeblich wurde sie ausgeschlossen, weil sie »pornographische« Kunst gemacht habe – war sie 1969 nach Philadelphia gezogen, wo ihr Mann eine Stelle als Stadtplaner an der Universität bekommen hatte und sie sich um die einjährige Tochter kümmern und nebenbei ihre künstlerische Karriere weiter verfolgen sollte. In dieser Situation schreibt sie, angeblich an einem Tag, das bereits zitierte »Manifesto! MAINTENANCE ART – Proposal for an Exhibition ›CARE‹«,(Abb. 1–4) das somit auch von ihrer ganz persönlichen – oder privaten – Situation zeugt, in der sie die Sorge um einen Säugling, die Hausarbeit und den Versuch, weiterhin künstlerisch zu arbeiten, miteinander verbinden muss.

Das Manifest setzt etwas drastisch mit der Unterscheidung zwischen einem »Death Instinct« und einem »Life Instinct« ein: Während der Todesinstinkt durch Begriffe wie »separation« und »individuality« bestimmt wird und Ukeles damit als »Avant-Garde par excellence« gilt, d.h., bei Ukeles, »to follow one's own path to death – do your own thing; dynamic change«, ist der Lebensinstinkt im Gegensatz dazu ausgelegt auf »unification« und »the eternal return; the perpetuation and MAINTENANCE of the species«. Er zielt nicht auf Todeslust, sondern auf »survival systems and operations«, nicht auf »dynamic change«, sondern auf »equilibrium«, also auf Ausgleich und Homöostase anstatt auf Veränderung.[1]

Derart verbindet Ukeles die unterschiedlichen ästhetischen, politischen, ökonomischen und lebenswissenschaftlichen Perspektiven, die mit dem verschärften Dualismus einhergehen, den sie hier zwischen Entwicklung und Erhaltung aufmacht – und zuletzt auch eine psychoanalytische Diskussion, die sich v.a. an der Übersetzung des Triebbegriffs entweder als »instinct« oder als »drive« festmachen lässt und in der die hier zu führende Diskussion bereits *in nuce* durchgespielt wird. Denn in Frage steht gerade die Beweglichkeit und Tendenz zur Abweichung, die wesentlich ist für den *Trieb* im Unterschied zu den fix verschalteten Reaktionen biologischer *Instinkte*. In diesem Sinne ist auch Freuds Rede von »Trieb« und eben nicht von »Instinkt« zu verstehen, die jedoch zunächst im Englischen als »instinct« übersetzt wurde.

In seinem *Introductory Dictionary of Lacanian Psychoanalysis* kommentiert Dylan Evans im Eintrag »drive« diese Fehlübertragung folgendermaßen: »Lacan insists on maintaining the Freudian distinction between Trieb (›drive‹ [*la pulsion*, in French]) and Instinkt (›instinct‹), and criticises James Strachey for obliterating this distinction by translating both terms as ›instinct‹ in the [English] Standard Edition.«[2] Der grundlegende Unterschied liege darin, dass biologische Bedürfnisse durch ein spezifisches Objekt gestillt werden können, während Lacan zufolge der Trieb nicht auf den Besitz eines Objekts abzielt, sondern sich vielmehr endlos um dieses Objekt herum dreht und in diesem permanenten Umkreisen seine Befriedigung erfährt. Es wäre also u.a. zu fragen, ob es sich vonseiten Ukeles einfach um die Aufnahme einer falschen Übersetzung handelt, oder ob sie tatsächlich mit dem Instinktbegriff eine engere Koppelung von Individuum und System, Leben und Umwelt voraussetzt. Dies würde auch die Verbindung zwischen Todesinstinkt, Individualität und Separation erklären, also eine Art Heroisierung des Todes, die wohl v.a. vor dem Hintergrund ihrer kunsttheoretischen Ausrichtung auf einen Modernismus zu verstehen ist, der in der heroischen künstlerischen Geste einen Akt der freien Schöpfung sieht.

Ukeles benennt in der Folge zwei grundlegende Systeme: »Development and Maintenance«, die diese beiden Instinkte und ihre semantischen Felder umfassen, und verknüpft diese gleich darauf in einer berühmt gewordenen Frage polemisch miteinander: »The sourball of every revolution: after the revolution, who's going to pick up the garbage on Monday morning?«[3] Nach diesem provozierenden Einwurf, wer denn den sauren Drops einer jeden Revolution lutschen müsste und am Montagmorgen den Müll wegräumen würde, reichert Ukeles ihre begriffliche Unterscheidung weiter an, indem sie die reine individuelle Schöpfung, das Neue, die Veränderung, Fortschritt, Erregung, Flucht auf die Seite der »Entwicklung« stellt, während im Gegensatz »Maintenance« bedeutet, »keeping the dust off the pure individual creation«,[4] also jene reine individuelle Schöpfung, die auf Seiten des *development* steht, mit dem Staubwedel zu entstauben; das Neue zu erhalten, den Wechsel zu stützen, den Fortschritt zu schützen, zu verteidigen und zu verlängern, die Erregung zu erneuern, die Flucht zu wiederholen.

MANIFESTO!

MAINTENANCE ART -- Proposal for an Exhibition

"CARE"

©1969
Mierle Laderman Ukeles

I. IDEAS:

A. The Death Instinct and the Life Instinct:

The Death Instinct: separation, individuality, Avant-Garde par excellence; to follow one's own path to death--do your own thing, dynamic change.

The Life Instinct: unification, the eternal return, the perpetuation and MAINTENANCE of the species, survival systems and operations, equilibrium.

B. Two basic systems: Development and Maintenance. The sourball of every revolution: after the revolution, who's going to pick up the garbage on Monday morning?

Development: pure individual creation; the new; change; progress, advance, excitement, flight or fleeing.

Maintenance: keep the dust off the pure individual creation; preserve the new; sustain the change; protect progress; defend and prolong the advance; renew the excitement; repeat the flight.

show your work--show it again
keep the contemporaryartmuseum groovy
keep the home fires burning

Development systems are partial feedback systems with major room for change.

Maintenance systems are direct feedback systems with little room for alteration.

Abb. 1–4 Mierle Laderman Ukeles: *MANIFESTO! MAINTENANCE ART—Proposal for an Exhibition, »Care«*, 1969

MAINTENANCE ART -2- Mierle Laderman Ukeles

C. Maintenance is a drag; it takes all the fucking time (lit.) The mind boggles and chafes at the boredom. The culture confers lousy status on maintenance jobs= minimum wages, housewives=no pay.

clean your desk, wash the dishes, clean the floor, wash your clothes, wash your toes, change the baby's diaper, finish the report, correct the typos, mend the fence, keep the customer happy, throw out the stinking garbage, watch out don't put things in your nose, what shall I wear, I have no sox, pay your bills, don't litter, save string, wash your hair, change the sheets, go to the store, I'm out of perfume, say it again--he doesn't understand, seal it again--it leaks, go to work, this art is dusty, clear the table, call him again, flush the toilet, stay young.

D. Art:

Everything I say is Art is Art. Everything I do is Art is Art. "We have no Art, we try to do everything well." (Balinese saying).

Avant-garde art, which claims utter development, is infected by strains of maintenance ideas, maintenance activities, and maintenance materials.

--Process art especially claims pure development and change, yet employs almost purely maintenance processes.

E. The exhibition of Maintenance Art, "CARE", would zero in on pure maintenance, exhibit it as contemporary art, and yield, by utter opposition, clarity of issues.

MAINTENANCE ART -3- Mierle Laderman Ukeles

II. THE MAINTENANCE ART EXHIBITION: Three parts: personal, general, and Earth Maintenance.

A. Personal Part:

I am an artist. I am a woman. I am a wife. I am a mother (random order).
I do a hell of a lot of washing, cleaning, cooking, renewing, supporting, preserving, etc. Also, (up to now separately) I "do" Art.
Now, I will simply do these maintenance everyday things, and flush them up to consciousness, exhibit them, as Art. I will live in the museum as I customarily do at home with my husband and my baby (right, or if you don't want me around at night I would come in every day) for the duration of the exhibition, and do all these things as public Art activities: I will sweep and wax the floors, dust everything, wash the walls (i.e. "floor paintings, dust works, soap-sculpture, wall-paintings"), cook, invite people to eat, clean up, put away, change light bulbs. I might save and make agglomerations and dispositions of all functional refuse. The exhibition area might look "empty" of art, but it will be maintained in full public view.

My working will be the work.

B. General Part: Everyone does a hell of a lot of noodiling maintenance work. The general part of the exhibition would consist of interviews of two kinds.

1. Previous interviews of, say, 50 different classes and kinds of occupations that run a gamut from "maintenance man", maid, sanitation man, mailman, union man, construction worker, librarian, grocerystore man, nurse, doctor, teacher, museum director, salesman, baseball player, child, criminal, bank president, mayor, movie star, artist, etc., about what they think maintenance is; how they feel about spending whatever parts of their lives on maintenance activities; what is the relationship between maintenance and freedom; what is the relationship between maintenance and life's dreams.

   These interviews will be typed and exhibited.

MAINTENANCE ART -4- Mierle Laderman Ukeles

2. Interview Room--for spectators at the Exhibition:
A room of desks and chairs where professional (?) interviewers will interview the spactators at the exhibition along same questions as typed interviews (in 1. above). The responses should be personal.

These interviews are taped and replayed throughout the exhibition area.

C. Earth Maintenance:

Everyday, a container of the following kinds of refuse will be delivered to the Museum: 1) the contents of one sanitation truck; 2) a container of polluted air; 3) a container of polluted Hudson River; 4) a container of ravaged land. Once at the exhibition, each container will be serviced: purified, depoluted, rehabilitated, recycled, and conserved by various technical (and/or pseudo-technical) procedures either by myself or scientists.

These servicing procedures are repeated for the duration of the exhibition.

Ganz konkret heißt das für die Arbeit als Künstler:in:
»show your work – show it again
keep the contemporaryartmuseum groovy
keep the home fires burning«[5]

– Womit zugleich die Fähigkeit gemeint ist, den ökonomischen Austauschprozess, der hinter dem sogenannten individuellen schöpferischen Akt steht, aufrechtzuerhalten, indem Arbeit gezeigt wird, wieder gezeigt wird und nochmal gezeigt wird, das Museum groovig gehalten wird, die Arbeiten, das wird impliziert, ihren Wert steigern und sich verkaufen und die Künstlerin so ihren Herd befeuern kann, also das Essen auf den Tisch stellen und die Familie gleich doppelt erhalten kann, durch den Verkauf ihrer künstlerischen Arbeit und durch ihre nicht-verkäufliche oder zumindest nicht entlohnte reproduktive Arbeit am Herd, ihre *Care*-Arbeit.

Im kybernetischen Vokabular reformuliert heißt das dann bei Ukeles: »Development systems are partial feedback systems with major room for change. Maintenance systems are direct feedback systems with little room for alteration.«[6] Oder, anders gesagt, jenes System der Entwicklung, in dem der individuelle kreative Akt möglich zu sein und es »das Neue« zu geben scheint, muss als ein Rückkoppelungssystem gedacht werden, das möglichst lose Koppelungen hat, in dem also möglichst große Abweichungen möglich und tolerierbar sind; während hingegen das *Maintenance*-System als direktes Feedbacksystem eng gekoppelt ist und damit keinerlei nennenswerte Veränderungen erlaubt. Dies trifft auf den »Lebensinstinkt« zu, den Ukeles am Anfang heranzitiert, und der so deutlich unfreier agiert, enger gekoppelt ist als der individualisierende und schöpferische Todesinstinkt.

Dabei ist natürlich die Rede von einem Todesinstinkt je schon schwer verständlich, da es eben gerade die Bestimmung eines Instinktes ist, sich gegen Bedrohungen möglichst effektiv zur Wehr zu setzen, dieser also biologisch auf Maintenance, auf Erhaltung ausgelegt – und damit letzten Endes selbst Teil eines Lebens- oder Überlebensinstinkts ist. Davon unterscheidet sich jene irrlichternde, zirkulierende, nicht eindeutig gerichtete Tendenz, die Lacan für den Todes*trieb* beschreibt, der im Gegensatz zum Todes*instinkt* gerade auf Auflösung und Zersetzung des Unterschieds von Individuum und Milieu gerichtet ist. So umfasst die Erhaltung des Lebens als direktes Feedbacksystem die Absetzungstendenzen des Todesinstinkts, nicht aber die Auflösungsbewegungen des Todes*triebes*, die *gegen* die Selbsterhaltung gerichtet sind. In ähnlicher Weise spricht der französische Wissenschaftsphilosoph Georges Canguilhem dem ausschließlich auf Selbsterhaltung ausgelegten Leben die Vitalität ab, vielmehr sei diese rein organische Existenz, die nicht über die Fähigkeit zur Abweichung verfüge, sich nicht den Luxus leisten könne, krank zu werden und damit letztendlich pathologisch zu nennen wäre. Ein wirklich vitales Leben, so Canguilhems vitaler Rationalismus, ist eines, das einmal etablierte Gleichgewichtszustände immer wieder in Frage stellt, und so immer neue lebendige Dynamiken in Gang setzt. Und auch Canguilhem greift hierfür auf das Begriffspaar von (Selbst-)Erhaltung und Entwicklung zurück: »Die Philosophen streiten darüber, ob die Grundtendenz des Lebewesens in der Selbsterhaltung oder der Entwicklung besteht. Hierzu könnte die medizinische Erfahrung ein durchaus gewichtiges Argument beibringen. Goldstein merkt an, dass das Bedürfnis des Kranken, alle Situationen zu meiden, die Katastrophenreaktionen auslösen könnten, Ausdruck des Selbsterhaltungstriebes sei. Dieser Trieb ist ihm zufolge keineswegs *das* allgemeine Lebensgesetz, sondern *das* Gesetz eines eingeschränkten Lebens. Der gesunde Organismus strebt weniger danach, sich in seinem aktuellen Zustand und seiner gegebenen Umwelt zu erhalten; er strebt nach Verwirklichung seines Wesens. Zu diesem Zweck jedoch muss der Organismus Risiken eingehen und dabei eventuelle Katastrophenreaktionen in Kauf nehmen. Der gesunde Mensch stellt sich den Problemen, welche aus den oftmals abrupten Veränderungen seiner Gewohnheiten – selbst der bloß physiologischen – entstehen; er misst seine Gesundheit an der Fähigkeit, die Krisen seines Organismus zu überstehen und eine neue Ordnung zu etablieren.«[7]

II. Reproduktive Arbeit

Auch Ukeles schlussfolgert: »Maintenance is a drag (lit.); it takes all the fucking time. The mind boggles and chafes at the boredom. The culture confers lousy status on maintenance jobs minimum wage, housewives = no pay.«[8] Mit dieser Feststellung nimmt sie eine feministische Debatte voraus, die wenige Jahre später besonders von den italienischen marxistischen Feministinnen um Mariarosa Dalla Costa und Silvia Federici als *Wages for Housework-Campaign* (»Lohn für Hausarbeit«-Kampagne) formuliert werden sollte. Ziel dieser Debatte war es, die Reproduktionsarbeit, die mehrheitlich weiblich war, als *Arbeit* sichtbar zu machen, indem sie »entlohnt« werden würde. So schreibt Dalla Costa in ihrem 1972 veröffentlichten und bereits im folgenden Jahr bei Merve als Teil 36 der Reihe »Internationale Marxistische Diskussion« auf Deutsch erschienen Text *Die Macht der Frauen und der Umsturz der Gesellschaft*: »Seit Marx ist es klar, dass das Kapital durch den Lohn herrscht und sich entwickelt, d.h. dass die Grundlage der kapitalistischen Gesellschaft der Lohnarbeiter ist und seine direkte Ausbeutung. Von den Organisationen der Arbeiterbewegung ist niemals erkannt, noch jemals in ihre Überlegungen einbezogen worden, dass gerade durch den Lohn die Ausbeutung der Nicht-Lohnarbeiter organisiert wird. Diese Form der Ausbeutung war noch effektiver, weil das Fehlen eines Lohns sie verschleierte [...]. Die Frauenarbeit erscheint daher als persönliche Dienstleistung außerhalb des Kapitals.«[9] Damit wird hier nicht nur eine Forderung ausgesprochen zur »Anerkennung« der tatsächlich erbrachten Maintenance-Leistungen, vielmehr wird viel weitreichender das Verständnis des politischen Subjekts in Frage gestellt, das in der kommunistischen Linken mit dem Lohnarbeiter gleichgesetzt wird, wie das Kollektiv queerfeministische Kitchen Politics in ihrer Einführung zu Federicis »Counter-Planning from the Kitchen« von 1974 unterstreicht.[10]

Federicis Ziel ist es dann auch, die »Arbeit aus Liebe«, also jene familiäre Reproduktionsarbeit, die zwangsläufig weiblich kodiert war (und ist), als »Bestandteil einer kapitalistischen Arbeitsteilung zu thematisieren«.[11] Ihre Antwort hierauf lautet jedoch »Verweigerung« einer solchen Arbeitsteilung, die auf dem grundsätzlichen Gegensatz von öffentlichem und privaten Leben beruht, und bedeutet damit den Abschied von einem Emanzipationsmodell, das ausschließlich durch Integration zu denken ist, in diesem Fall durch Integration in die Lohnarbeit. Daraus folgt, dass die Kategorien von Reproduktionsarbeit und Lohnarbeit zugleich abzulehnen sind, um so die damit einhergehenden Rollenverteilungen zu zerschlagen, wie Dalla Costa es formuliert: »Das Problem bleibt also, Kampfformen zu erproben, [...] die sofort die gesamte Struktur der Hausarbeit in Frage stellen, durch die wir diese Arbeit unmittelbar verweigern, uns als Hausfrauen verweigern und das Haus als Ghetto unserer Existenz verweigern; denn das Problem ist nicht so sehr und nicht ausschließlich, diese ganze Arbeit hinzuschmeißen, sondern die gesamte Hausfrauenrolle zu zerstören. Das Verhältnis von Zeit-für-Hausarbeit und Zeit-frei-von-Hausarbeit muss sofort umgestürzt werden: es ist nicht nötig, Betttücher und Gardinen zu bügeln, glänzende Fußböden zu haben, jeden Tag Staub zu wischen. Und doch tun das viele Frauen. Offensichtlich nicht, weil sie dumm sind, sondern weil sie nur in jenen Arbeiten ihre Identität verwirklichen können, seit die kapitalistische Produktion sie faktisch vom Prozess der gesellschaftlich organisierten Produktion abgeschnitten hat.«[12]

Oder, wie Federici es in einem neueren Text formuliert: »[D]er Weg zur Befreiung [kann] nicht darin bestehen, um Lohnarbeit zu kämpfen [...]. Lohnarbeit mag eine Notwendigkeit sein, sie kann aber keine politische Strategie sein.«[13] Dass damit die Forderung nach bezahlter Hausarbeit notwendigerweise paradox erscheinen muss, ist auch den Theoretikerinnen nicht verborgen geblieben, darf aber in keinster Weise über den zentralen Einsatz dieser Diskussion für die feministische Ökonomiekritik hinwegtäuschen.

Denn zunächst einmal wird hier eine kapitalistische Ideologie offengelegt, die die »Familie als ›private Welt‹ glorifiziert, als letzten Freiraum, wo Männer und Frauen ihre ›Seelen am Leben erhalten‹«[14] – ein Raum der Freiheit also, der demjenigen der Fabrik entgegensteht und in dem das Leben vermeintlich unproduktiv ist, während die Produktionslast an das Fließband ausgelagert wird. Die erstaunliche Naivität dieser Annahme lässt sich bekanntlich bereits mit Aristoteles' *oikonomia*-Begriff widerlegen, wie dies zuletzt Giorgio Agamben in seiner Lektüre des Ökonomischen gezeigt hat.[15] Denn gerade bei Aristoteles ist es der Raum des Privaten, in dem der Familienvater als Patriarch über uneingeschränkte Macht verfügt, die ihm die Öffentlichkeit der Polis in gewisser Weise beschränkt. Trotz allem ist diese »Ideologie«, so Federici, »die die Familie (oder die Community) der Fabrik entgegenstellt, so wie sie auch das Private dem Öffentlichen und die produktive der unproduktiven Arbeit entgegenstellt, [...] funktional für unsere Versklavung an den Haushalt, die in Abwesenheit eines Lohnes stets als Akt der Liebe erschienen ist«.[16] Oder, an anderer Stelle: »Sie nennen es Liebe. Wir nennen es unbezahlte Arbeit. Sie nennen es Frigidität. Wir nennen es Schwänzen. Jede Fehlgeburt ist ein Arbeitsunfall.«[17] In diesem Sinne ist die Forderung nach Lohn für Hausarbeit letztendlich ein Akt der Desidentifizierung mit der als natürlich verstandenen weiblichen Arbeit aus Liebe im privaten Schoße der Familie, mit also jener pseudonatürlichen Rollenverteilung, in der häusliche Wärme und Fürsorge stets weiblich kodiert sind: »denn Lohn für Hausarbeit zu verlangen, bedeutet, diese Arbeit als Ausdruck unserer Natur abzulehnen und damit eben die Rolle abzulehnen, die der Kapitalismus für uns erfunden hat«.[18] Eine Rolle, wie nicht nur Federici immer wieder unterstrichen hat, die gerade keine intuitive, naturgegebene Rolle ist, sondern Jahre der familiär-disziplinären Einübung in die Rolle der liebenden Ehefrau und Mutter voraussetzt.

Ukeles, Künstlerin und Mutter, schildert diese komplexe Problemlage anhand ihrer persönlichen Erfahrungen sehr plastisch in einem Video-Interview, das sie 2017 aus Anlass ihrer ersten großen monografischen Ausstellung im Queens Museum mit *Artforum* geführt hat. Hier verschaltet sie die Frage nach Care- oder Maintenance-Arbeit, die auch die *Wages for Housework*-Kampagne begründet, mit der Frage nach ihrer Arbeit als Künstlerin und ruft damit zugleich eine ästhetische Debatte auf, die sich ebenfalls über Begriffe wie Öffentlichkeit und privater Raum, Freiheit und Notwendigkeit, Produktion und Reproduktion, Schöpfung und Wiederholung entspannt. Es ist vor diesem Hintergrund besonders bemerkenswert, in welchem künstlerischen Kontext Ukeles sich zunächst verortet. So stellt sie der beengenden Welt ihrer Kindheit in den 1950er Jahren die Freiheit des New Yorker Pratt Institutes und ihres Kunststudiums entgegen: Sie unterstreicht, wie wichtig die Positionen ihres Professors Robert Richenburg gewesen seien, ein abstrakter Expressionist der zweiten Garde, der breitbeinig die Freiheit der Kunst beschworen und zugleich die Emanzipationsbewegung der Studierenden unterstützt habe.

Ukeles insistiert also darauf: »I was serious about this free business«, eine politische und künstlerische Freiheit als Versprechen der 1960er Jahre, die in ihrem persönlichen Leben gerade 1968 durch ein Ereignis bedroht bzw. anscheinend unmöglich gemacht wird: »I had a huge crisis. I had a child. I became a maintenance worker.«[19] Derart beschreibt Ukeles ihre eigene Erfahrung dieses Gegensatzes von Öffentlichkeit und privatem Raum, Freiheit und Notwendigkeit, Development und Maintenance anhand dieses Einschnittes: »I became an artist to have that level of freedom« – also dasjenige Level, das Lehrer und Vorbilder (*art heroes*) wie Jackson Pollock, Marcel Duchamp oder Marc Rothko ihr vorlebten und -hielten – »and here I am changing the diapers thinking my brain is gonna blow out of the top of my head.«[20] Eine private, reproduktive, repetitive, langweilige, unfreie, weiblich kodierte Tätigkeit, nämlich das Windelwechseln, zu der besagte *art heroes* ihr nichts sagen könnten: »Marcel [Duchamp] didn't change diapers. Jackson [Pollock] didn't change diapers«.[21]

Ihre Antwort darauf ist so einfach wie deutlich: »If I have this freedom to name things, that my grandfather Marcel [Duchamp] gave me, I call it maintenance art«.[22] Das heißt, sie tut erst mal dasjenige, was man eine vordergründige Ästhetisierung nicht-ästhetischer Tätigkeiten nennen könnte, das Windelwechseln als Kunst: »I am taking a western notion of art as freedom and taking a non-western notion of repetitive systems [...] and I am crashing them together. It is not such a happy union«.[23] Anstatt die Ideologie der Freiheit der Kunst eines High Modernism abzulehnen, insistiert Ukeles darauf, wie wichtig ihr gerade dieser Aspekt des Kunstmachens ist, den sie den männlichen Kollegen gleichwohl erst entwinden muss. Zugleich, und das ist hier weitaus interessanter, versteht sie diese Freiheit der Künstler:in als eine »power to rename things«,[24] also eben die Fähigkeit oder Macht, die Notwendigkeit, d.h. die Maintenance Arbeit, die Arbeit am Kind bspw., als Kunstarbeit und damit als »freie« Produktion und Hervorbringung von Neuem zu benennen, zu bezeichnen, zu *rebranden*. Genau diese Bewegung wird sie wenige Jahre später mit ihrem Maintenance Art Work Stamp institutionalisieren, der die Kunstwerke, bspw. ihre *Maintenance Art Questionnaires* oder einen *cleaninig record*, als Kunst »authentifizieren« sollte (Abb. 5).

Damit geht jedoch zugleich ein wesentlicher Unterschied in der Auffassung von Freiheit einher, die die künstlerische Freiheit hier abrückt von einer radikalen Freiheit im Sinne einer künstlerischen Geste als genuiner und geniehafter Akt der Schöpfung hin zu einer Freiheit, die vielmehr im Sinne einer Gleich-Gültigkeit, einer Ununterscheidbarkeit zu verstehen wäre. Und die damit auch gerade nicht als eine Ästhetisierung vermeintlich nicht-ästhetischer Gegenstände und Prozesse wie eben die Care- oder Maintenance-Arbeit (also als eine Veröffentlichung vermeintlich privater Tätigkeiten) zu verstehen ist, sondern die vielmehr, ganz im Sinne Federicis und Dalla Costas, diese Aufteilung selbst in Frage stellt.

Vor diesem Hintergrund lässt sich auch der Übergang der häuslichen Care-Arbeit zur öffentlichen Maintenance-Arbeit in Ukeles künstlerischer Produktion verstehen, denn schon ihre Aussage, »I had a huge crisis. I had a child. I became a maintenance worker« legt die Zurückweisung der Zuordnung von häuslicher Arbeit und Arbeit aus Liebe nahe. Zugleich wird diese Aussage in dem Artforum-Video mit einem Bild ihrer Performance *Washing / Tracks / Maintenance: Outside, 1973* illustriert bzw. kurzgeschlossen (Abb. 6). Dabei handelt es sich um eine Performance, die Ukeles 1973 im Wadsworth Atheneum in Hartford, CT durchgeführt hat: Während der Öffnungszeiten des Museums säuberte und wusch sie das Gebäude sowohl innen als außen und putzte so die gesamte Plaza vor dem Museumeingang. Begleitet wurde die Performance durch eine Adressierung der Zuschauer:in: » Dear Spectator, The cleanliness of this area is now being maintained as MAINTENANCE ART by Mierle Laderman Ukeles, artist. Please feel free to continue on your way right through the ›dust painting‹ as she will be continuing to maintain it this whole day.«[25]

Maintenance Work umfasst bei Ukeles also geradezu unterschiedslos die Arbeiten im privaten Raum des eigenen Haushalts, in der Öffentlichkeit des Ausstellungsraums (wie in der gerade genannten Ar-

MAINTENANCE **ART** WORKS ©

MIERLE LADERMAN UKELES

2 Washington Square Village
New York, New York 10012

MAINTENANCE ART QUESTIONNAIRE: 1973-76 ©

Two Basic Systems: Development and Maintenance. The sourball of every revolution: after the revolution, who's going to pick up the garbage on Monday morning?
Development: pure individual creation; the new; change; progress; advance; excitement; flight or fleeing.
Maintenance: keep the dust off the pure individual creation; preserve the new; sustain the change; protect progress; defend and prolong the advance; renew the excitement; repeat the flight.

from MAINTENANCE ART MANIFESTO
© 1969

Dear Person:

I wish I could ask you these questions face to face, but I can't because neither of us has time. Please answer the following questions (add pages if you need to) and put this questionnaire in the self-addressed envelope which will be mailed to me; or take it home and mail it later. I am interested in both hard facts and your feelings about your own maintenance tasks.

The following is a simple breakdown of Maintenance tasks. Please circle at least 10 items (or fill in "Other ______") that gives the best profile of the kind of maintenance work you have to/choose to do. Then proceed to answer the questions.

Thanking you from a distance, I am

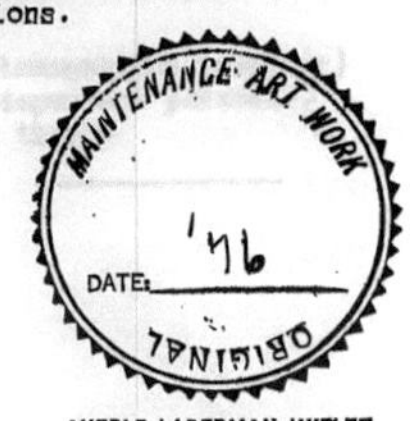

MIERLE LADERMAN UKELES

Abb. 5 Mierle Laderman Ukeles: *Maintenance Art Questionnaire*, 1976.

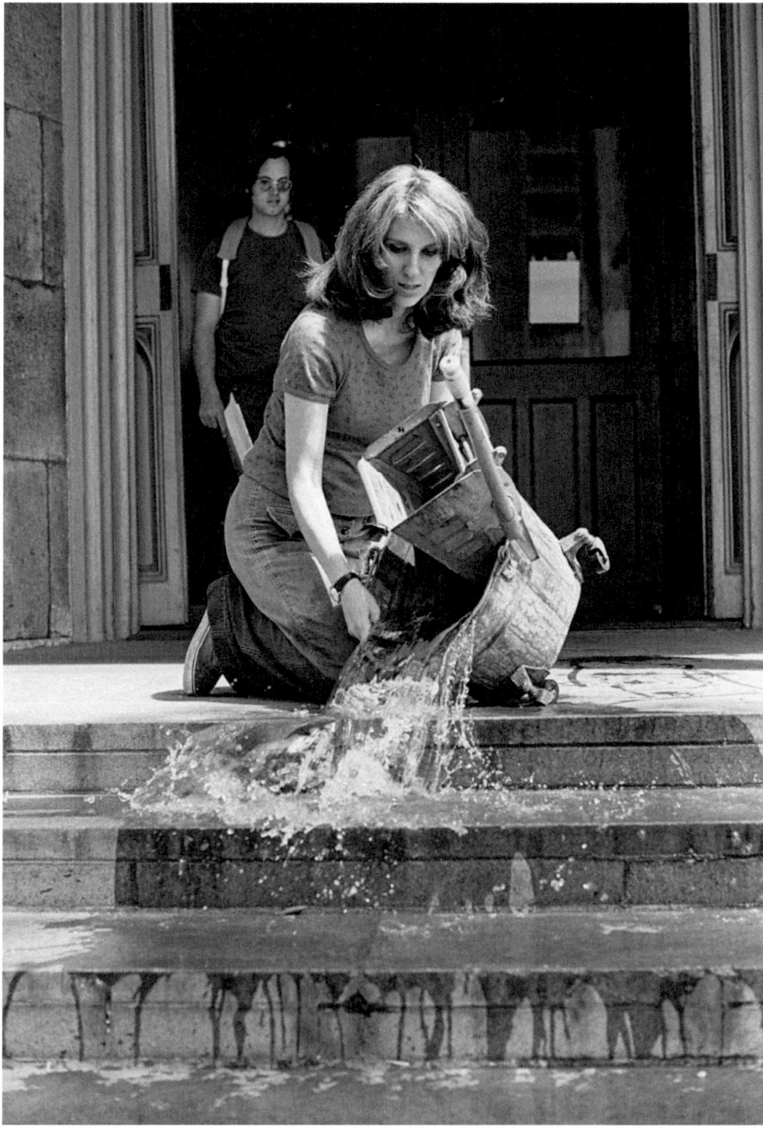

Abb. 6 Mierle Laderman Ukeles: *Washing / Tracks / Maintenance: Outside*, 1973.

beit im Wadsworth Atheneum) und im Stadtraum: So zieht sie für ihre Performance *Dressing to go out / Undressing to Go In, 1973* (Abb. 7) ihren beiden kleinen Kindern ihre Winterklamotten an, nur um sie gleich darauf wieder auszuziehen, und hält diesen Vorgang fotografisch fest. Damit verweist sie auf den repetitiven Charakter und die nervliche Herausforderung, die ein nicht unwesentlicher Anteil von Care-Arbeit am Baby sein kann. Für die *Performance Touch Sanitation 1979–80* (Abb. 8–11) bedankte Ukeles sich über einen Zeitraum von elf Monaten und über den gesamten New Yorker Stadtraum bei jedem Mitarbeiter des Department of Sanitation New York persönlich für die Instandhaltung des öffentlichen Raums. Denn für Ukeles umfasst Maintenance Art eben all diese Arbeiten, seien sie die Sorge um ein eigenes Baby, sei es die Erhaltung eines Stadtraums als biopolitisches Milieu par excellence durch die Sanitation Worker oder »SanMen«: »I wanted to make art about whole systems.« So wird der private Raum als zu erhaltendes System hier extrapoliert auf den öffentlichen Raum, der erstaunlich ähnlich funktioniert, nur dass von den Sanitation Workers keine Arbeit aus Liebe erwartet wird, sondern vielmehr angesichts der miserablen ökonomischen Ausgangslage und finanziellen Abhängigkeit der Beschäftigten Liebe bestenfalls durch Mindestlohn ersetzt wird.[26] Der Unterschied zwischen privater und öffentlicher Arbeit wird damit für sie de facto hinfällig.

III. Die Macht der Maintenance

Vor diesem Hintergrund soll nun abschließend gefragt werden, inwiefern bei Ukeles unterschiedliche Perspektiven auf Begrifflichkeiten oder begriffliche Dualismen erarbeitet werden, die auch für eine zeitgenössische Ästhetik von Relevanz sind. Wie bereits einführend erwähnt, lassen sich anhand der Arbeiten von Ukeles und ihrem *Maintenance Art Manifesto* mindestens drei Perspektiven aufzeigen, die den Gegensatz von (öffentlicher) Schöpfung und (privater) Erhaltung und seine Reformulierung als Produktion und Reproduktion, Freiheit und Notwendigkeit beleuchten und zugleich in Frage stellen: Eine ästhetische, eine ökonomische und eine lebenswissenschaftliche Perspektive. Die ökonomische Perspektive wurde anhand der feministisch-marxistischen Positionen von Federici und Dalla Costa skizziert. Ein Text, der diese ökonomische Perspektivierung hinsichtlich der Frage nach produktiver und reproduktiver Arbeit explizit auch hinsichtlich von Ukeles Manifest vorlegt, ist der 2018 erschienene Text »Pure Mainte-

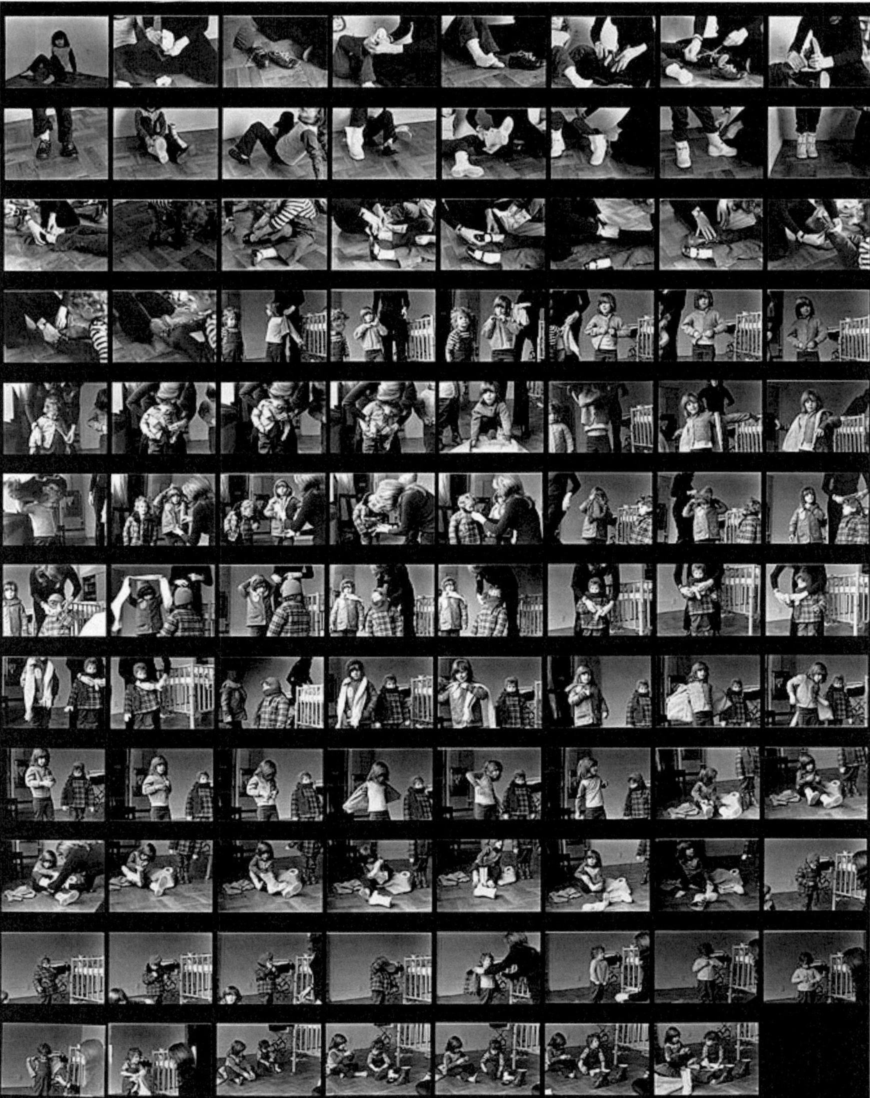

Abb. 7 Mierle Laderman Ukeles: *Dressing to go out / Undressing to go in*, 1973.

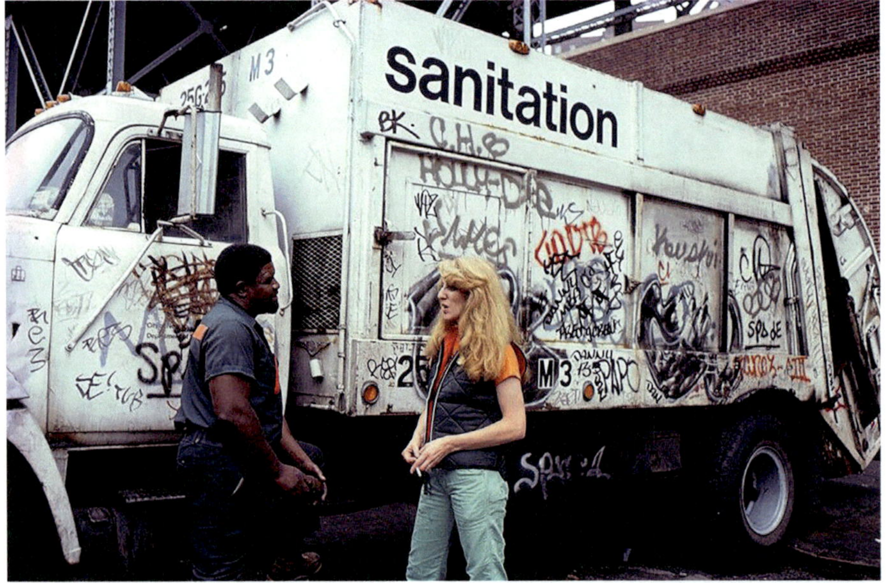

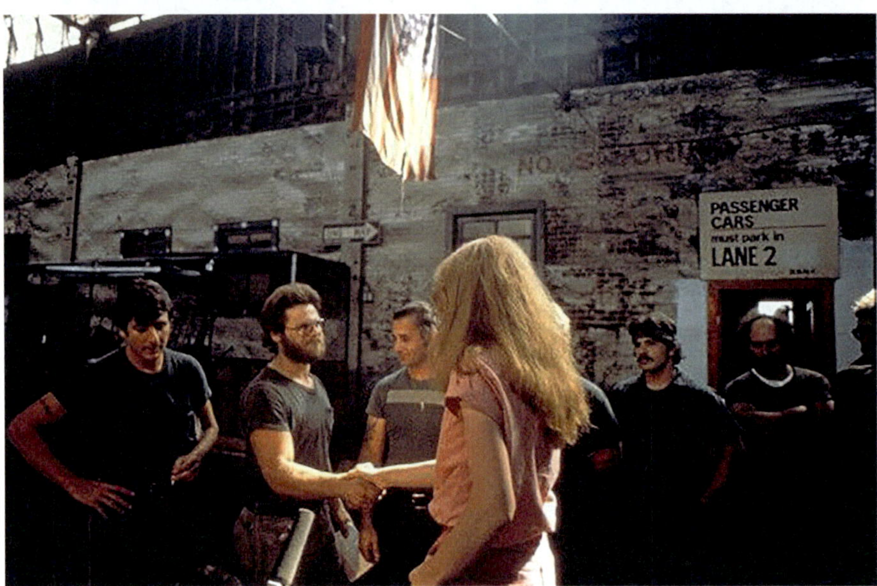

Abb. 8–11 Mierle Laderman Ukeles: *Touch Sanitation*, 1979–1980.

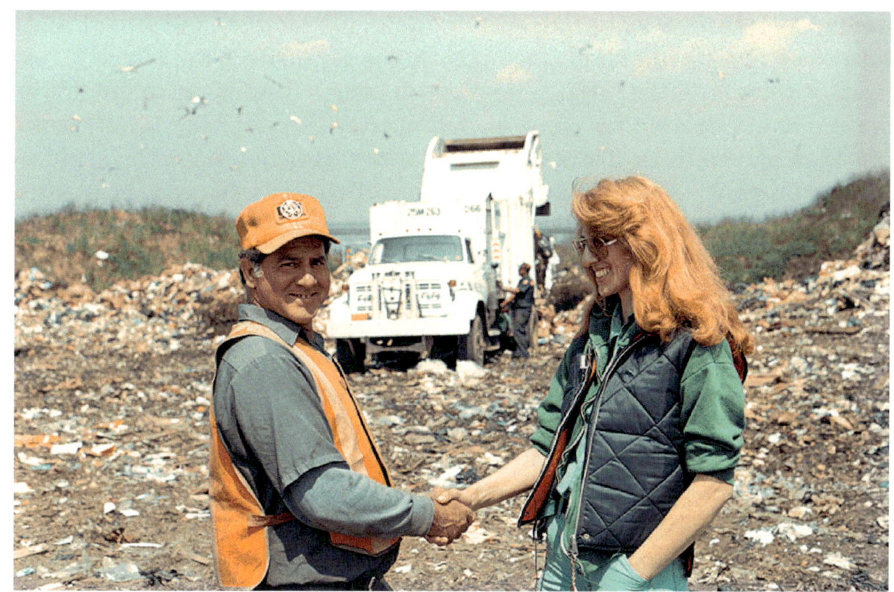

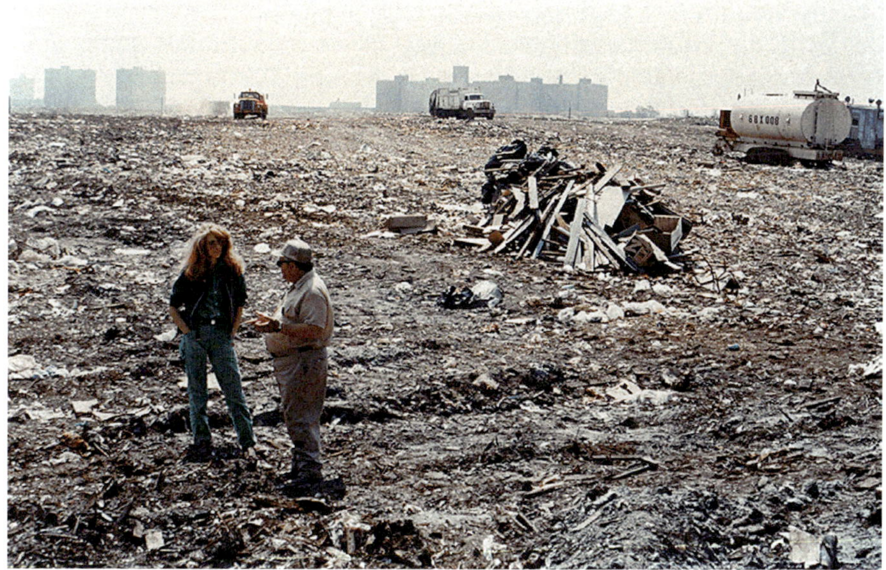

nance« von Marina Vishmidt, der versucht, die Möglichkeit von »transformative repair« oder »creative maintenance« zu denken, also: »to reimagine maintenance not just as reproduction – that is, as maintaining what already exists in a state as self-similar as possible, cut off from any idea of novelty or disruption – but rather as resistance«.[27]

Hierfür greift Vishmidt auf einen Begriff zurück, der wiederum aus der lebenswissenschaftlichen Perspektive zentral für die Fragen der Selbsterhaltung und -überschreitung des Lebens ist, die hier ebenfalls im Spiel sind. Es handelt sich um den Begriff des Milieus, den Vishmidt mit Gilbert Simondon und dessen »realism of relations« einführt: »The individual, of whatever ontological status, is not in relation *but is relation, foremost with its milieu*. The individual is a composite and container of relations, which exist at different scales: the scale of the individual, the scale of the pre-individual, the scale of the milieu.«[28] Laut Vishmidt wird die Trennung zwischen intellektueller und Handarbeit, die hinter dem Gegensatz von Produktion und Reproduktion, Maintenance und Kreativität oder Management und Ausführung steht, vor dem Hintergrund eines solchen Realismus der Relationen unmöglich, insofern das Individuum nun als Ergebnis eines Individuationsprozesses denkbar wird, der zugleich mental, biologisch, chemisch oder sozial sein kann. Individuum sein heißt damit, sich in einem Austauschprozess zu befinden mit den Gegebenheiten des Milieus, auf die es sich sowohl produktiv als auch reproduktiv zu beziehen gilt. Damit ist eine Zurückweisung von »nur« reproduktiven, erhaltenden Tätigkeiten nicht mehr denkbar, insofern alle produktiven oder kreativen Tätigkeiten immer auch solche der Reproduktion, Wiederholung und Aneignung beinhalten. Oder, anders ausgedrückt, das Individuum ist nicht unabhängig von seinem Milieu, von seinen Relationen mit dem Milieu zu denken – ganz wie Canguilhem dies bereits 1946 in seinem grundlegenden Text »Das Lebendige und sein Milieu« ausformuliert hatte, der für Simondon wegweisend ist.[29]

Einer solchen wechselseitigen Einschreibung von produktiven in reproduktive, von erhaltenden in schöpferische Prozesse steht zugleich eine Form von Macht entgegen, die Vishmidt als »power rebranded as care« bezeichnet und damit sowohl auf den von Ukeles vorgeschlagenen Ausstellungstitel zurückkommt, als auch auf die gegenwärtig erhitzt geführte Debatte um eine Care-Ethik oder Ethik der Achtsamkeit verweist, der vorgeworfen werden kann, gerade die Machtdimension in der Care-Debatte zu verdecken, indem diese naturalisiert und normativ eindeutig ausgeflaggt wird.[30] Für Vishmidt ist diese Care-Macht eine Art reproduktiver Realismus, »which appears to affirm the invisible labour of maintenance and survival engaged in by all, but only insofar as it guarantees the stability of its accumulation prospects. In this crude dissociation of maintenance and resistance, we are left with only management.«[31] Es gilt also, den Maintenance-Begriff zu verstehen, als »the basis of a politics of transformation and not of a realism of survival«,[32] ihn also *gegen* die Selbsterhaltung zu lesen und damit zugleich auch die Gegensätze von Maintenance und Kreativität, Reproduktion und Produktion als nicht haltbar herauszustellen.

Um sich diese Verquickung nun abschließend aus der lebenswissenschaftlichen und ästhetischen Perspektive zu vergegenwärtigen, bietet es sich an, zunächst auf die Position von Canguilhem zurückzugreifen, die Simondons Denken des Milieus maßgeblich beeinflusst hat und der 1946 schreibt: »Der Begriff des Milieus ist auf dem Weg, zu einem universalen und notwendigen Modus der Erfassung von Erfahrung und Existenz der Lebewesen zu werden. Fast könnte man sagen, dass er sich als eine Kategorie des zeitgenössischen Denkens konstituiert.«[33] Der Bezug von Milieu und Lebewesen wird hier also einerseits und wenig überraschend in der biologischen Philosophie von Canguilhem »notwendig« verschaltet: Das Leben, die Lebewesen sind nur innerhalb und durch ihr Milieu zu verstehen, sie können zugleich auch nur in diesem und durch dieses Milieu existieren. Diese biologische Einsicht wird alsdann von Canguilhem umstandslos zu einer Einsicht der Philosophie überhaupt erhoben und das Milieu zur Kategorie des zeitgenössischen Denkens – also des Nachkriegsdenkens –, das sich damit auch nur in Abhängigkeit von einem, *seinem* Milieu entwickeln kann und zugleich bei allen Denkobjekten, sei es Vernunft, Freiheit oder Handlung eben auch jene Abhängigkeiten und der klassischen Milieutheorie entnommenen Determinismen mitdenken muss. Es ist diese Abhängigkeit, diese wechselvolle und wechselhafte gegenseitige Aufeinanderbezogenheit von Lebewesen und Milieu, die Canguilhem zur Grundlage seiner Philosophie des Lebens macht, und von der er zugleich erwartet, dass sie *alle* Philosophie befruchten solle.

Während Canguilhem mit seinem Vortrag zum Lebendigen und seinem Milieu v.a. eine genealogische Untersuchung dieser Beziehung vorlegt und ihren deterministischen Ursprung vitalistisch überschreibt, unterscheidet er in seinem Hauptwerk zum *Normalen und Pathologischen* anhand des Milieubegriffs zweierlei Dynamiken oder Zustände des Lebens, die sich je anders zu ihrem Milieu verhalten: Der Einfachheit halber könnte man diese Dynamiken als jene der Selbsterhaltung und Selbstüberschreitung bezeichnen, die, wie bereits angedeutet, bei Canguilhem normativ relativ einfach zuordenbar sind: Denn ein

Leben, das nur auf Selbsterhaltung ausgelegt ist, ist pathologisch zu nennen, insofern seine Erhaltung seine eigene Norm ist, an der es sich verkrampft festhält; der Bezug eines solchen Lebewesens zu seinem Milieu ist in der Folge einer, der sich ausschließlich über Anpassung bestimmen lässt, der also ein kausal eindimensionaler Bezug ist, in dem das Leben durch das Milieu determiniert wird. Im Gegensatz dazu geht das wirklich vitale Leben Risiken ein und stellt die einmal etablierte Beziehung zum Milieu, seine Homöostase, immer wieder aufs Spiel – es ist ein Leben, das alte Normen in Frage stellt und neue Normen schafft und das sich folglich in einer wechselseitigen Beziehung zum Milieu befindet, auf dessen Gefahren es reagiert, das es aber zugleich auch immer wieder neu formt und ausbildet. Bei Ukeles entspricht dies jenem Unterschied, den die Künstlerin macht, wenn sie von ihrem neugeborenen Baby spricht: »when a baby is healthy it's not just not sick«, »it is in a robust state«, »it thrives« – es tut also all diese Dinge, die Ukeles vorher dem *development system* zugeordnet hatte: *to develop, to grow, to prosper*. Darin liegt der vitale Anspruch des Lebens, dass es permanent über sich hinausgeht, kreativ ist, sich neue Umgebungen und Lebensumstände ausbildet.

Das Leben kann also entweder normalisierend auf ein homöostatisches Gleichgewicht hin ausgerichtet sein, dann wäre es letzten Endes pathologisch zu nennen; oder es kann normativ auf die Schöpfung neuer Normen und eines immer neuen Milieus ausgerichtet sein, dann wäre es im Canguilhem'schen Sinne vital – und im klassisch ästhetischen Sinne schöpferisch, um Ukeles Gegensatz zweier Systeme wieder aufzunehmen. Zugleich, und das ist die Herausforderung des Canguilhem'schen Lebensbegriffs, ist ein solcherart schöpferisches Leben nie ohne den Bezug auf die Notwendigkeit der Auseinandersetzung mit seinem Anderen, also dem anorganischen Milieu zu denken. Denn für Canguilhem ist das Leben nur in dieser Polarität zu verstehen, die zwar im besten Falle zu einem gesunden und das heißt Normen schöpfenden Leben führt, die aber nur durch die negativen Werte wie Krankheit oder Tod angestoßen werden kann. In diesem Sinne oszilliert das Leben permanent zwischen der Tendenz zur Selbsterhaltung und zur Infragestellung des Selbst; zwischen reproduzierenden und produzierenden, zwischen erhaltenden und kreativen Tätigkeiten: Die Produktion ist überhaupt nur vor dem Hintergrund der Reproduktion denkbar und muss diese Einschreibung der Notwendigkeit in die quasi-freiheitliche Kreation immer mitbedenken: Produktion muss in die Reproduktion eingeschrieben werden und andersherum.

Vor dem Hintergrund dieser Verquickung ökonomischer, lebenswissenschaftlicher und ästhetischer Perspektiven auf den Zusammenhang oder den Gegensatz dieser beiden Systeme ließe sich nun abschließend nach einer Ästhetik fragen, die genau jene produktiven Aspekte der Reproduktion mitdenkt, eine Ästhetik der Reproduktion quasi, wie man sie ausgehend von Walter Benjamins Kunstwerk-Aufsatz denken kann, und die man, dem Hinweis Canguilhems folgend, auch als eine »Milieuästhetik« bezeichnen kann, in der der »bildende« Bezug zwischen Lebewesen und Milieu nicht als Zeichen der »Autonomie« des (schöpferischen) Subjekts zu lesen wäre. Vielmehr wird dieser reine Bildungsanspruch anhand einer repetitiven, seriellen, langweiligen Tätigkeit, wie es die Maintenance-Arbeit ist, gebrochen. Denn im Milieu zu sein bedeutet, sich jenseits ideologischer Illusionen des öffentlichen, freien, künstlerischen, schöpferischen Subjekts zu bewegen und vielmehr das Individuum als bildend nur in Wechselwirkung, gegenseitiger Aushandlung, Auseinandersetzung mit diesem, seinem Milieu zu verstehen. Eine ästhetische Formgebung im Milieu bedeutet also, sich jenseits modernistischer Freiheitsideologien im Nicht-Willkürlichen zu verorten. Die bildenden Relationen im Milieu sind damit automatische im Sinne von gleichgültigen, nicht-diskriminierenden, anti-humanistischen also minder-mimetischen Bezugnahmen, Wiederholungen und Reproduktionen – und Kunstmachen im Milieu ist in diesem Sinne immer zuallererst ein Aneignungs- und Reproduktionsprozess.[34]

Es ist offensichtlich, dass diese Milieu- oder Umwelt-Fragen in Ukeles Arbeiten auf einer ungleich konkreteren Ebene adressiert werden, wenn sie bspw. in ihrem Ausstellungskonzept zu der letztlich nur teilweise realisierten Ausstellung »CARE« v.a. Sichtbarkeiten produziert – wenn sie einerseits das Publikum nach seiner eigenen Maintenance-Arbeit befragt und andererseits die »Earth Maintenance« in den Blick nimmt, indem tagtäglich jeweils ein Container verdreckter Luft, verschmutzten Wassers aus dem Hudson River sowie der Inhalt eines Mülllasters ins Museum geliefert würde und im Museum recycelt und gesäubert werden sollte.

Jenseits dieser umwelttheoretischen Interpretation von Maintenance als Recycling, also letztendlich als Wiederherstellung eines vormals unberührten Zustandes, wäre es jedoch lohnenswert, die erste Intuition von Ukeles etwas weiter auszuführen und nach dem eigenen produktiven Potential erhaltender Tätigkeiten zu fragen. Das hieße aber, Maintenance gerade nicht zurückzudrehen auf eine Ästhetik der Autonomie, wie es von Ukeles doch an mehreren Stellen nahegelegt wird, sondern sie als eine mindermimetische Praxis vielmehr in einer Ästhetik der Reproduktion zu verorten, die sich im Milieu entfaltet: Dass dies bei Ukeles letztendlich doch nicht oder noch nicht der Fall ist, lässt sich vielleicht am besten an der zu Anfang bereits gestellten Frage nach dem Begriff des Todesinstinkts festmachen, der in Ukeles Gegenüberstellung zum Lebensinstinkt merkwürdig modernistisch als eine Art genialische Individualisierungstendenz erscheint und eben gerade nicht als das, was der Todestrieb bei Freud betreibt, nämlich eine Auflösung des Individuums in seiner Umwelt, eine Angleichung des Lebens an sein Milieu. Dies hat Roger Caillois in seinen Studien mimetischer Insekten ausgeführt, deren Anähnlichung an ihre Umwelt, an die Blätter, Blüten und Äste gerade nicht der Selbsterhaltung dienen, wie gemeinhin angenommen, sondern vielmehr einer pathologischen Versuchung durch den Raum entsprechen, dem sie sich qua Bildproduktion angleichen.[35] Auch der Entwicklungsbegriff, den Ukeles dem der Maintenance entgegenstellt, weist in die Richtung einer sich entfaltenden und einem Bildungsauftrag folgenden Künstlerpersönlichkeit – das, was Foucault die »moralische Teleologie« nennt, Herr seiner selbst zu werden,[36] von der Ukeles sich vielleicht zuletzt doch nicht losmachen will oder kann – im Gegensatz zu Federici, die den Entwicklungsbegriff in Anführungszeichen setzt (»Sie bieten uns ›Entwicklung‹«) und ihn als jene Strategie kennzeichnet, die die »Unterentwickelten« (die »Dritte Welt« und die Frauen) zur »echten Arbeiterklasse« aufschließen lässt.[37]

Es ginge also letztendlich darum, den Begriff von Maintenance, den Ukeles vorschlägt, dadurch zu stärken, dass man ihn mit einem anspruchsvolleren Begriff der Entgrenzung konfrontiert, der nicht instinkthaft, sondern triebhaft ist, ganz so wie es im Canguilhem'schen Denken des Lebens angedacht ist, das seine Vitalität in der Möglichkeit zur Abweichung und zum Irrtum entwickelt. Radikaler noch lässt sich diese Destitution in eben jenen Auflösungstendenzen der Organismen im Milieu bei Caillois finden. Denn nur dann ist es möglich, Maintenance als eine Form künstlerischer Produktion zu denken, die eben gerade nicht freiheitsästhetisch überhöht wird. Das hieße zuletzt, Maintenance jenseits eindeutiger Freiheitsideologien, wie sie noch von Ukeles *art heroes* inszeniert worden waren, vielmehr als offenen, unabschließbaren, kon- wie destituierenden, »dekonstruktiven« Prozess(-Begriff) zu lesen und damit den Selbst-Erhalt in der Maintenance als prekär, und gerade nicht als einfach konservierend, konservativ und identitär zu verstehen.

1 Mierle Laderman Ukeles: »Manifesto! MAINTENANCE ART – Proposal for an Exhibition ›CARE‹«. In: Patricia C. Phillips, Queens Museum (Hg.): *Maintenance Art*, Ausstellungskatalog. München/London/New York: DelMonico Books/Prestel, 2016, S. 210.
2 Dylan Evans: *An Introductory Dictionary of Lacanian Psychoanalysis*. London: Routledge, 1996, S. 47.
3 Ukeles, »Manifesto! MAINTENANCE ART«, S. 210.
4 Ebd.
5 Ebd.
6 Ebd.
7 Vgl. Georges Canguilhem: *Das Normale und das Pathologische*. Berlin: August Verlag, 2017, S. 209–210 sowie »Schluss«, bes. S. 242: »Die pathologischen Konstanten sind regressiv und streng auf Selbsterhaltung gerichtet.«
8 Ukeles: »Manifesto! MAINTENANCE ART«, S. 210.
9 Mariarosa Dalla Costa: *Frauen und Umsturz der Gesellschaft*. Berlin: Merve, 1975, S. 7.
10 Vgl. *Kitchen Politics – Queerfeministische Interventionen* (Bini Adamczak, Mike Laufenberg, Felicita Reuschling, Sarah Speck, Chris Tedjasukmana): »Einleitung oder: Anleitung zum Aufstand aus der Küche«. In: Silvia Federici: *Aufstand aus der Küche. Reproduktionsarbeit im globalen Kapitalismus und die unvollendete feministische Revolution*. Münster: edition assemblage, 2015, S. 6–20.
11 Ebd., S. 7, S. 15.
12 Mariarosa Dalla Costa: »Die Produktivität der Passivität. Die unbezahlte Sklaverei als Grundlage für die Produktivität der Lohnsklaverei«. In: Jutta Menschik (Hg.): *Grundlagentexte zur Emanzipation der Frau*. Köln: Pahl-Rugenstein, 1976, S. 275–295, hier: S. 279.
13 Silvia Federici, »Die Reproduktion der Arbeitskraft im globalen Kapitalismus und die unvollendete feministische Revolution«. In: dies.: *Aufstand aus der Küche. Reproduktionsarbeit im globalen Kapitalismus und die unvollendete feministische Revolution*. Münster: edition assemblage, 2015, S. 82.
14 Silvia Federici: »Counter-Planning from the Kitchen«. In: Dies.: *Aufstand aus der Küche*, S. 118.
15 Vgl. Giorgio Agamben: *Herrschaft und Herrlichkeit. Zur theologischen Genealogie von Ökonomie und Regierung. Homo Sacer II.2*. Berlin: Suhrkamp, 2010.
16 Silvia Federici: »Counter-Planning from the Kitchen«, S. 119.
17 Silvia Federici: »Wages against Housework«. In: Dies.: *Revolution at Point Zero. Housework, Reproduction and Feminist Struggle*. Oakland: PM Press – Common Notions, 2012, S. 14, zit. nach *Kitchen Politics – Queerfeministische Interventionen* (Bini Adamczak, Mike Laufenberg, Felicita Reuschling, Sarah Speck, Chris Tedjasukmana), »Einleitung oder: Anleitung zum Aufstand aus der Küche«, S. 18.
18 Ebd., S. 16.
19 Mierle Laderman Ukeles talks about Maintenance Art. In: *Artforum*, https://www.artforum.com/video/mierle-laderman-ukeles-talks-about-maintenance-art-166439/ (zuletzt: 24.06.2024).
20 Ebd.
21 Ebd.
22 Ebd.
23 Ebd.
24 Ebd.
25 Mierle Laderman Ukeles: »Washing / Tracks / Maintenance: Outside, 1973«. In: Mierle Laderman Ukeles: *Maintenance Art*, S. 61.
26 Auf die kunsthistorischen Verbindungen dieser konzeptuellen Performance Arbeiten von Ukeles hat zuletzt auch Julian Rosefeldt hingewiesen, in dessen monumentaler Arbeit *Manifesto* (2015) das *Maintenance Art Manifesto* in der Sequenz FLUXUS / MERZ / PERFORMANCE – Choreographer u.a. kurzgeschlossen wird mit Yvonne Rainers *No Manifesto* (1965), George Maciunas' *Fluxus Manifesto* (1963) und Kurt Schwitters' *Die Merzbühne* (1919), um so Ukeles' Einsatz für eine konzeptuelle Performance Art zu unterstreichen.
27 Marina Vishmidt: »Pure Maintenance«. In: *South as a State of Mind*, »Maintenance«, Issue 10, Summer/Fall 2018, S. 82–91, hier: S. 82.
28 Ebd., S. 88.
29 Vgl. Georges Canguilhem: »Das Lebendige und sein Milieu«. In: Ders.: *Die Erkenntnis des Lebens*. Berlin: August Verlag, 2009, S. 233–279.
30 Siehe für einen kritischen Beitrag zur Care-Debatte die Arbeiten von Estelle Ferrarese, besonders *The Fragility oft he Concern for Others. Adorno and the Ethics of Care*. Edinburgh: University of Edinburgh Press, 2020.
31 Vishmidt: »Pure Maintenance«, S. 90.
32 Ebd., S. 91.
33 Canguilhem: »Das Lebendige und sein Milieu«, S. 233.
34 Vgl. für eine ausführlichere Diskussion des Begriffs: Maria Muhle: *Mimetische Milieus. Ein Ästhetik der Reproduktion*. München: Fink, 2023.
35 Vgl. hierzu ausführlicher Maria Muhle: »›Eine Skulptur-Photographie oder besser eine Teleplastik‹ – Mimesen zwischen Natur und Kultur bei Caillois«. In: Friedrich Balke, Elisa Linseisen (Hg): *Mimesis Expanded: Die Ausweitung der mimetischen Zone*. München: Fink, 2023.
36 Vgl. Michel Foucault: *Der Gebrauch der Lüste*. Frankfurt a.M.: Suhrkamp, 1986, S. 44.
37 Federici: »Counter-Planning from the Kitchen«, S. 107–108.

Grey, Green, Gold and Red

Vorwort[1]

Uriel Orlow

Grey, Green, Gold and Red ist das zusammengestellte Forschungsergebnis dreier Arbeiten: der Installation und Lecture Performance *Grey, Green, Gold*, der Fotoserie *The Memory of Trees* und der Installation *Geraniums Are Never Red* – alle sind Bestandteile von *Theatrum Botanicum* (2015–2018). Benannt nach dem gleichnamigen Pflanzenbuch von John Parkinson aus dem Jahr 1640, das auf die natürliche Welt als Schauplatz anspielt, auf dem die Menschen agieren, kehrt das Projekt die Bedeutung des Titels um und deutet damit an, dass die Agierenden selbst botanischer Natur sein können: Die Verflechtung der pflanzlichen und menschlichen Welt bedeutet, dass Pflanzen auf der Bühne der Geschichte handeln, und zwar als Subjekte oder Akteure statt lediglich als passive Objekte. Im Kern versucht das Projekt, Prozesse der Kultivierung, Modifikation und Darstellung von Pflanzen als Mittel der Unterdrückung, Diskriminierung und Enteignung aufzuzeigen – und umgekehrt als Werkzeuge des Widerstands, der Nachhaltigkeit und der Selbstbestimmung. Der weitere Kontext hierfür bildet zum einen der Kolonialismus (in seinen historischen Formen, die von europäischen Mächten ausgeübt wurden, und als Manifestationen des Neokolonialismus, der heute global stattfindet) und zum anderen das bleibende Erbe des institutionalisierten Systems der Apartheid in Südafrika. *Theatrum Botanicum* besteht aus zehn einzelnen, aber miteinander verbundenen Arbeiten in den Medien Film, Klang, Fotografie und Installation, die ein Schlaglicht werfen auf den »botanischen Nationalismus«, die »Blumendiplomatie« und die Migration von Pflanzen; auf die Rolle und das Erbe der imperialen Klassifizierung und Benennung von Pflanzen; auf die Bioprospektion (die Entdeckung und Vermarktung neuer Produkte basierend auf biologischen – in diesem Fall pflanzlichen – Ressourcen); und auf die Biopiraterie (die kommerzielle Ausbeutung natürlichen genetischen Materials, etwa von Pflanzen, und die Einschränkung zukünftiger Nutzungen, insbesondere durch Patente). In allen Arbeiten werden Pflanzen und Landschaften nicht einfach als Kulisse politischer Ereignisse behandelt, sondern als ein Medium, durch das koloniale Gewalt (historische und zeitgenössische; materielle, ökonomische und epistemologische) häufig ausgeübt wird. Entgegen der uralten westlichen Trennung zwischen »Natur« und »Kultur«, bei der die Natur als ein Ort der Passivität konstruiert wird, wird die pflanzliche Welt anerkannt als potentiell aktiv beteiligt an der Gestaltung der Geschichte. Die zentrale Frage in diesem Zusammenhang ist die der Repräsentation (als die politische Frage, wer – unter den Menschen und Nichtmenschen – sprechen darf und in wessen Namen),[2] sowie die Frage der ästhetischen und bildlichen Darstellung. Sowohl bei der Gestaltung der Land-

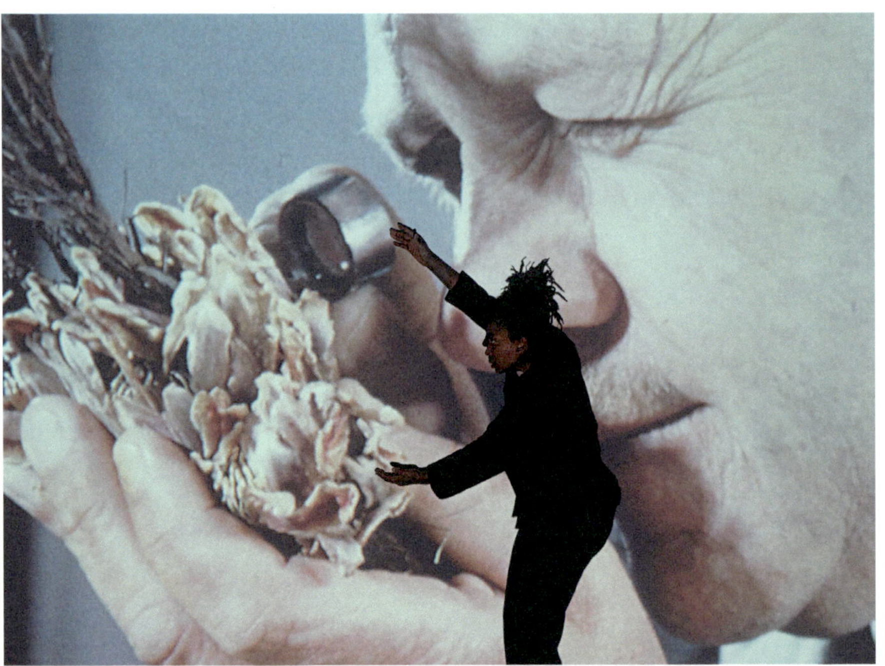

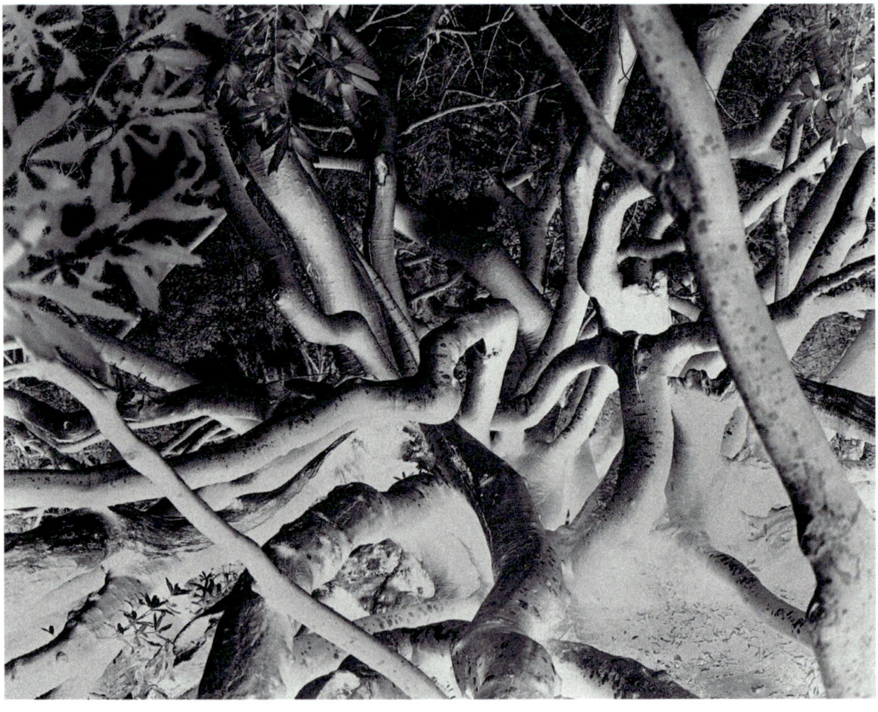

Oben Uriel Orlow: The Fairest Heritage. 2016/17.
Unten Uriel Orlow: Wild Almond (Cape Town). 2016.

Uriel Orlow

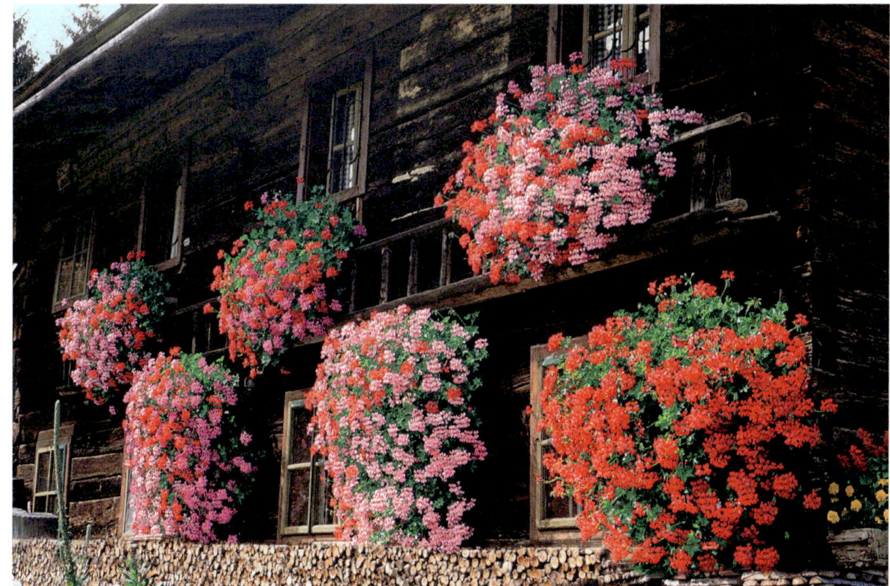

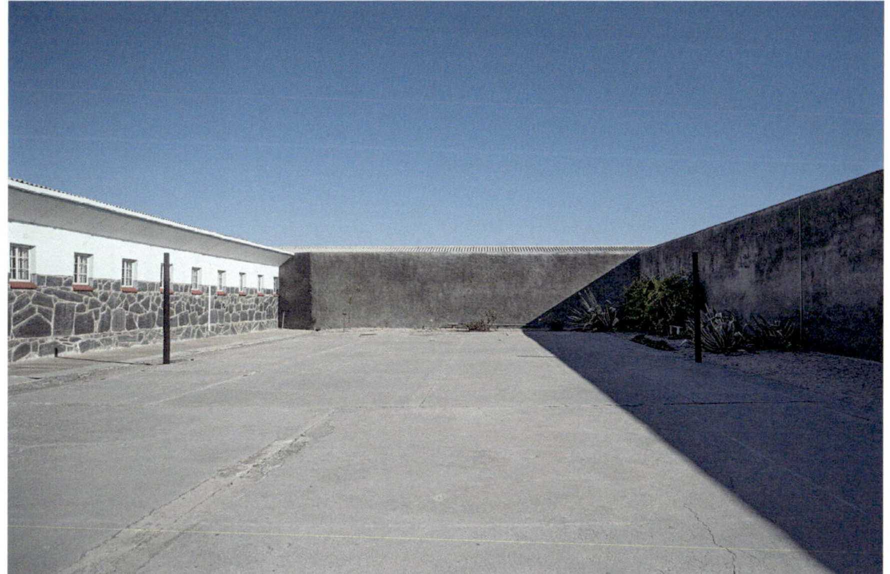

Oben Uriel Orlow: Geraniums are Never Red, 2017–2024.
Unten Uriel Orlow: Grey, Green, Gold, 2015–2018

schaften als auch bei deren Repräsentation gibt das Bild nicht einfach eine existierende Wirklichkeit wieder, sondern ruft häufig Vorstellungen hervor, die wiederum materielle Realitäten erzeugen.[3]

***

Die Geschichte der Europäer:innen in Südafrika beginnt mit einem Garten und Vitamin-C-Mangel.

Das Kap der Guten Hoffnung lag auf halber Strecke zwischen Europa und Ostindien, wo die Niederländische Ostindien-Kompanie, die V.O.C., eine bedeutende Kolonie verwaltete und regelmäßige Handelsschifffahrt betrieb. Doch die langen Reisen um Afrika und der Mangel an frischem Proviant führten zu Skorbut, wodurch die Schiffe unterbesetzt waren.

Daher errichteten die Niederländer eine Station an der Küste des Kaps, um ihre Lebensmittelvorräte aufzufüllen – vor allem Wasser, Frischfleisch, Obst und Gemüse, um Skorbut zu bekämpfen, der durch Vitamin-C-Mangel verursacht wird.

Am Abend des 7. April 1652 ging der niederländische Kolonialverwalter Jan van Riebeeck am Kap von Bord und steckte zwei Tage später eine Fläche für die Siedlungsfestung ab.

Sofort legte er einen Garten neben den Wohnquartieren an. Der Garten wurde als Company's Garden bekannt und existiert noch heute.

#Bild von Company's Garden

Ein Großteil von Kapstadt, so auch der Company's Garden, liegt auf einem Terrain, auf dem die KhoiKhoi der Halbinsel lebten und in den Ausläufern des »Hoeriquagga« (Tafelbergs) umherzogen und jagten. Um die KhoiKhoi und ihr Weidevieh vom Garten fernzuhalten, pflanzten die Kolonialherren 1660 eine wilde Mandelbaumhecke zum Schutz. Die Anpflanzung dieser Bäume kann daher als einer der ersten Akte kolonialer Gewalt betrachtet werden.

#Bild von Van Riebeecks Hecke

Reste von Van Riebeecks Hecke existieren heute noch und sind nicht nur ein ungewolltes Denkmal und eine Erinnerung an die koloniale Geschichte, sie waren auch Akteure.

Teile der Hecke liegen im heutigen Kirstenbosch, dem nationalen botanischen Garten Südafrikas.

Es gibt noch andere Baum-Zeugen, ungewollte Denkmäler und Pflanzengeister, die in der Gegenwart weiterleben und uns an unabgeschlossene Angelegenheiten der Vergangenheit erinnern:

#Bild von Milchbaum

Ebenfalls in der Nähe, in Woodstock, steht dieser über 500 Jahre alte Milchbaum. Es war an dieser Stelle des ursprünglichen Strands von Kapstadt, wo im Jahre 1510 der berühmte portugiesische Entdecker Dom Francisco de Almeida und seine Männer aus Rache für die Überfälle auf deren Rinder, den Raubzügen und Erpressungen von den Khoikhoi angegriffen und getötet wurden. In späteren Jahrhunderten wurde der Baum als Old Slave Tree of Woodstock bekannt. In seinem Schatten verschacherten Sklavenhalter Menschen, und an seinen Ästen wurden »ungehorsame« Sklaven gehängt. Im frühen 19. Jahrhundert wurde der Baum in »The Treaty Tree« umbenannt, um an den Beginn der zweiten britischen Besatzung des Kaps zu erinnern. Nach ihrer Niederlage im Jahr 1806 unterzeichneten die niederländischen Truppen hier die Kapitulationsbedingungen, wodurch die Kontrolle über das Kap effektiv an Großbritannien überging.

#Bild von Pyramiden Pappel

Derweil diente weiter entfernt in Johannesburg eine Pyramidenpappel als Orientierungspunkt für Menschen, die vor den Sicherheitskräften des Apartheidregimes flohen, um das sichere Haus der Anti-Apartheid-Aktivistin Ruth Fischer zu finden. Das brachte der Pappel den Namen »Ruth Fischer Tree« ein.

#Bild Kirstenbosch Gardens

Am Ende des 19. Jahrhunderts gehörte das Land, auf dem der nationale botanische Garten Kirstenbosch angelegt wurde, dem berüchtigten Kolonialherrn Cecil Rhodes. Der imperiale Megalomane träumte von einem viktorianischen Kap, das bis nach Kairo reichen sollte. Ein Gebiet auf dem Weg dorthin, sollte nach ihm benannt werden. Vor mehr als hundert Jahren vermachte er das Land, das er besaß, an die Nation, wodurch das Projekt des botanischen Gartens in die Wege geleitet wurde. Allerdings stand die Gründung von Kirstenbosch unter keinem guten Stern, denn im selben Jahr, 1913, wurde der drakonische Native Land Act verabschiedet. Diese erste Gesetzgebung und der nachfolgende, hässliche Group Areas Act, vertrieb die Menschen gewaltsam und für immer von ihrem Land, ihren Häusern und der Natur.

In jenen frühen Tagen wurden Pflanzen aus aller Welt auf dem Kirstenbosch-Anwesen kultiviert, Holz und Eicheln wurden verkauft, um die Gehälter der Angestellten zu bezahlen. Erst später wurde der Fokus ausschließlich auf einheimische südafrikanische Pflanzen gelegt, es war der erste botanische Garten weltweit, der dies tat. Während frühere botanische Gärten koloniale Pflanzenmuseen waren, wurde der botanische Garten in Kapstadt, der sich auf die einheimische Flora konzentrierte, zu einem Werkzeug von etwas, das man botanischen Nationalismus nennen könnte.

#Bild Strelitzie

Strelitzia reginae ist eine einheimische Blume Südafrikas. Wie bekannt, ist sie üblicherweise orangefarben.

Es handelt sich um eine stängellose, immergrüne, büschelbildende, perennierende Pflanze. Die graugrünen, bananenförmigen Blätter werden bis zu 1,5 m hoch, im Winter und Frühling werden die großen, vogelähnlichen Blüten an den Spitzen langer kräftiger Stiele über dem Blattwerk gehalten.

Der Nektar wird von einer Drüse im unteren Teil der Blüte produziert.

Es ist zwar nicht genau bekannt, welcher Vogel der Bestäuber ist, aber wenn er sich vom Nektar ernährt, setzt er sich auf die pfeilförmigen violetten Blütenblätter, die sich öffnen und die Staubbeutel freilegen, und der klebrige Pollen bleibt an den Füßen des Vogels haften. Der Vogel überträgt diesen Pollen dann auf die Narbe der nächsten Blüte, die er besucht.

#Bild Farm

Nach zehn Jahren Widerstandskampagnen und mehreren Festnahmen gründete die kommunistische Partei und der ANC 1961 ein Untergrundhauptquartier auf einer Farm in Rivonia, einem Vorort von Johannesburg. Nelson Mandela zog dorthin und entzog sich den Sicherheitskräften, indem er sich als Gärtner tarnte und David Motsamyi nannte. Der Name bedeutet »Läufer«.

Auf der Farm wurde der militärische Arm des ANC, MK, Umkhonto we Sizwe, konzipiert.

Am 11. Juli 1963 wurden Anführer des ANC und der kommunistischen Partei auf der Farm verhaftet, und es wurden Dokumente zum MK entdeckt.

Der darauffolgende Rivonia-Prozess fand von 1963 bis 1964 statt und führte zu lebenslangen Haftstrafen für Mandela und andere Beschuldigte.

Mandela und die weiteren Beschuldigten wurden ins Gefängnis auf Robben Island gebracht, wo sie die nächsten 18 Jahre inhaftiert blieben.

#Bild gelbe Strelitzie

Etwa zur selben Zeit als Mandela nach Robben Island gebracht wurde tauchten gelbblühende Strelitzien im Kirstenbosch, dem nationalen botanischen Garten in Kapstadt, auf.

Die gelben Strelitzien, sich selbst überlassen, würden durch natürliche Bestäubung wahrscheinlich Samen von orangefarbenen Blumen erzeugen.

Um gelbe Nachkommenschaft zu erreichen, müssen zwei gelbe Pflanzen gekreuzt werden.

In der Pflanzenschule in Kirstenbosch gab es sieben gelbe Pflanzen.

Es dauerte fast zwanzig Jahre (mehr oder weniger so lange, wie Mandela auf Robben Island inhaftiert war), um durch sorgfältige Auslese und Handbestäubung einen Bestand der gelb blühenden *Strelitzia reginae* aufzubauen.

#Bild Samen

Bei der Handbestäubung wird die Tätigkeit des Vogels nachgeahmt, d.h. man drückt mit einem Stock oder dem Finger auf die violetten Blütenblätter, um die Staubbeutel freizulegen, schabt etwas Pollen ab und überträgt ihn auf eine empfängliche (glänzende und klebrige) Narbe einer anderen Pflanze. Nach der Befruchtung entwickeln sich die Früchte im Inneren der Blütenscheide. Während der Reifung schwellen die Kapseln an und ragen aus der Blütenscheide heraus, werden erst grün, dann braun und holzig und brechen auf, um die charakteristischen glänzenden schwarzen Samen mit einem Büschel öliger orangefarbener Haare freizugeben.

#Bild Robben Island

Ich sprach mit Ahmed Kathrada und Laloo Chiba über den Garten, den sie im Hof von Robben Island angelegt hatten:

Zuerst mussten wir die Gefängnisaufseher menschlich stimmen
die Wächter
sie waren nicht an politische Gefangene gewöhnt
Es muss etwa sechs oder sieben Jahre nach unserer Ankunft gewesen sein,
als sie uns gestatteten, einen Garten zu haben
Es fing sehr informell an,
manche Wächter hatten Verständnis für unsere Situation
und eines Tages
brachte einer der Wächter Tomatensamen mit
Wir sagten: Gut,
suchen wir eine kleine Stelle
Es gab ein Stückchen Erde in unserem Hof,
wo wir Steine bearbeiteten
Also benutzten wir es, um Tomaten anzubauen
Und nach einer Weile
brachte jemand Gurkensamen
jemand brachte Melonensamen
Mit jemand meine ich die Wächter
Natürlich gedeihen Pflanzen nicht auf unfruchtbaren Boden
Man braucht Dünger
Es gab auf der Insel viele Strauße
und ihr Kot trocknete in der Sonne
Wenn wir arbeiteten, sammelten wir also ihren Kot
und der Garten gedieh

An jedem Sonntag
kam man unseren religiösen Bedürfnissen nach
Einmal besuchte uns
ein Hindu-Priester
Nach der Predigt
ließ er ein kleines Päckchen
auf den Boden fallen
Darin fanden wir einige Chilis
Und was machen wir mit roten Chilis?

Uriel Orlow

Wir legten sie in die Sonne,
heimlich,
um sie zu trocknen
Und als die Samen schön trocken waren
pflanzten wir sie
und die Chilis
wuchsen
Es gab Chilis im Überfluss
Wir fragten in der Gefängnisklinik
nach Olivenöl
und uns war gestattet, bestimmte Lebensmittel zu kaufen
Also kauften wir Kakaodosen mit orangefarbenen Deckeln
und Marmeladengläser mit kleinen Deckeln
Wir ernteten die Chilis
und füllten die Marmeladengläser mit Olivenöl
Und wir machten Essiggurken
Jedes Mal, wenn das Essen im Gefängnis mies war,
also fast immer,
verbesserten wir die Qualität unserer Mahlzeiten

Später,
kurz vor Madibas sechzigstem Geburtstag,
beschlossen wir,
ein politisches Statement abzugeben
Es sollte ein Art Biografie sein
Er sollte anfangen zu schreiben,
und das tat er auch
Am Ende schrieb er 600 Seiten
Aber um sie herauszuschmuggeln,
mussten wir sie
auf 60 Seiten kürzen
60 Seiten in winziger Handschrift
wurden aus dem Gefängnis geschmuggelt
Das Originalmanuskript wurde in Kakaodosen aufbewahrt,
die mit den orangefarbenen Deckeln,
und im Garten vergraben
Die Wächter entdeckten sie schließlich
und wir wurden bestraft

Der Garten,
der Garten war ein Streifen

zwischen den A- und C-Abteilungen des Gefängnisses,
von einem Ende der Mauer zum anderen Ende,
etwa zwei Meter breit,
so lang wie die B-Abteilung
so breit wie der Innenhof

#Bild Strelitzien

1994 war der ursprüngliche Bestand an gelben Strelitzien in Kirstenbosch so weit gediehen, dass er in den Gartenbau aufgenommen werden konnte. Sie wurde registriert, freigegeben und unter dem Namen »Kirstenbosch Gold« gehandelt, bis das nationale botanische Institut 1996 die seltene Erlaubnis erhielt, die neue Sorte zu Ehren von Nelson Mandela in »Mandela's Gold« umzubenennen.

#Bild Samentüte

Allerdings gibt es ein Problem: In Kirstenbosch, wo »Mandela's Gold« gezüchtet wird, hat die Pflanze einen Feind.

Ich erwähnte bereits, dass das Land, auf dem Kirstenbosch liegt, von Cecil Rhodes, der dort ein Anwesen und Landhaus hatte, vererbt wurde. Rhodes genoss zwar die beeindruckenden Aussichten vom Tafelberg, sehnte sich aber nach den englischen Grauhörnchen und ließ einige zum Kirstenbosch-Anwesen bringen, wo sie sich einlebten und vermehrten. Und tatsächlich lieben diese Eichhörnchen die Samen der gelben Strelitzien und würden unkontrolliert fast die gesamte Ernte verzehren. Das Eichhörnchen frisst die gesamte, fast reife grüne Kapsel und lässt nur die zerstörten Reste der Blütenscheide zurück. Eine Ironie der Geschichte ist es nun, dass, um den sich entwickelnden Samen zu schützen, jede befruchtete Mandela's Gold-Blüte von engem Maschendraht umhüllt werden muss, um den europäischen Feind, das Grauhörnchen, fernzuhalten.

#Bild Maschendraht um Blüte

#Bild rote ›Geranie‹

Wussten Sie, dass die leuchtend roten, sogenannten Geranien, die von den Balkonen schweizerischer Almhütten herabhängen, am Zürichsee zu finden sind und in Kalifornien die Palmen hochklettern in botanischer Hinsicht weder Geranien noch schweizerisch oder kalifornisch sind, sondern tatsächlich Pelargonien. Sie wurden erstmals ca. 1652 nach Europa gebracht – und dort jedoch falsch identifiziert. Im Zuge der Gründung einer permanenten Siedlung der Niederländisch Ostindien-Kompanie am Kap wurde ein Kompanie-Garten angelegt, um die umgebende Flora zu erforschen und neue botanische Schätze mitzunehmen. Neben Pelargonien auch Silberbaumgewächse, Heidekraut und viele andere Pflanzen, die zu festen Bestandteilen europäischer Gärten geworden sind. Bis die Verwechslung der beiden Arten geklärt wurde, gab es die »afrikanischen Geranien« bereits seit 150 Jahren, und die britischen kommerziellen Züchter und Gärtner wollten den vertrauten Namen nicht aufgeben.

Uns so wurden sie zu naturalisierten, typisch schweizerischen Blumen.

#Bild Gefangener im Garten

1977 erlaubte die südafrikanische Gefängnisverwaltung einer Reihe von Journalisten den Besuch des berüchtigten Robben Island Gefängnisses. Die Außenwelt sollte davon überzeugt werden, dass die Zustände dort nicht so schlimm seien, wie allgemein angenommen. Bei ihrem Rundgang über die Insel begegneten die Journalisten einem großen schlanken Mann in ordentlicher Gefängniskleidung an einen Spaten gelehnt. Sein Gesichtsausdruck war extrem feindselig und seine Haltung war eher die eines Prinzen als eines Gefangenen. Der Mann war Nelson Mandela im 13. Jahr seiner Inhaftierung auf Robben Island.

Das am 25. April aufgenommene Foto wurde von den Gefängnisbehörden mit der Überschrift »Ein Gefangener arbeitet im Garten« versehen. Dies entsprach natürlich bei weitem nicht der Wahrheit, denn Mandela und seine Mitgefangenen mussten auf der Insel die harte Arbeit des Steineschneidens verrichten.

#Bild Schreiben von Mandela

Mandela verfasste sofort danach ein Protestschreiben wegen des Fotos, das, von allen 28 Mitgefangenen unterschrieben, an die Einzelzellen-Abteilung des Gefängnisses geschickt wurde.

Es beginnt:
»Wir protestieren auf Schärfste gegen den Zweck und die Art und Weise, in der der Besuch der lokalen und ausländischen Presse und des Fernsehens in diesem Gefängnis am 25. April von der Gefängnisbehörde organisiert und durchgeführt wurde. Wir sind empört über die vorsätzliche Verletzung unseres Rechts auf Privatsphäre, indem wir ohne unsere Erlaubnis fotografiert wurden, und sehen dies als

konkreten Beweis für die Geringschätzung, mit der uns das Ministerium weiterhin behandelt.«

Neben diesem Protest gegen die ihnen verwehrte Selbstdarstellung kritisierte das Schreiben die Art und Weise, in der der Pressebesuch organisiert wurde, nämlich, um »die Strafvollzugsabteilung reinzuwaschen, die öffentliche Kritik an der Abteilung im In- und Ausland zu beschwichtigen und jeglicher negativen öffentlichen Aufmerksamkeit in der Zukunft entgegenzuwirken«. Dieses Reinwaschen wurde geschickt ausgeführt, heute würden wir dieses Vorgehen »Greenwashing« nennen; wie die Gefangenen in dem Schreiben berichten, »wurde an diesem Tag den Gefangenen unserer Abteilung die besondere Aufgabe der ›Gartenarbeit‹ zuteil, anstatt Bambus aus dem Meer zu ernten, wie wir es normalerweise tun, wenn wir zur Arbeit gehen«. Das Foto wurde also benutzt, um die Realität der harten Arbeit und der Rechtlosigkeit, der die Gefangenen ausgesetzt waren, zu verbergen, und insbesondere das Bild der Gartenarbeit wurde bewusst dafür verwendet.

#Bild Tagebuch von Mandela

Das Schreiben protestiert zwar gegen die fehlende Selbstbestimmung der Gefangenen, doch das Bild hat auch eine Kehrseite. Wie Mandela in seiner Autobiografie Der Lange Weg zur Freiheit schrieb, hegte er eine »lebenslange Liebe zur Gartenarbeit und zum Gemüseanbau«.

Und wie wir wissen, wurde das Manuskript seiner späteren Autobiografie in Kakaodosen im Garten, den sie im Hof auf Robben Island angelegt hatten, vergraben, um es vor den Gefängnisbehörden zu verstecken. So wurde ihre scheinbar harmlose Tätigkeit des Gärtnerns im Gefängnis zu einem hochgradig politischen Akt – der Inbesitznahme und Bepflanzung eines Stück Landes und dessen subversiver Nutzung, um das unterdrückerische Regime zu unterminieren – und folglich wurde der Garten selbst zu einem Teil der historischen Ereignisse.

#Bild Mandela mit Foto

Das Foto Mandelas als Gärtner gekleidet ist das einzige von ihm während der 18 Jahre im Gefängnis von Robben Island.

1 Dieses Vorwort ist eine bearbeitete Version der Einführung zu *Theatrum Botanicum*, hrsg. von Uriel Orlow und Shela Sheikh. Berlin: Sternberg Press 2018.

2 Siehe Linda Alcoff: »The Problem of Speaking for Others«. In: *Cultural Critique 20* (Winter 1991–92), S. 5–32; und Astrida Neimanis: »No Representation without Colonisation? (Or, Nature Represents Itself)«. In: *Somatechnics* 5, Jg. 2 (2015), S. 135–53.

3 Siehe W.J.T. Mitchell (Hg.): *Landscape and Power*. Chicago und London: University of Chicago Press, 1994.

Anmerkungen zu *Grey, Green, Gold and Red*

Margarida Brito Alves

Die Lecture Performance *Grey, Green, Gold and Red* (2021) formuliert die Forschungsergebnisse, die im Rahmen von *Grey, Green, Gold* (2015–2017), *Memory of Trees* (2016) and *Geraniums are Never Red* (2016) entstanden sind. Es handelt sich hierbei um drei Kunstwerke, die zusammen mit anderen Bestandteilen des größeren, zwischen 2015 und 2018 von Uriel Orlow entwickelten Projekts *Theatrum Botanicum* sind.

Die Werkgruppe *Theatrum Botanicum*, die sich in verschiedenen Formaten wie Fotografie, Film, Klang oder Installation entfaltet, setzt sich kritisch mit Pflanzen und Gärten als aktive Akteurinnen von Geschichte und Politik auseinander. Genauer gesagt befasst sie sich mit dem Verhältnis zwischen Pflanzen und Politik in der kolonialen Geschichte Europas und Südafrikas. Aus dieser Perspektive untersuchte das Projekt die Art und Weise, wie die natürliche Welt, die oft nur als ein (passiver) Schauplatz menschlichen Handelns betrachtet wird, auch selbst eine wesentliche Rolle spielt und häufig als ein Mittel, mit dem Machtstrukturen operieren, mobilisiert wird.

Innerhalb dieses Rahmens verweist die Verbindung der Worte »Theatrum« und »Botanicum« ironisch auf die konventionellen Klassifizierungssysteme, die versuchen, die Namen, die den Pflanzen gegeben werden, zu organisieren, zu rationalisieren und zu universalisieren. Darüber hinaus wird dadurch ein Raum für das Verständnis der botanischen Welt als Protagonistin eröffnet, bei dem »Pflanzen als Handelnde auf der Bühne der Geschichte« betrachtet werden (Orlow und Sheikh 2018, 29).

Es ist interessant, sich daran zu erinnern, dass das Wort »theatrum« aus dem Altgriechischen stammt und »ein Ort zum Betrachten« bedeutet – wobei nicht nur das, was gesehen wird, gemeint ist, sondern mehr noch der Ort, von dem aus man zuschaut, wodurch ins Bewusstsein gerufen wird, dass Sehen immer eine situierte Perspektive voraussetzt, eine Position, von der aus wir auf das schauen, was uns zum Sehen gegeben wird. Diese situierte Perspektive wird durch den Ort bestimmt, aber auch durch ein verkörpertes Wissen (Haraway 1995) – und folglich ist unsere visuelle Wahrnehmung gleichermaßen von dem geprägt, was wir sehen, wie von dem, was wir wissen. Aber auch durch das, was unsere Augen bestätigen, ersinnen, erahnen oder sogar projizieren, gespeist von den Bezügen und Geschichten, die wir in uns tragen.

In dieser Hinsicht ist das Sehen eine Begegnung, die nicht nur durch das definiert wird, was wir sehen, sondern auch durch das, was wir wissen, und die Art und Weise, wie Wissen unsere Sichtweisen bestimmt. Das Sehen ist daher ein Akt, der immer unvollständig ist, durch Wissen geprägt wird und jederzeit erweitert, umgestaltet oder neu gerahmt werden kann.

Wie viele andere Künstler:innen, die eine forschungsbasierte Praxis entwickeln, befragt Uriel Orlow in seinen Arbeiten nicht nur das, was wir wissen, sondern auch wie und warum wir etwas wissen. Insofern bereichern seine Projekte die Diskussion über die Erzählungen, die wir kennen, und stellen gleichzeitig die großen Narrative infrage, die stets asymmetrische Machtverhältnisse zum Ausdruck bringen und immer wieder viele andere Erzählungen, aus denen die Geschichte besteht, überschatten oder sogar auslöschen.

In Anerkennung der politischen Dimensionen von Wissen und mit dem kritischen Bewusstsein, dass Geschichte eine dichte, heterogene und vielfältige Angelegenheit ist, die aus vielen unterschiedlichen Perspektiven thematisiert werden kann, greift Uriel Orlow viele der manchmal scheinbar kleinen Ereignisse wieder auf, die unsere Wahrnehmung der Welt, in der wir leben, komplexer erscheinen lassen. Mit dem Wissen, dass die Geschichte »gegen den Strich zu bürsten« sei (Benjamin 1980, 697), versuchen seine Projekte das zu bestimmen, was unsere heutige Erfahrung mit vergangenen Ereignissen verbindet – Geschichten der Vergangenheit, die, obwohl oft vergessen, marginalisiert oder nicht anerkannt, unsere Gegenwart gestalten und immer noch Teil unseres Lebens sind und unter uns bleiben. Indem er das, was materiell präsent ist, mit den unsichtbaren Geschichten, die in dem, was wir sehen, verborgen sind, verwebt, versucht er nicht eine zerbrochene Vergangenheit zu korrigieren oder irgendeine Wahrheit zu offenbaren, sondern die Komplexitäten und Inkonsistenzen einer Zeit zu ermessen, die, auch wenn sie unwiederbringlich ist, nach wir vor auf unsere Gegenwart einwirkt.

Bestimmt durch eine transdisziplinäre Herangehensweise und häufig auf Archivmaterial basierend, versucht Orlow in seinem Arbeitsprozess die Geschichte anhand von Fragmenten, Spuren und Überresten, aber auch durch Leerstellen in den Archiven nachzuzeichnen. In diesem Sinne sollten wir berücksichtigen, dass Archive – die eine Schlüsselrolle bei der Wissensproduktion spielen – auch Narrative legitimieren und unterstützen. Das ist ein Resultat der Auswahl ihrer Elemente, die gleichzeitig ein Verfahren der Inklusion und Exklusion ist.

Indem er andere Sichtweisen vorschlägt, Echos aufspürt und Geister konfrontiert, entwickelt Orlow eine Forschung, die darauf abzielt, Partikularitäten zu bejahen, verlorene oder unterdrückte Geschichten zu Tage zu fördern, blinde Flecken zu finden und Dinge vom Rande aus zu betrachten. Mit Michel Foucault könnten wir sagen, dass er Forschung als eine Praxis betreibt, die sich auf *Diskontinuitäten*, *Störungen*, *Brüche*, *Unterbrechungen* oder *Zufälle* konzentriert.

Indem sie die Einheit der Vergangenheit erschüttert und die vielfältigen zeitlichen Verflechtungen sowie die Beziehungen zwischen Ursachen und Wirkungen untersucht, bewegt sich Orlows Arbeit auf dem sehr schmalen und brüchigen Grat zwischen dem Sichtbaren und dem Unsichtbaren, zwischen Erinnern und Vergessen oder zwischen dem, was bleibt, und dem, was verschwindet. Seine Arbeit veranlasst uns auch dazu, nach verschiedenen Schichten des Sichtbaren zu suchen, über das hinaus zu blicken, was uns zum Sehen gegeben wird, und durch das, was wir sehen, hindurchzuschauen.

Mit Beiträgen wie Orlows Projekten verstehen wir nicht nur die Welt besser, sondern auch die Art und Weise, wie wir die Welt betrachten. Wir erfahren etwas mehr über unsere Vergangenheit und blicken etwas weiter. Und hoffentlich können wir uns dadurch die Zukunft etwas besser vorstellen. Auch wenn sie durch Feldforschung und Recherchen bestimmt und durch Dokumentationen unterstützt werden, sind Orlows Kunstwerke ebenso von Fantasie und Projektion durchdrungen – zuweilen verknüpfen sie Fakten und Fiktion. In ihrer Eigenschaft als Kunst gehören sie zu einer kreativen Dimension, die dem Künstler die Möglichkeit und die Freiheit gibt, Verbindungen herzustellen, die sonst nicht hergestellt würden.

Die Elemente und Materialen, die ein Projekt häufig in Gang setzen, sind daher Ausgangspunkte eines künstlerischen Prozesses. Doch während des Prozesses können sie unterschiedliche Richtungen einschlagen und die Grenzen zwischen Präsentation, Repräsentation und Schöpfung verwischen. Sie werden zum Substrat für die Konstruktion eines neuen Raums, in dem Faktizität und Fiktionalität sowohl zusammenfallen als auch divergieren können, in dem sie sich verbinden und als Einladung dienen, uns alternative Erzählungen vorzustellen.

In seinen Kunstwerken verwendet Orlow viele verschiedene Medien und Formate – eine Pluralität, die von Anfang an die verschiedenen Modi ausdrückt, eine Geschichte zu artikulieren, und sie weiter durch den kreativen Prozess, in dem Oralität und Sprache eine wichtige Rolle spielen, zu übersetzen. So gesehen ist die Formalisierung der Arbeit, die von den Resultaten des Prozesses durchdrungen ist, eine Form, Abwesenheit in Anwesenheit zu verwandeln. Durch Orlows Werke tauchen Stimmen und Geschichten der Vergangenheit wieder auf, sie werden wieder gegenwärtig, bekannt – und in diesem Sinne öffentlich.

Angesichts eines solchen Reichtums an ursprünglichen Materialien und der großen Menge an Elementen und Informationen, die während des Forschungsprozesses gesammelt wurden, findet nicht alles Eingang in das endgültige Werk – das gleichzeitig die Spannungen und Subjektivitäten zwischen Sichtbarem und Unsichtbarem produziert, zwischen dem, was der Künstler andrücken will, sowie zwischen Kreation und Rezeption.

Orlows Lecture Performances, die neben den ausgestellten Werken entwickelt werden – wie etwa *Grey, Green, Gold and Red* –, versuchen daher, mit diesem Überschuss umzugehen. Sie sind weder eine andere Version derselben Arbeit noch eine andere Arbeit, sondern eine Brücke, die die verschiedenen Möglichkeiten, sich mit dem ursprünglichen Material auseinanderzusetzen, verbindet. Eine Brücke, die zurückführt zur Oralität als eine privilegierte Art der Kommunikation, des Teilens einer Geschichte mit einem Publikum.

Es ist wichtig darauf hinzuweisen, dass diese Lecture Performances als Erzählungen artikuliert werden, die nicht unbedingt einer linearen Struktur folgen oder eine klare oder chronologische Diegese konfigurieren. Sie vermitteln und kombinieren unterschiedliche Arten von Elementen und erzeugen – wie die anderen Formate auch – einen Raum für Kreation, Experimente und Reflektion.

Hinsichtlich ihrer performativen und ephemeren Dimension zeichnet Uriel Orlow diese Lecture Performances niemals auf. Sie gehören zu einem spezifischen Ort und einer spezifischen Zeit und richten sich ebenso an ein spezifisches Publikum – in dessen Erinnerung sie auch in Zukunft bleiben und nachklingen werden. Die Zuhörer:innen sind daher sowohl Zeug:innen als auch aktiv Teilnehmende. So gesehen sind die Lecture Performances nicht nur das Resultat eines Prozesses, sondern auch ein neuer Ausgangspunkt, ein neuer Anfang – und das ist es vielleicht auch, was *going public* bedeutet.

Ich weiß, dass ich, wenn ich das nächste Mal eine Strelitzie sehe, an Nelson Mandela denken werde. Und dann werde ich mir eine sehr seltene, gelbe Strelitzie vorstellen, eine Strelitzie in einem so leuchtenden Gelb, dass ich sie als fast golden idealisieren werde. Und vielleicht werde ich mir die Blume dann mit einem sehr engen Maschendraht umgeben vorstellen, der sie vor einem Grauhörnchen schützt. Vermutlich werde ich mich daran erinnern, dass es – wider Erwarten – möglich ist, Geschichte in Kakaodosen (die mit den orangefarbenen Deckeln) aufzubewahren – und ich werde mich daran erinnern, dass die Geschichte einst in einem kleinen Garten im Innenhof eines Gefängnisses auf einer Insel im Atlantik vergraben werden musste.

Margarida Brito Alves

Und danach werde ich hoffentlich über all die Erzählungen und Geschichten nachdenken, die ich nie ganz kennen werde, die aber trotzdem noch meine Tage prägen und Teil meines Lebens sind. Und vor allem werde ich nie wieder die roten Geranien auf den Balkonen der wunderschönen schweizerischen und österreichischen Almhütten betrachten, ohne an Südafrika zu denken.

Walter Benjamin: »Über den Begriff der Geschichte« (1940). In: ders: *Gesammelte Schriften*, Band I,2. Frankfurt a.M.: Suhrkamp, 1974, S. 691–704.

Donna Haraway: »Situiertes Wissen: Die Wissenschaftsfrage im Feminismus und das Privileg einer partialen Perspektive«. In: Dies: *Die Neuerfindung der Natur: Primaten, Cyborgs und Frauen*. Frankfurt/New York: Campus, 1995, S. 73–97.

Uriel Orlow, Shela Sheikh: »Introduction. A Prisioner in the Garden«. In: Dies. (Hg.): *Theatrum Botanicum*. Berlin: Sternberg Press, 2018, S. 25–39.

Der private Schreibtisch

Wo Persönliches
publik wird, wird
Sprache öffentlich

Tine Melzer

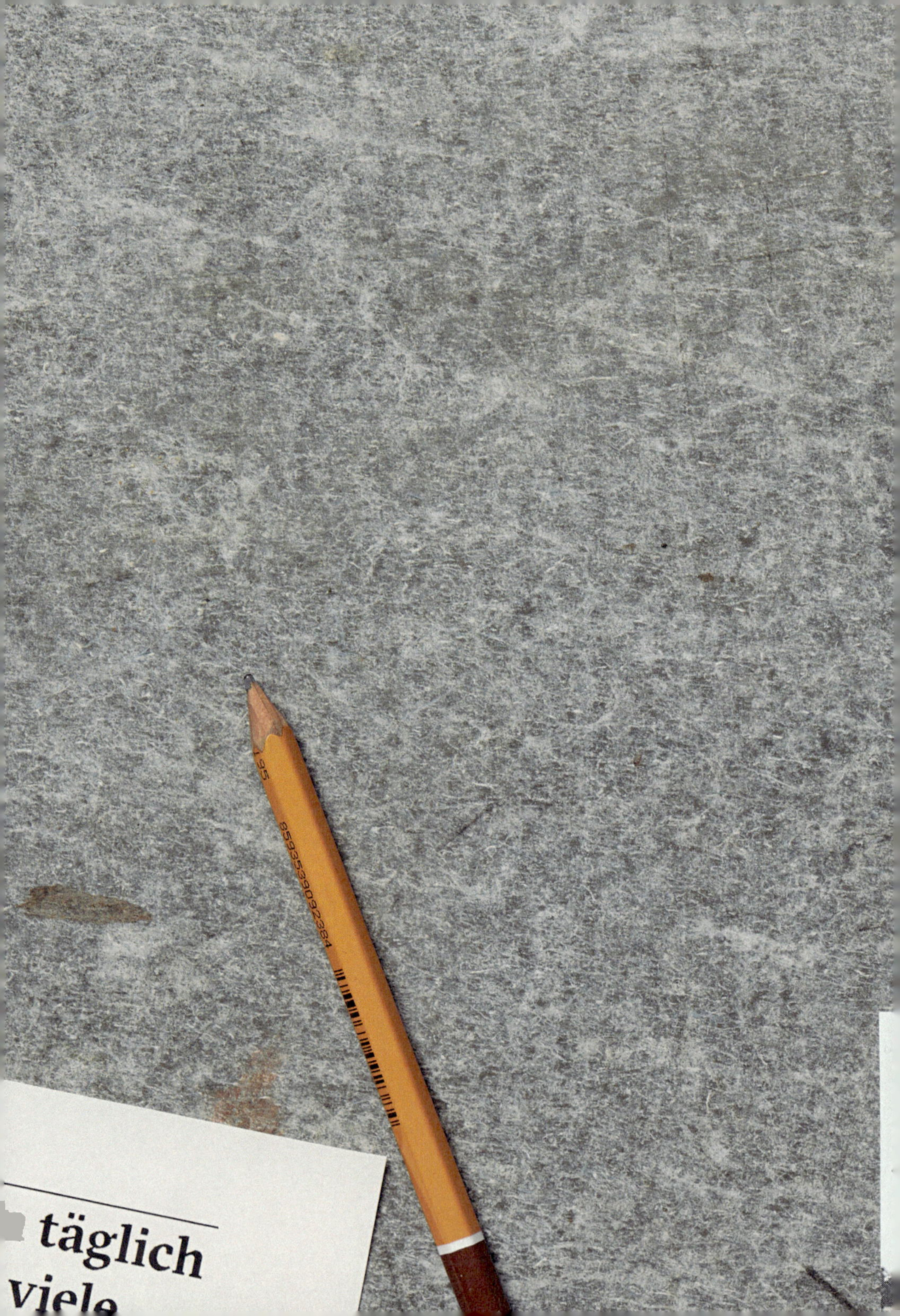
täglich
viele

Immer das Ganze
zu umarmen,
ist mir zu
anstrengend.
PREDIGTSTUHL RESORT

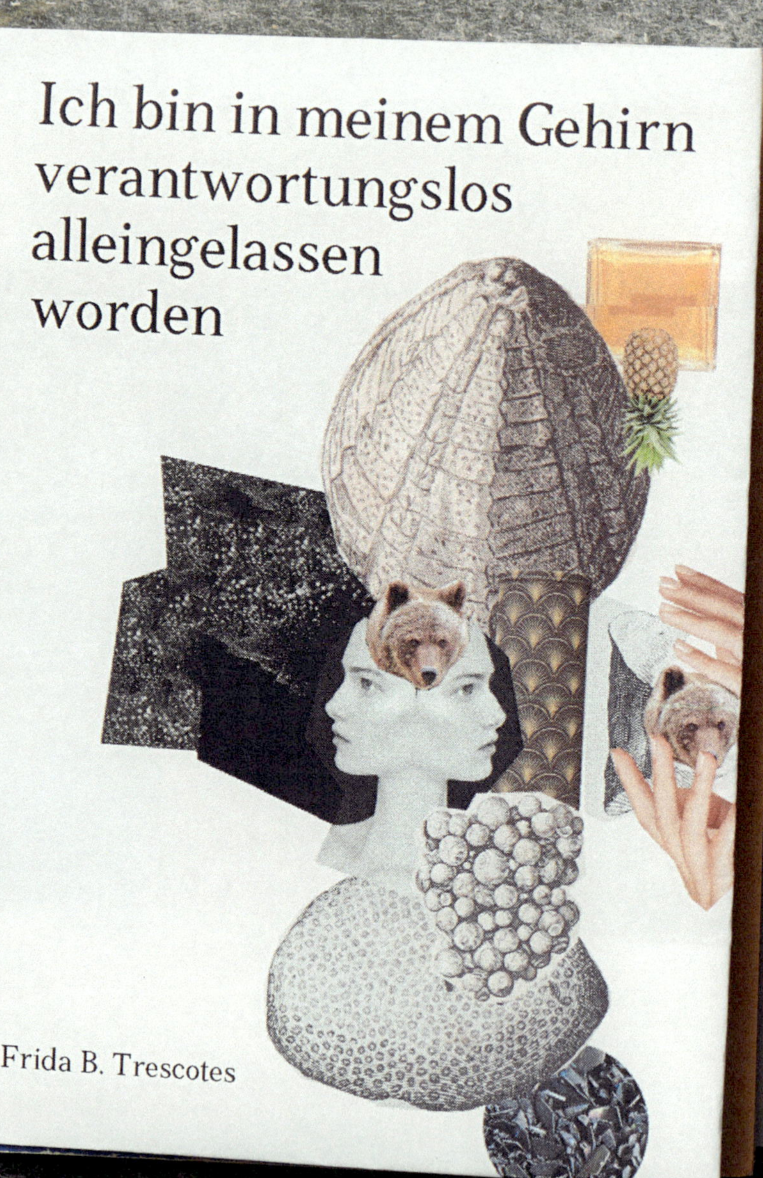
Ich bin in meinem Gehirn
verantwortungslos
alleingelassen
worden
Frida B. Trescotes

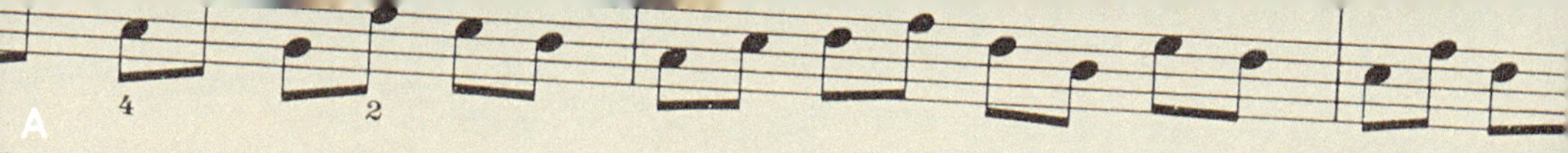

A

Wiener Urtext Edition, Musikverlag Ges. m. b. H. & Co., K. G., Wien
...t Edition No. 50041

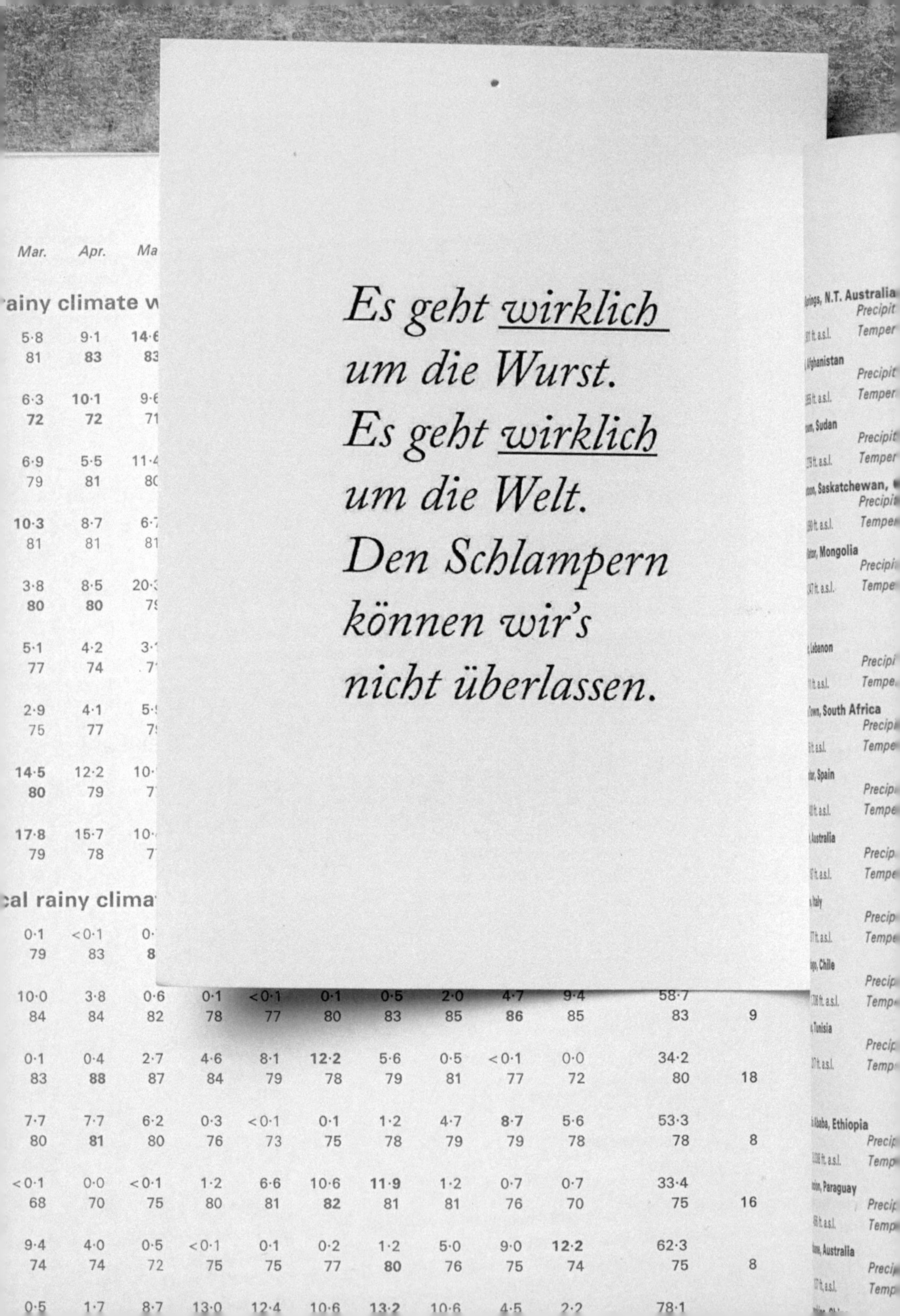

Es geht wirklich
um die Wurst.
Es geht wirklich
um die Welt.
Den Schlampern
können wir's
nicht überlassen.

CLIMATIC STATISTICS

Jan.	Feb.	Mar.	Apr.	May	June	July	Aug.	Sept.	Oct.	Nov.	Dec.	Year	Annual range
Steppe climate													
1·7	1·3	1·1	0·4	0·6	0·5	0·2	0·3	0·3	0·7	1·2	1·5	9·9	
84	82	77	68	60	54	53	58	65	73	79	81	68	31
1·2	1·4	3·7	**4·0**	0·8	0·2	0·1	0·1	<0·1	0·6	0·8	0·4	13·3	
27	31	44	55	65	72	**76**	75	68	58	48	37	54	49
<0·1	<0·1	<0·1	<0·1	0·1	0·3	2·1	**2·8**	0·7	0·2	<0·1	0·0	6·2	
75	77	83	89	92	**93**	89	87	90	90	83	77	85	18
0·9	0·5	0·7	0·7	1·4	**2·6**	2·4	1·9	1·5	0·9	0·5	0·6	14·6	
–1	3	17	38	51	55	**65**	62	51	39	22	7	35	66
<0·1	0·1	0·1	0·2	0·4	1·1	**3·0**	2·0	0·9	0·2	0·2	0·1	8·2	
–14	–6	9	26	42	57	**61**	58	46	32	9	–8	26	75
Warm mid-latitude climate with a dry summer													
7·5	6·2	3·7	2·2	0·7	0·1	<0·1	<0·1	0·2	2·0	5·2	7·3	35·1	
57	58	60	65	71	76	80	**82**	80	75	68	60	69	25
0·6	0·3	0·7	1·9	3·1	3·3	**3·5**	[illegible]	[illegible]	[illegible]	0·7	0·4	20·0	
69	**70**	67	63	58	[illegible]	[illegible]	[illegible]	[illegible]	[illegible]	65	66	62	15
5·4	4·5	[illegible]	[illegible]	[illegible]	[illegible]	[illegible]	[illegible]	[illegible]	[illegible]	5·0	4·9	30·4	
55	56	[illegible]	[illegible]	[illegible]	[illegible]	[illegible]	[illegible]	[illegible]	[illegible]	62	57	65	22
0·3	0·4	[illegible]	[illegible]	[illegible]	[illegible]	[illegible]	[illegible]	[illegible]	[illegible]	·8	0·5	34·7	
74	**74**	[illegible]	[illegible]	[illegible]	[illegible]	[illegible]	[illegible]	[illegible]	[illegible]	7	71	64	18
2·7	2·3	[illegible]	[illegible]	[illegible]	[illegible]	[illegible]	[illegible]	[illegible]	[illegible]	[illegible]	2·8	25·7	
47	48	[illegible]	[illegible]	[illegible]	[illegible]	[illegible]	[illegible]	[illegible]	[illegible]	[illegible]	49	61	30
<0·1	0·1	[illegible]	[illegible]	[illegible]	[illegible]	[illegible]	[illegible]	[illegible]	[illegible]	[illegible]	0·2	14·1	
69	68	[illegible]	[illegible]	[illegible]	[illegible]	[illegible]	[illegible]	[illegible]	[illegible]	[illegible]	67	59	21
2·5	2·0	1·	[illegible]	[illegible]	[illegible]	[illegible]	[illegible]	[illegible]	[illegible]	[illegible]	**2·4**	16·5	
51	53	56	[illegible]	[illegible]	[illegible]	[illegible]	[illegible]	[illegible]	[illegible]	[illegible]	**52**	65	29
Warm mid-la[illegible]													
0·5	1·5	2·6	[illegible]	[illegible]	·4	**11·0**	**11·8**	**7·5**	**0·8**	**0·6**	0·2	48·7	
59	62	63	**64**	**64**	**61**	**59**	**59**	**60**	**60**	**58**	57	60	7
5·5	5·1	4·3	5·2	4·6	2·7	2·2	1·5	3·1	5·5	5·9	**6·2**	51·8	
83	82	76	74	68	63	64	68	71	74	78	82	74	20
6·4	6·3	5·7	3·7	2·8	2·6	2·2	1·9	1·9	2·5	3·7	5·0	44·7	
77	76	74	70	65	60	59	60	65	70	73	76	69	18
												43·0	

ES IST UNS
WURSCHT
WAS DIE
STATISTIK
SAGT

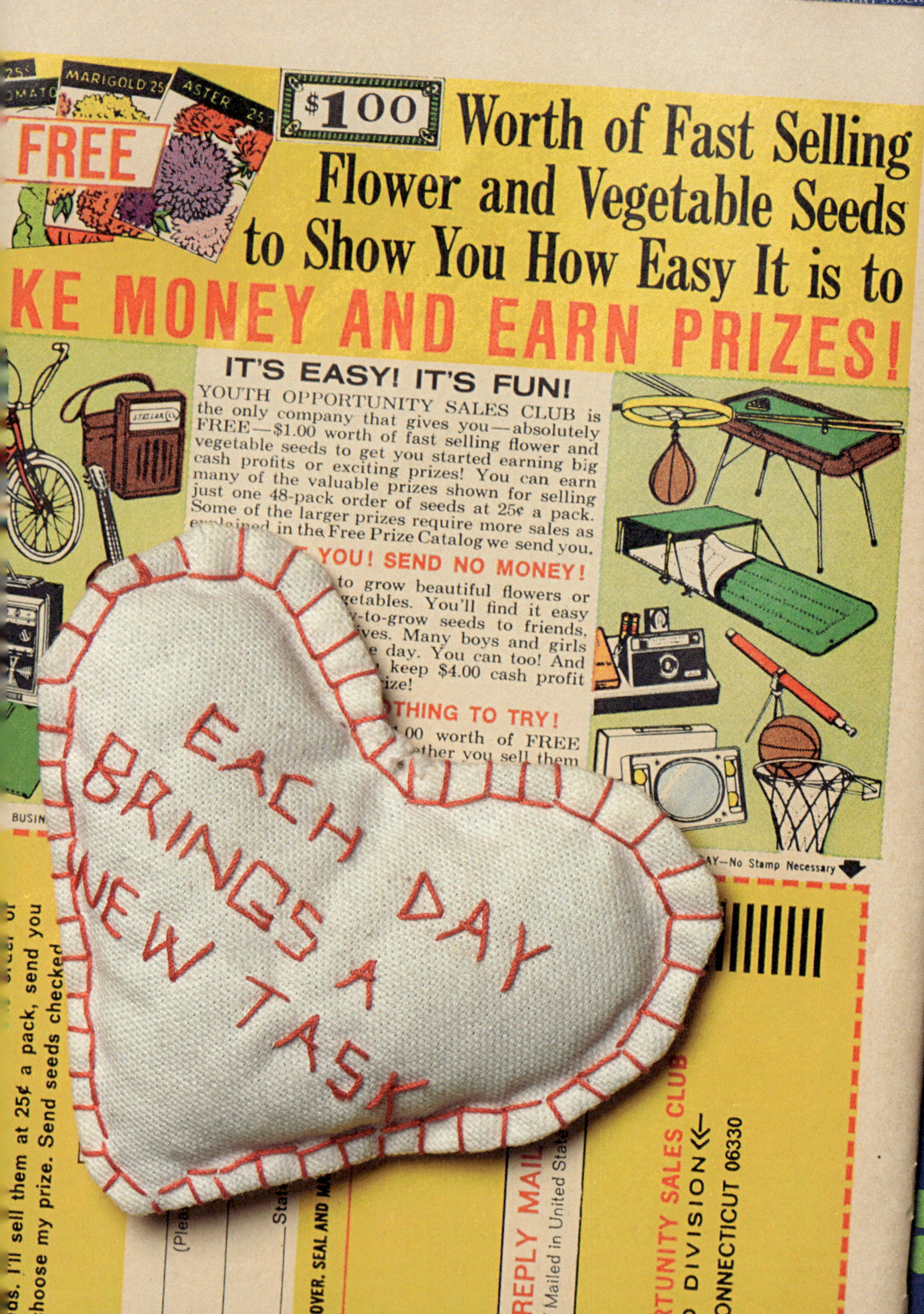

MARIGOLD 25¢
ASTER
FREE
$1.00
Worth of Fast Selling
Flower and Vegetable Seeds
to Show You How Easy It is to
KE MONEY AND EARN PRIZES!
IT'S EASY! IT'S FUN!
YOUTH OPPORTUNITY SALES CLUB is the only company that gives you—absolutely FREE—$1.00 worth of fast selling flower and vegetable seeds to get you started earning big cash profits or exciting prizes! You can earn many of the valuable prizes shown for selling just one 48-pack order of seeds at 25¢ a pack. Some of the larger prizes require more sales as
in the Free Prize Catalog we send you.
YOU! SEND NO MONEY!
to grow beautiful flowers or
getables. You'll find it easy
-to-grow seeds to friends,
ives. Many boys and girls
day. You can too! And
keep $4.00 cash profit
ize!
THING TO TRY!
00 worth of FREE
ther you sell them
EACH DAY BRINGS A NEW TASK
AY—No Stamp Necessary
REPLY MAIL
if Mailed in United State
ORTUNITY SALES CLUB
D DIVISION
CONNECTICUT 06330
eeds. I'll sell them at 25¢ a pack, send you
choose my prize. Send seeds checked

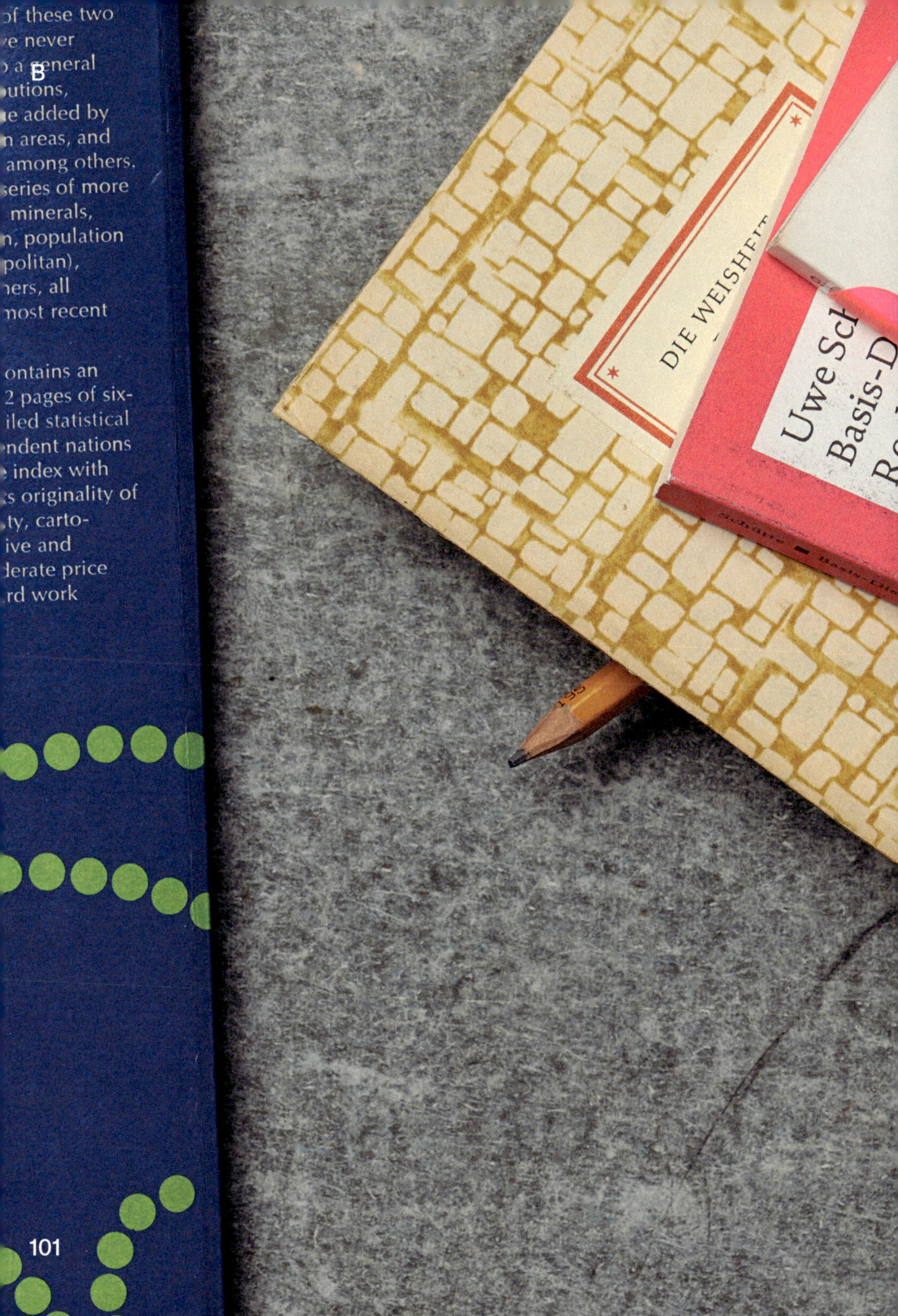
B
of these two
e never
a general
utions,
e added by
n areas, and
among others.
series of more
minerals,
n, population
politan),
ers, all
most recent
ontains an
2 pages of six-
iled statistical
ndent nations
index with
s originality of
ty, carto-
ive and
lerate price
rd work
DIE WEISHEIT
Uwe Sc
Basis-D

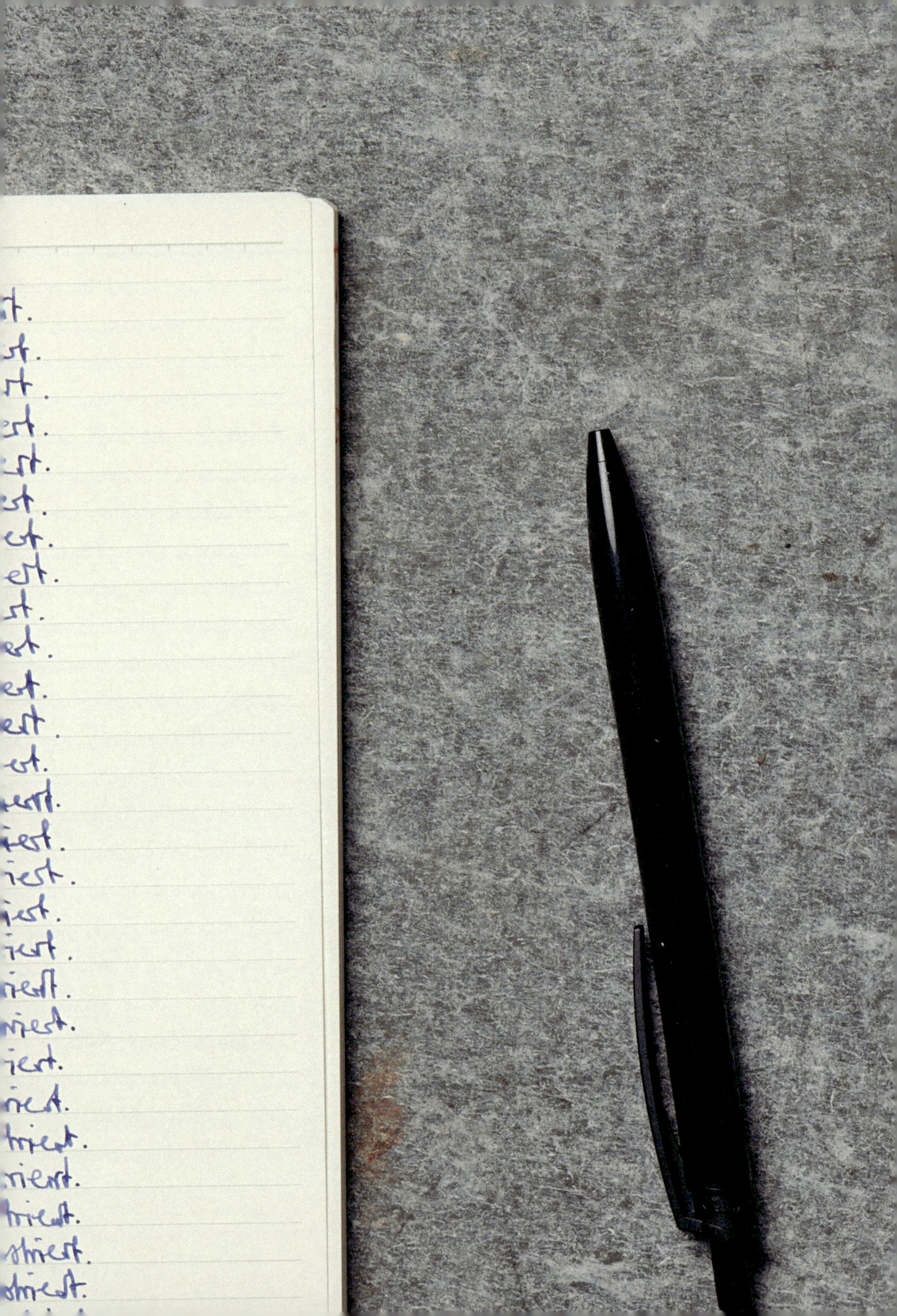

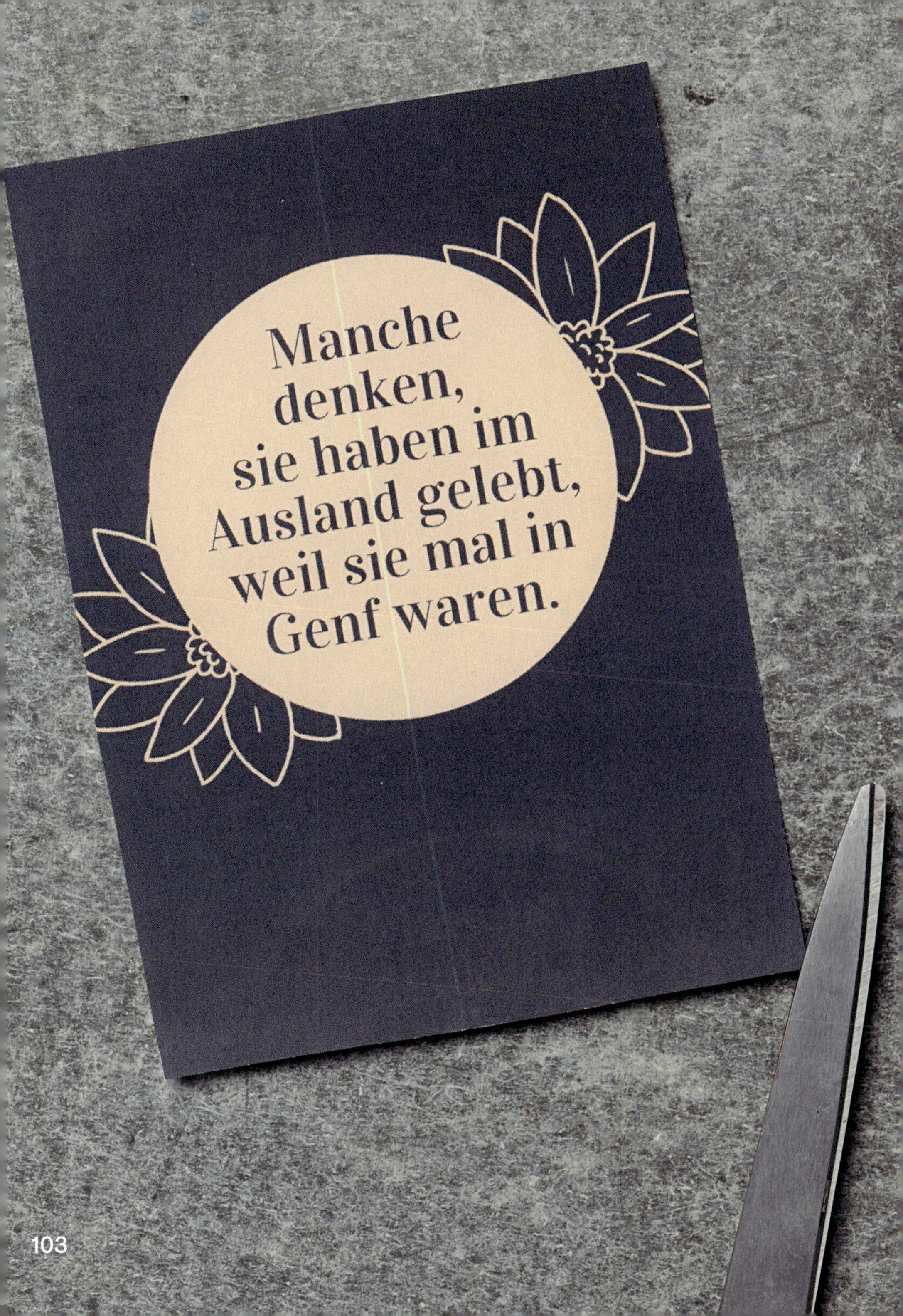
Manche
denken,
sie haben im
Ausland gelebt,
weil sie mal in
Genf waren.

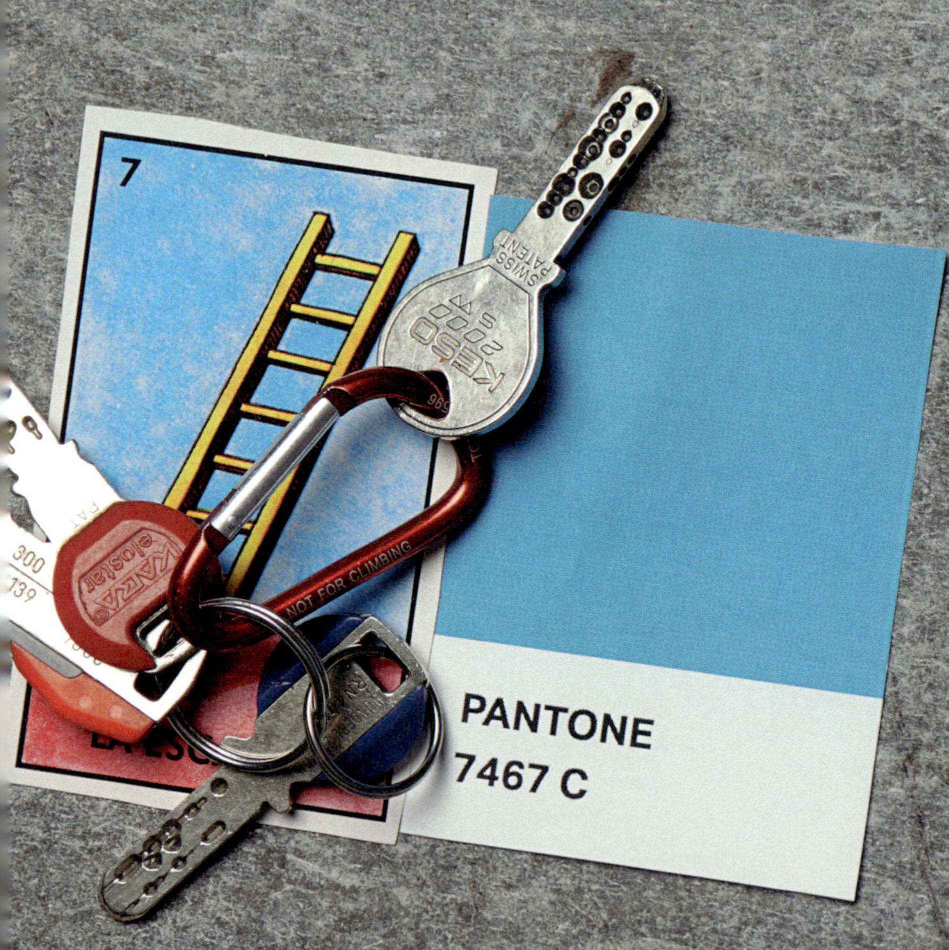
7
SWISS PATENT
KESO 2000 S
NOT FOR CLIMBING
KABA elostar
PANTONE
7467 C

Letztes Jahr war ein gutes Jahr.
Es ist viel passiert,
es ging alles von selbst
und nächstes Jahr wird so ähnli

cut-throat
daredevil
dark horse
debauchee
debutante
declaimer
declarant
defaulter
defeatist
defendant
defrauder
deliverer
demagogue
demandant
demi-monde
dependant
depositor
depressor
depurator
designate
desperado
despoiler
destroyer
detractor
dialogist
disburser
discerner
disguiser
dispeller
disperser
displayer
disprover
disputant
disseisee
disseisor
dissenter
dissident
disturber
disuniter
dogmatist
dolly bird
do-nothing
driveller
dynamiter
dyspeptic
early bird
earthling
eccentric
Edwardian
emendator
enchanter
encomiast
energumen
enfeebler

engrosser
enlivener
entangler
entourage
epicurean
epileptic
epistoler
Essex girl
euphemist
evacuator
everybody
examinant
executant
executrix
exhauster
exhibiter
exhibitor
exploiter
expositor
expounder
exquisite
extracter
extractor
extravert
extremist
extrovert
falsifier
family man
favourite
fetishist
fire-eater
first born
flag-waver
flatterer
flay-flint
forbidder
forebears
foreigner
forfeiter
forgetter
formalist
fortifier
forwarder
fossicker
foster-son
foundling
foundress
foxhunter
free agent
freelance
free-liv
freem
fulfill
furth

gainsayer
garnishee
garnisher
garreteer
garrotter
gathering
gentleman
girl guide
Girondist
go-between
godfather
godmother
Gothamite
grandpapa
grandsire
gratifier
great-aunt
greenhorn
greybeard
groomsman
groveller
guerrilla
guest star
guinea pig
half-breed
half-caste
haranguer
harbinger
harbourer
harebrain
harnesser
hearkener
Hellenist
hell-hound
highflier
hillbilly
honest man
Hottentot
household
housewife
hunchback
hylozoist
hypocrite
ignoramus
immigrant
immolator
impeacher
inamorata
inamorato
increaser
ncurable
ndicator
ndweller
nebriate

inflicter
informant
infringer
inhabiter
inheritor
initiator
innovator
in-patient
inscriber
insolvent
insurgent
intestate
intriguer
introvert
inveigher
inveigler
Jansenist
jay-walker
jet-setter
jitterbug
job-hunter
job-seeker
joint heir
justifier
kidnapper
kinswoman
lackbrain
ladies' man
lager lout
landowner
law-monger
lay reader
lazybones
libellant
liberator
libertine
lionheart
lip-reader
liturgist
logroller
lost sheep
loudmouth
lowlander
make-peace
malthorse
mammonist
mammonite
mannerist
masochist
matricide
medallist
mediatrix
messieurs
Methodist

metrician
middleman
millenary
miscreant
mitigator
moderator
modernist
modulator
moneybags
monitress
moonraker
moralizer
mortgagee
mortgagor
mortifier
Mrs Grundy
multitude
muscleman
mutilator
mythmaker
Narcissus
neglecter
neighbour
next-of-kin
night bird
nominator
nonentity
non-smoker
nourisher
novitiate
nullifier
observant
occultist
odd man out
offspring
old master
oppressor
organizer
ourselves
pacemaker
palaverer
panellist
paralytic
paranymph
parricide
part-owner
passenger
patrician
patricide
patroness
peasantry
Pecksniff
peculator
pen-friend

pen-pusher
pensioner
perceiver
perfecter
performer
permitter
personage
personnel
persuader
perverter
pessimist
pinchfist
pin-up girl
plaintiff
Platonist
plunderer
plutocrat
Plutonist
poetaster
possessor
posterity
postponer
postulant
pot-hunter
practiser
prankster
precursor
predicant
predictor
prelatist
presbyope
presbyter
presentee
presenter
preserver
pretender
preventer
proceeder
profferer
profiteer
projector
prolonger
proselyte
prosodist
protector
protester
purchaser
purloiner
pussyfoot
pythoness
Quakeress
qualifier
queer fish
rabbinist

skin-diver
skinflint
skylarker
slanderer
slobberer
slowcoach
slumberer
smart alec
sniveller
sob sister
socialist
socialite
sojourner
solicitor
son-of-a-gun
sophister
sophomore
Sorbonist
spectator
Spinozist
spiritist
spokesman
sportsman
squabbler
stammerer
stargazer
star pupil
stigmatic
straggler
strangler
stripling
strongman
struggler
stutterer
subaltern
submitter
subverter
succeeder
successor
succourer
suggester
sundowner
suppliant
supporter
surfeiter
susceptor
sustainer
swaggerer
swallower
sycophant
symbolist
syncopist
tactician
Talmudist
Targumist
temptress
termagant
terminist
terrorist
testatrix
testifier
theorizer
thunderer
toad-eater
tormentor
townsfolk
traitress
traveller
traverser
trepanner
tribesman
tributary
trickster
trigamist
tritheist
underling
unitarian
valentine
venerator
verbalist
versifier
Victorian
vigilante
visionary
volunteer
Vulcanist
warmonger
warrantee
warrantor
wassailer
whosoever
womanizer
womankind
womenfolk
worldling
wrongdoer
xenophobe
yachtsman
young lady
youngling
youngster

10

aboriginal
aborigines
Abraham man
absolutist
accomplice
admonisher
adulteress
adventurer
aficionado
alcoranist
allegorist
Anabaptist
ancestress
anecdotist
Anglophile
Anglophobe
Anglo-Saxon
antagonist
antecessor
apologizer
aristocrat
assemblage
assentient
babe-in-arms
baby-sitter
bamboozler
beautifier
bedswerver
Belgravian
benefactor
Benthamite
better half
big brother
blackamoor
blackguard
black sheep
blasphemer
bobbysoxer
bogtrotter
bold spirit
bootlicker
borstal boy
bridegroom
bridesmaid
bureaucrat
bushranger
campaigner
capitalist
caravanner
card-player
career girl
centralist
changeling
chatterbox
chauvinist
cheesecake
child bride
churchgoer
Cinderella
clodhopper
coadjutant
coadjutrix
cohabitant
collocutor
coloratura
commonalty
competitor
complainer
confessant
confidante
contestant
controller
co-operator
coparcener
copyholder
co-relation
counsellor
countryman
crackbrain
criticizer
crosspatch
curmudgeon
daydreamer
day-tripper
delinquent
demoiselle
depositary
depository
deprecator
depredator
deputation
descendant
dilettante
diminisher
directress
discharger
discourser
discoverer
disparager
dispraiser
dissembler
distracter
distrainer
distrainor
dramatizer
drug addict
drug dealer
drug pusher
dunderhead
dunderpate
Dutch uncle
[illegible]iser
[illegible]r
electorate
elucidator
emblazoner
empiricist
encourager
encroacher
Englishman
enigmatist
enthusiast
enumerator
enunciator
epitaphist
epitomizer
equestrian
evangelist
expurgator
extenuator
extirpator
eye-witness
fabricator
fancy woman
federalist
filibuster
fire-raiser
flagellant
fly-by-night
footballer
footlicker
forefather
forerunner
forty-niner
fosterling
fraternity
fratricide
freeholder
free-trader
frequenter
fuddy-duddy
fund-holder
fund-raiser
gasconader
gastronome
gentlefolk
girl Friday
girlfriend
glacialist
goalkeeper
gold-digger
goodfellow
goody goody
grandchild
grande dame
grand juror
grandmamma

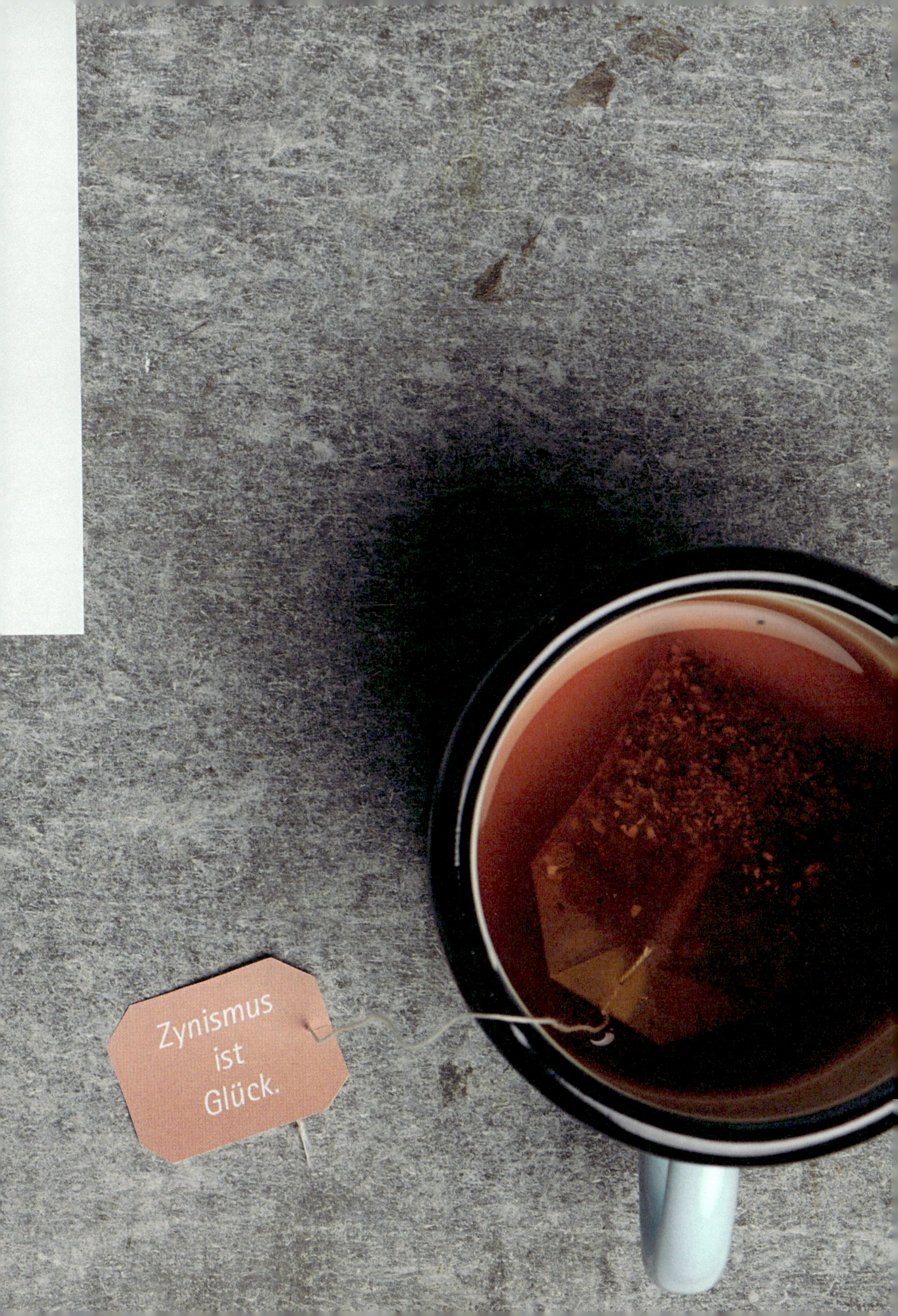
Zynismus
ist
Glück.

contingent

/kənˈtɪndʒ(ə)nt/

See definitions in:

All Finance Philosophy Logic Military Police

adjective

1. subject to chance.
   "the contingent nature of the job"

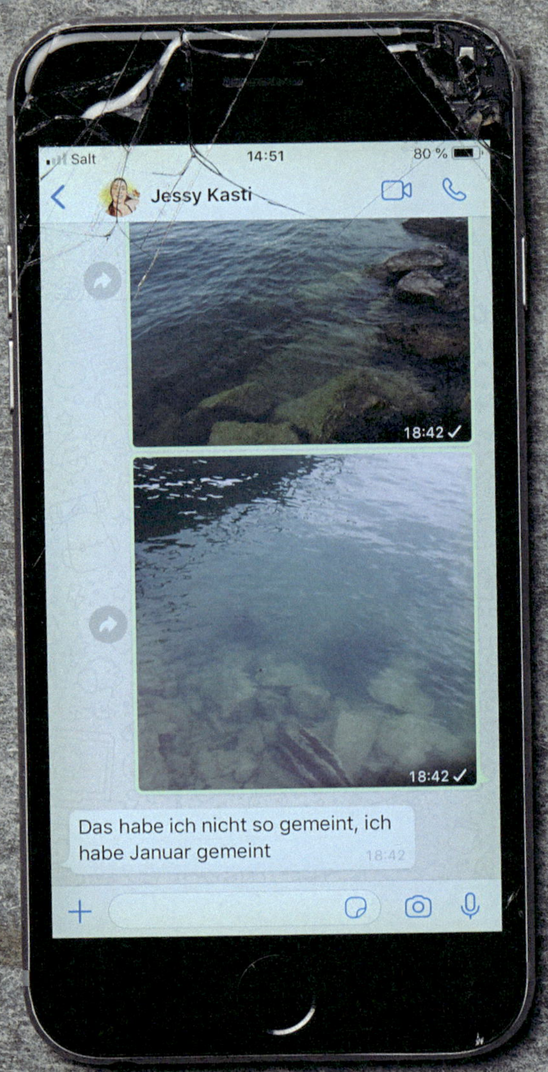

Salt
14:51
80 %
Jessy Kasti
18:42
18:42
Das habe ich nicht so gemeint, ich habe Januar gemeint
18:42

C

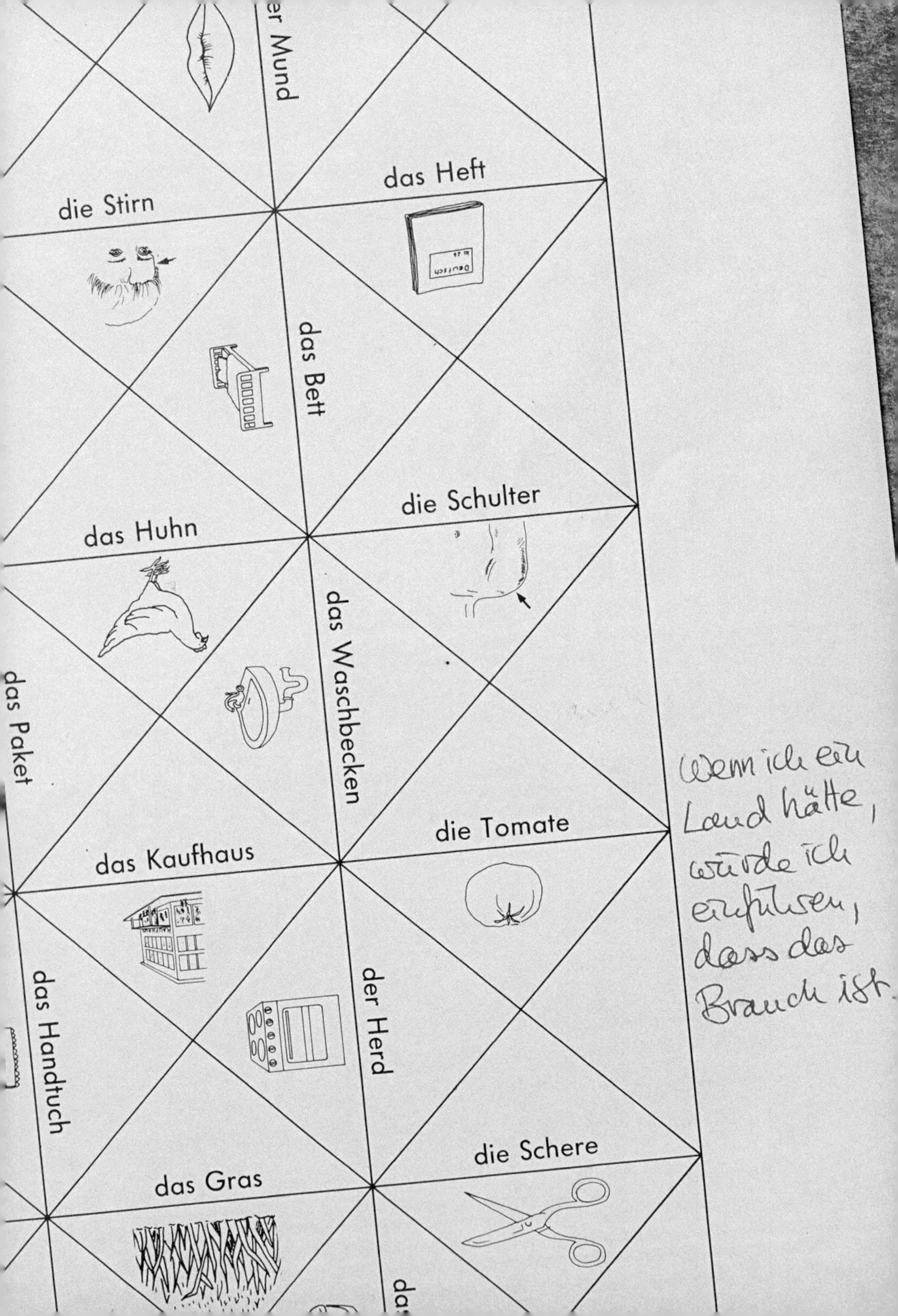
er Mund
die Stirn
das Heft
das Bett
das Huhn
die Schulter
das Waschbecken
das Paket
das Kaufhaus
die Tomate
das Handtuch
der Herd
die Schere
das Gras
Wenn ich ein
Land hätte,
würde ich
einführen,
dass das
Brauch ist.

D

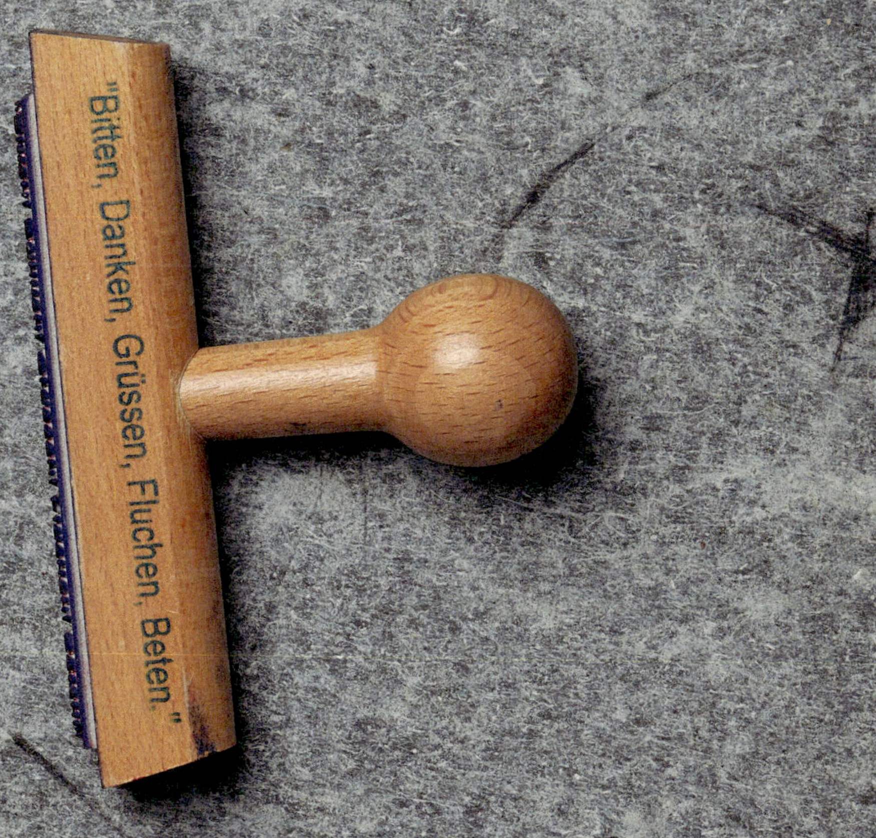

Ich mache gerne interne Fortbildungen mit mir selbst.

naja.

Die Nachbarin
spielt Bach immer
viel zu legato!

E

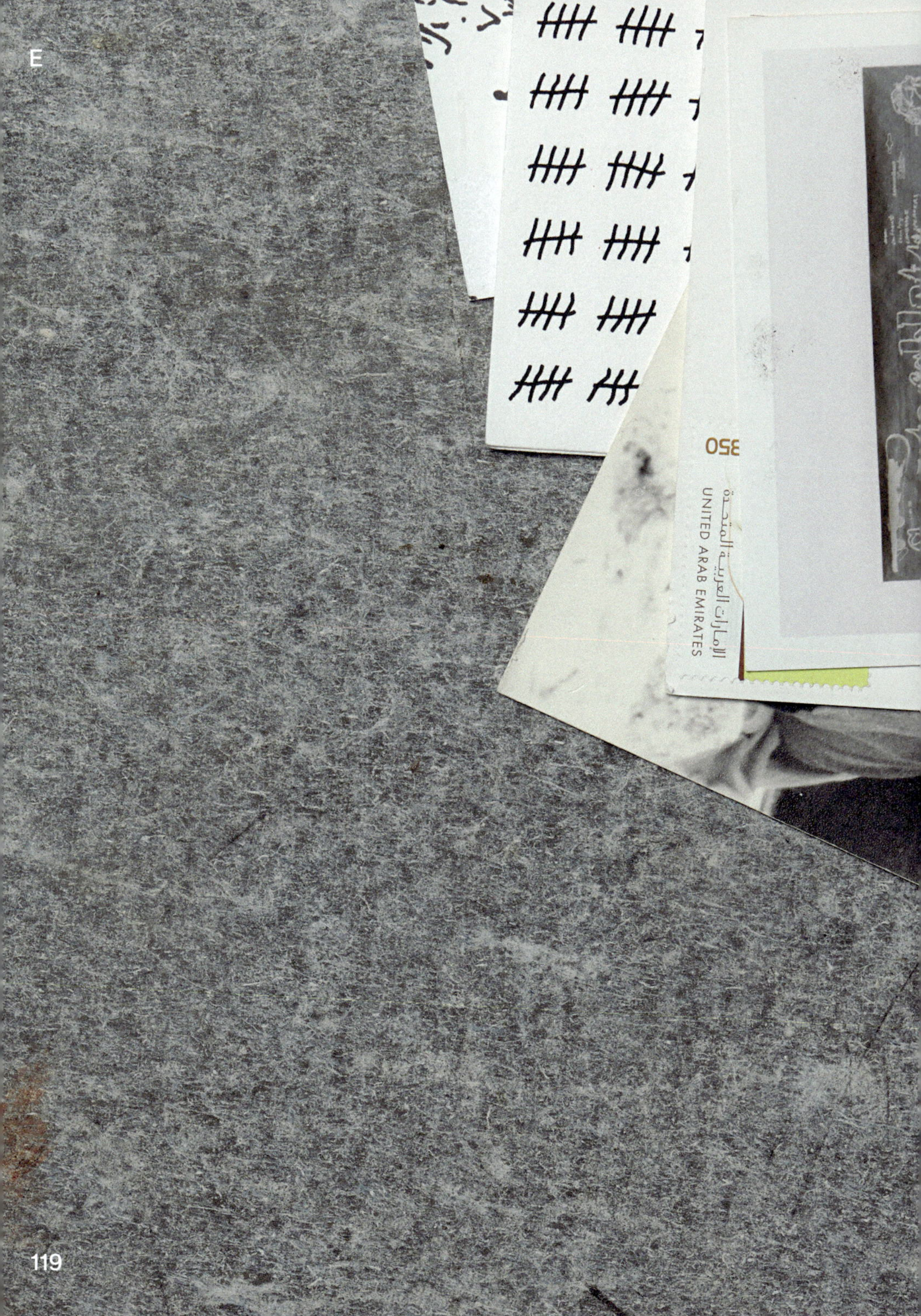

Deine Fallnummer:

F

kann gleich losgehen.

Deine Chatsitzung beginnt in Kürze.
Wir sind in ca. 2 Minuten für dich da.

922358

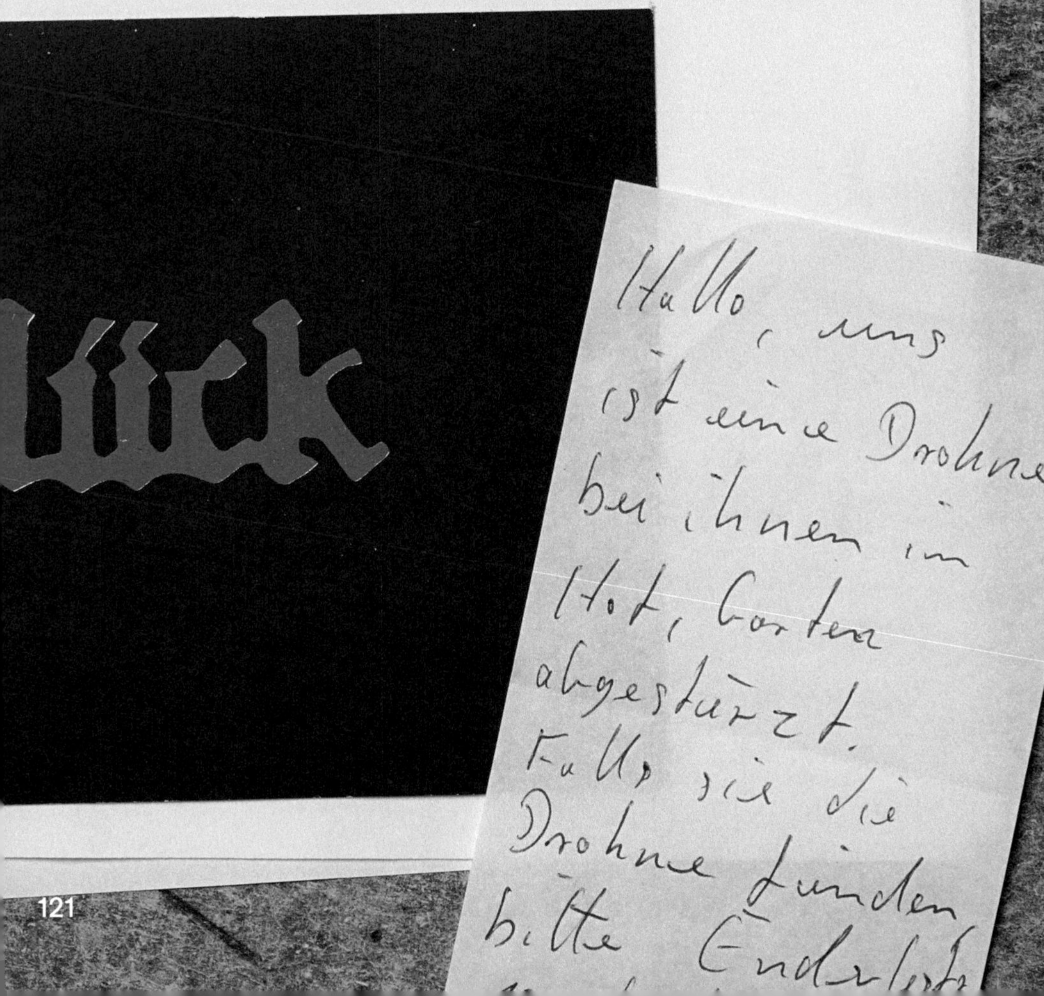

A Tine Melzer & Anika Reidt: *Ich bin in meinem Gehirn verantwortungslos allein gelassen worden*. Buchcover, 2019.

B Joséphine Hirschi: *Each day brings a New Task*, 2003; Uwe Schütte: *Basis-Diskothek Rock und Pop*. Stuttgart, Reclam, 2004; Johann Michael Seiler: *Die Weisheit der Gasse – Deutsche Sprichwörter*. Leipzig, Insel, 1959.

C Tine Melzer & Anika Reidt: *Message*, 2021.

D Ludwig Wittgenstein: »Bitten, Danken, Grüßen, Fluchen, Beten.« In: *Philosophische Untersuchungen*, Nr. 23.

E Kasper Andreasen: *Sonntagsblatt*, 2002; Kees Maas: New Year, 2022; Sabine Reuter: *Portrait*, 1996; Tine Melzer: »Postcard«. In: *The Complete Dictionary*, 2004.

F Andreas Zidek: *Glück*, 2008.

Inside the Public

Gabriela Löffels
Einsichten in private
Nutzungsräume
öffentlicher Ökonomien[1]

Sigrid Adorf

He, the general manager assistant of the Shanghai Free Trade Zone International Culture Investment and Development Company, said, ›The artist asked whether she can get in to have a look. Is it possible?‹ She, the person responsible for the construction site of the new International Artworks Exchange Center in the Free Trade Zone in Shanghai, said, ›No, it's not possible, I'm sorry. It's confidential now. It's not open to the public.‹[2]

»*It's not open to the public*« – als die Künstlerin Gabriela Löffel 2018 während einer Residency in Shanghai zur Zollfreizone (FTZ) recherchiert und im wahrsten Sinn nach Aufschlüssen zum Bau des International Artwork Exchange Center sucht, bleiben ihr alle Zugänge verwehrt. Das ändert sich auch nicht, als sie später zurück in der Schweiz ihre Recherche fortsetzt, das ältere, modellgebende Zollfreilager in Genf aufsucht und um Zutritt bittet. Auch hier kann sie lediglich im Außenraum filmen. Löffel nimmt die Vergeblichkeit ihrer Versuche zum Ausgangspunkt für ihre Reflexion über diesen exklusiven Raum und seine gesellschaftliche Stellung: Sie begehrt Einlass, um sich und später anderen ein Bild von der Struktur dieses Handelsraumes zu machen, der wie eine Art Pausentaste im internationalen Geschäft funktioniert. »Zollfreilager sind Warenlager, in denen unverzollte und unversteuerte Waren zwischengelagert werden. Sie werden durch private Lagerhausgesellschaften betrieben, haben öffentlichen Charakter und stehen allen Interessenten offen«, so die Definition auf der Webseite des Schweizerischen Bundesamtes für Zoll und Grenzsicherheit BAZG. Die Logik ist paradox: Weil die Gesetze eine Transparenz des Handels beim Überschreiten der Grenzen verlangen, um Ein- und Ausfuhrzölle erheben zu können, werden logistische Räume geschaffen, die das administrative Geschäft vereinfachen, indem sie Speditionen einen Aufschub gewähren. Daraus entstehen juristische Möglichkeitsräume, wie ein chinesischer Anwalt für Gesellschaftsrecht und geistiges Eigentum der Künstlerin erklärt, als diese ihn bittet, etwas zur Technik der Zollfreilager zu sagen: »As a lawyer, again, like playing chess, you use a technique, you use that move, to again, think forward and how to boost the economy of an area. So, I guess when you say technique in a legal point of view, that is your chess move ... install a technique, or a plan, how to boost the economy, how to increase the circulation of money.«[3] Als Transitzonen, in denen Luxusgüter unbefristet zollfrei eingelagert werden können, gelten Zollfreilager als ein durch öffentliches Recht geschütztes, aber der Öffentlichkeit vorenthaltenes Refugium internationaler Wirtschaftseliten, in dem Steuerhinterziehung,

Preistreiberei und Vertuschung von Kunstraub in großem Stil möglich sind. Wie die Journalistin Andrea Kučera 2016 in der NZZ erklärt, »vergeht kaum ein Monat, ohne dass neue dubiose Machenschaften im Zusammenhang mit dem Genfer Zollfreilager enthüllt werden: Da werden Sarkophage aus illegalen Ausgrabungen aufgespürt und schließlich dem Herkunftsland zurückerstattet – zuletzt geschehen Mitte Januar [2016]. Da lagern Bilder, die gemäß der spanischen Justiz allein zum Zweck der Geldwäsche den Besitzer wechselten. Und da wurde im Nachgang der Enthüllungen der Panama-Papiere ein Gemälde des italienischen Meisters Amedeo Modigliani beschlagnahmt, das mit großer Wahrscheinlichkeit einem Pariser Juden gehörte, bevor es im Zweiten Weltkrieg von den Nationalsozialisten zwangsversteigert wurde. Was geht hier vor sich?«[4] – Die fast schon rhetorisch anmutende Frage leitet über zu Kučeras informativer Rückschau auf die Figur Yves Bouvier, Genfer Kunsthändler sowie Aktionär und Hauptmieter von Räumen im Genfer Zollfreilager, dessen diskrete Handelspraktiken hier im Verborgenen blieben. Seit 2015 steht Bouvier im Verdacht, illegalen Machenschaften nicht nur Vorschub geleistet zu haben, sondern wissentlich und profitorientiert daran beteiligt gewesen zu sein.[5] Der Fall erregt(e) internationale Aufmerksamkeit und führte zu einer umfassenden Diskussion der Nutzung von Zollfreilagern als intransparenten Kunstdepots und dem Ruf nach politischer Regulierung.[6]

Die taktische Nutzung des öffentlich-rechtlich geregelten Zwischenstopps in der Zirkulation der Waren ist, wie mit Oskar Negt und Alexander Kluge argumentiert werden kann, eine Form der »Benutzung des Staates« durch die »herrschende Klasse«.[7] Wie von den Autoren in ihrer Vorrede zu *Öffentlichkeit und Erfahrung* 1972 betont, ist nach dem Verhältnis zwischen dem zu fragen, was als öffentliches Interesse gilt – wie das Gesetz und dessen Einhaltung – und dem, was im Interesse des Kapitals ›diskret‹ behandelt werden und privat bleiben soll. Privatheit und Öffentlichkeit sind in diesem Verhältnis keine idealistischen Antagonisten im ideengeschichtlich verbürg(er)ten Sinn,[8] sondern Formeln zur Verschleierung realer Ungleichheitsverhältnisse zum Schutz der Besitzenden. Denn längst sind die Lagerstätten zu einem ebenso bekannten wie gleichzeitig betont unbekannten Ort des Versteckspiels steuerfreier Handelsabschlüsse und der Wertspekulation im internationalen Kunsthandel geworden. *… it's confidential …*

Sämtliche Abbildungen auf den Seiten 127–135:
Gabriela Löffel: Video Stills und Ansichten der Ausstellung *Inside*, 2019.

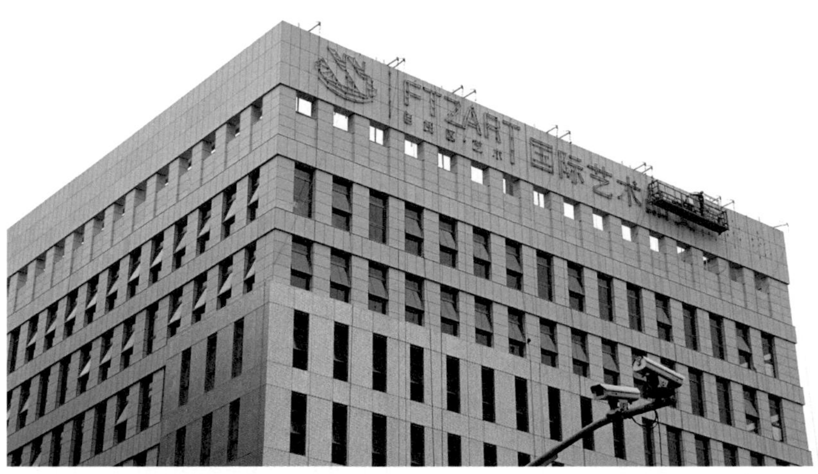

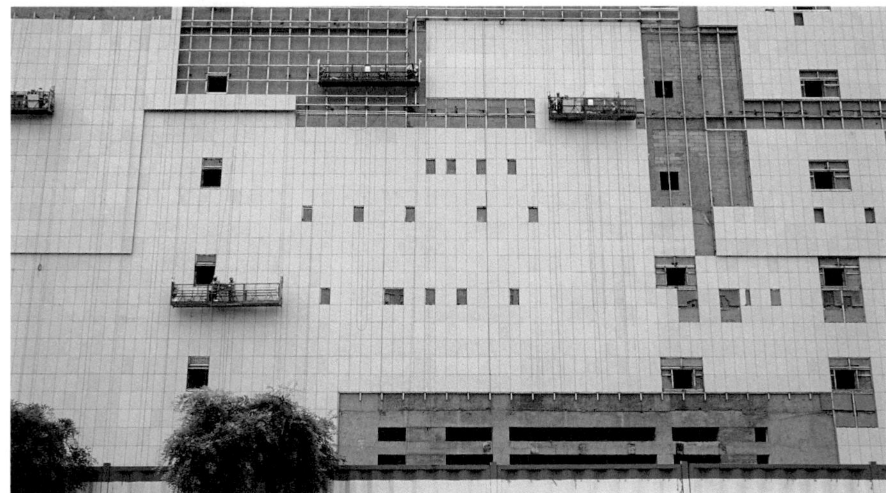

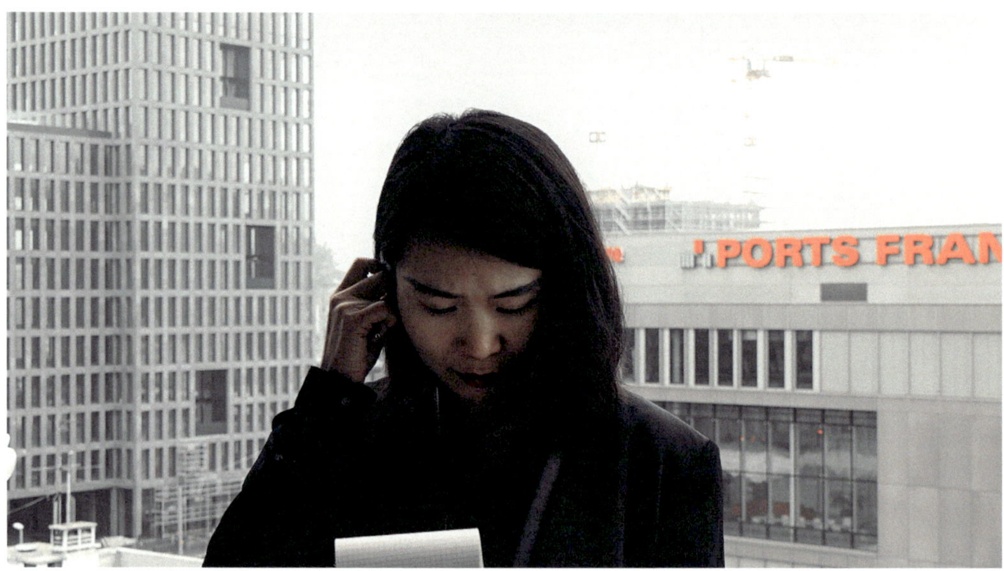

Sigrid Adorf

Ausgehend von ihrem vergeblichen Bemühen um Einlass in Shanghai entwickelt Löffel die komplexe 3-Kanal-Videoinstallation *Inside* (2019).[9] *He said: The artist asked ..., she said: No ...* Wieder und wieder klingen die immer gleichen sprachlichen Formen in der Repetition des Gesprächs durch, das von einer jungen chinesischen Dolmetscherin simultan ins Englische übersetzt wird, während sie es über einen Knopf im Ohr hört.[10] Wir, die Betrachtenden von *Inside* (2019), sehen, wie sie sich konzentriert, wie sie Notizen macht, pausiert, um dann rasch und präzise das von uns nur leise zu hörende Gespräch übersetzt nachzusprechen. *Er sagt, die Künstlerin frage, ob sie nur einen Blick hineinwerfen dürfe, nur mal schauen, auch ohne Fotos zu machen, nur durch die Fenster hineinschauen dürfe ...* Nachträglich werden wir zu Zeug:innen des beharrlichen Versuchs, in das Innere des noch im Bau befindlichen Gebäudes der Shanghai Free Trade Zone (FTZ) vorzudringen. Aber die Antworten, die die Künstlerin erhält, bleiben sich immer gleich: *Nein, es gehe leider wirklich nicht, das Innere sei vertraulich, aus Sicherheitsgründen. Medien hätten keinen Zutritt, ausländische schon gar nicht.* Eine Begründung bleibt aus.

Das aufgezeichnete Gespräch dient als Original der künstlerischen Übersetzungsarbeit, die eine mehrfache ist, denn nicht nur wird die Sprachaufnahme übersetzt nachgesprochen, sondern sie wird auch räumlich transponiert und schließlich in einen begehbaren, virtuellen Innenraum übertragen. Vor Ort als einfaches Audiofile mit Umgebungsgeräuschen aufgezeichnet, wird das Gespräch durch die Übersetzung zur bloßen Information. Zugleich aber behält es durch die Simultanübersetzung zeitlich indiziert eine Nähe zur Ausgangssituation. Auch visuell wird mit übersetzenden Verschiebungen operiert: Im Hintergrund der Dolmetscherin ist unscharf ein graues Gebäude mit der roten Aufschrift *Ports Francs* zu sehen, was nahelegt, die Aufnahme in Genf zu verorten – also vor jenem Zollfreilager, das, wie Hito Steyerl in ihrem Text »Duty-Free Art« (2015) vermerkt,[11] als Mutter aller Zollfreilager gilt und über dessen zweifelhafte Geschäftspraktiken hier bereits berichtet wurde. Auf zwei Screens nebeneinander zeigt die Arbeit Inside die nichtssagende Außenseite des Ganzen: Filmaufnahmen von Lagerhäusern in Genf und Shanghai, aufgezeichnet durch sehr langsam ausgeführte, mechanische Kamerabewegungen, die zwischen dem Gesicht der Sprecherin und den Gebäudeansichten hin und her schwenken. Rote Lippen, rote Aufschrift und rote Arbeitsaufzüge in grauer Umgebung – nichtssagende farbliche Korrespondenzen zur Unterstreichung des Verschwiegenen.

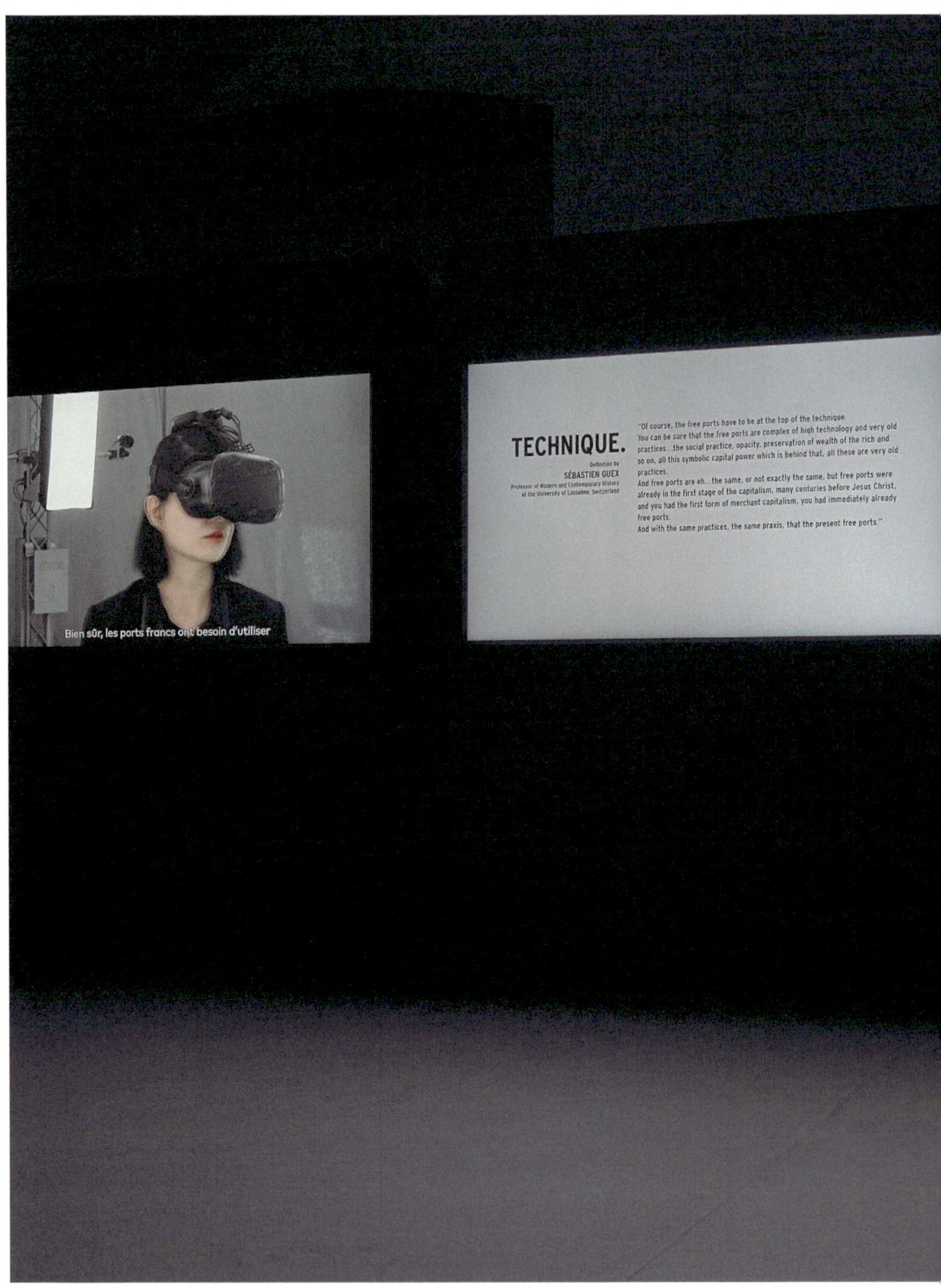

Sigrid Adorf

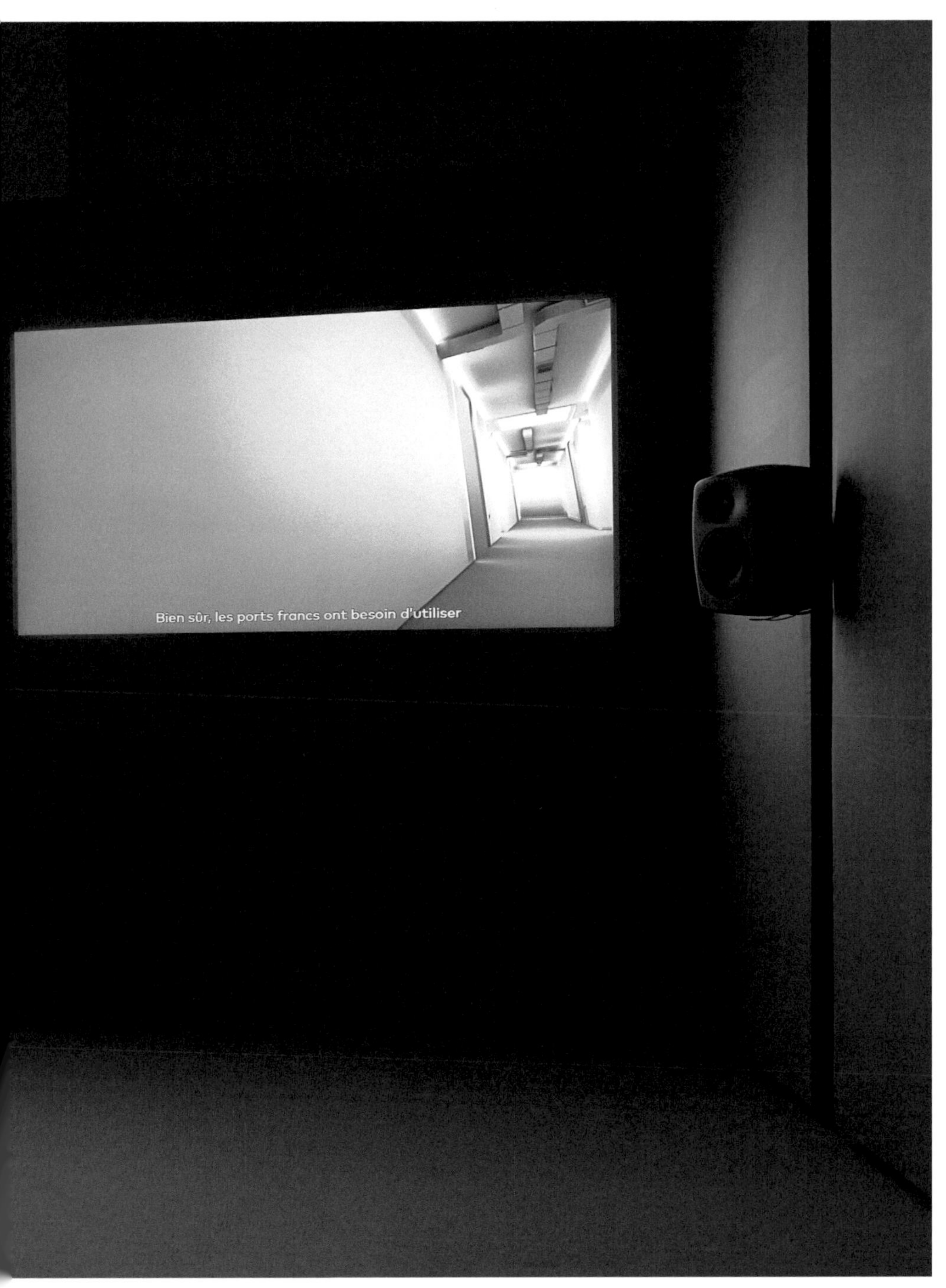
Bien sûr, les ports francs ont besoin d'utiliser

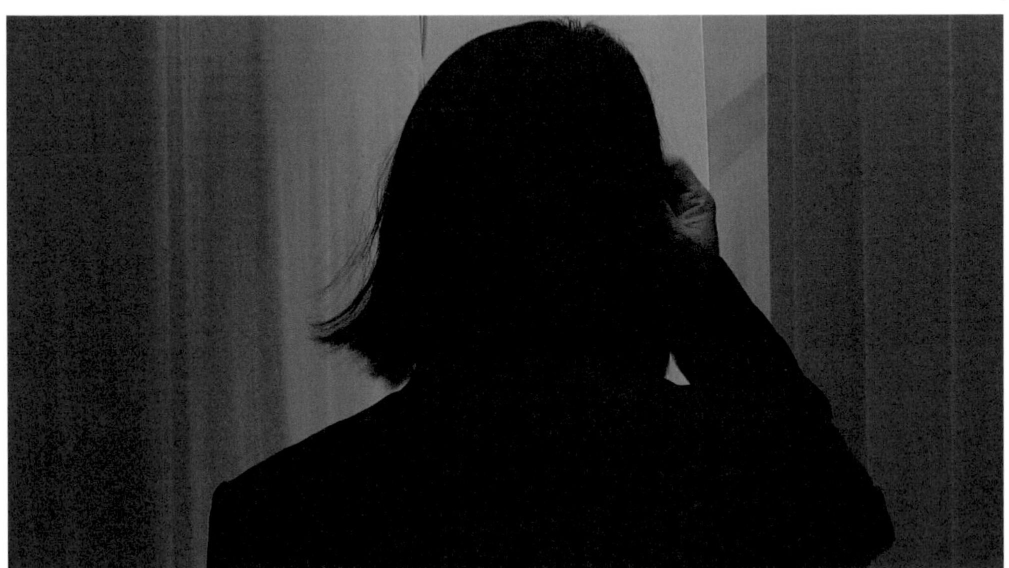

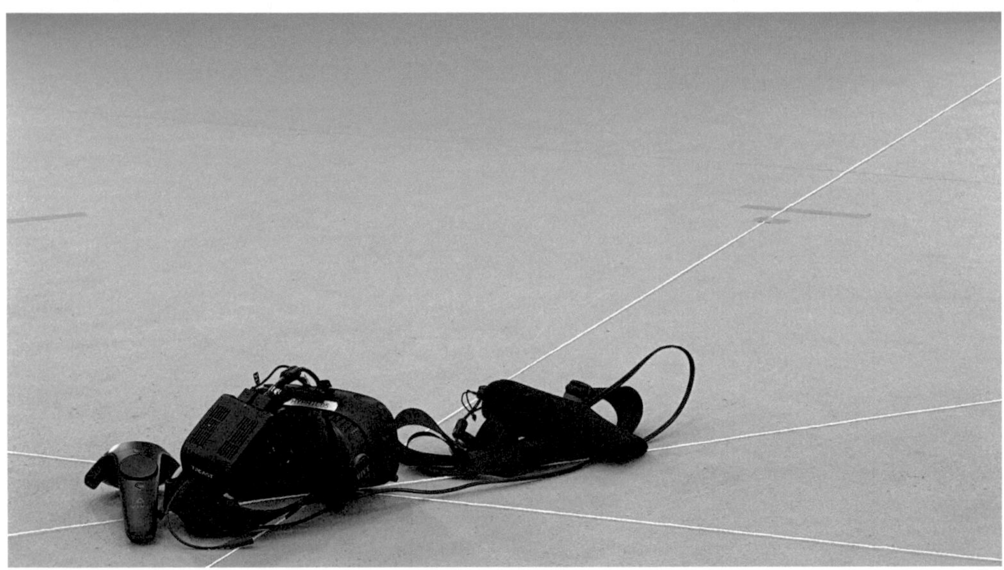

Sigrid Adorf

TERRITORY.

Definition by
MARC-ANDRÉ RENOLD
Professor of Art and Cultural Heritage Law at the University of Geneva and Swiss lawyer practicing in this field

"A territory, from the legal perspective, is one of the three components of a state. In international law, states are a territory with a population, subject to a certain organization. That's the definition of a state. So the territory is really the essence of any state in today's...in today's world.

Now perhaps the issue is, and some people say that free ports are not part of the actual territory of a state, that they would be like a no man's land outside the territory of the national state. Well, in Switzerland a free port is part of the Swiss territory.

The only question about of a free port seen from the territorial perspective is the customs aspect. Customs law are special...they have a special meaning in free ports, in a sense that...goods that are in transit in free ports are not subject to normal customs laws, i.e. to...em the payment of the VAT.

So they're sort of like temporarily not in the customs territory of Switzerland. That's the only difference."

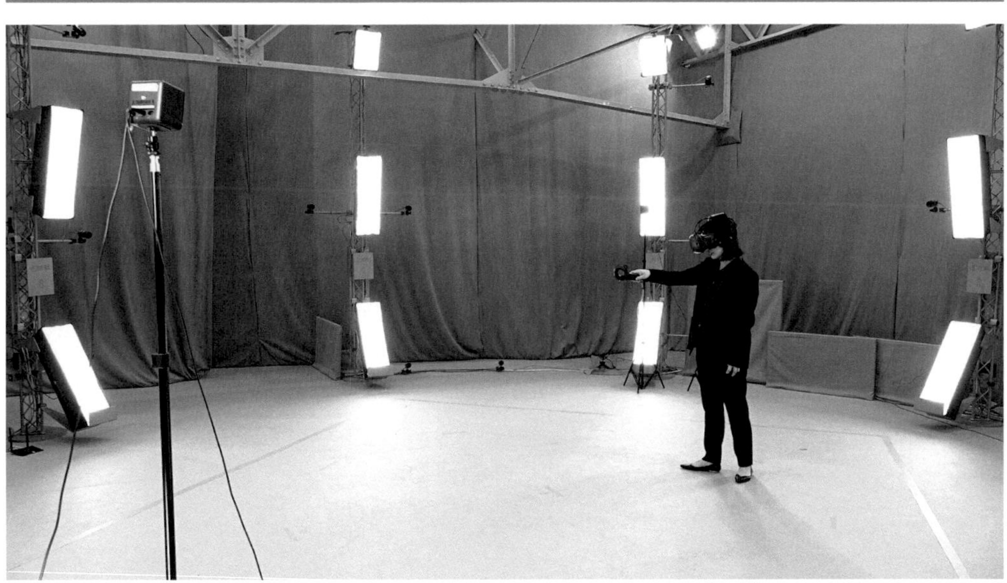

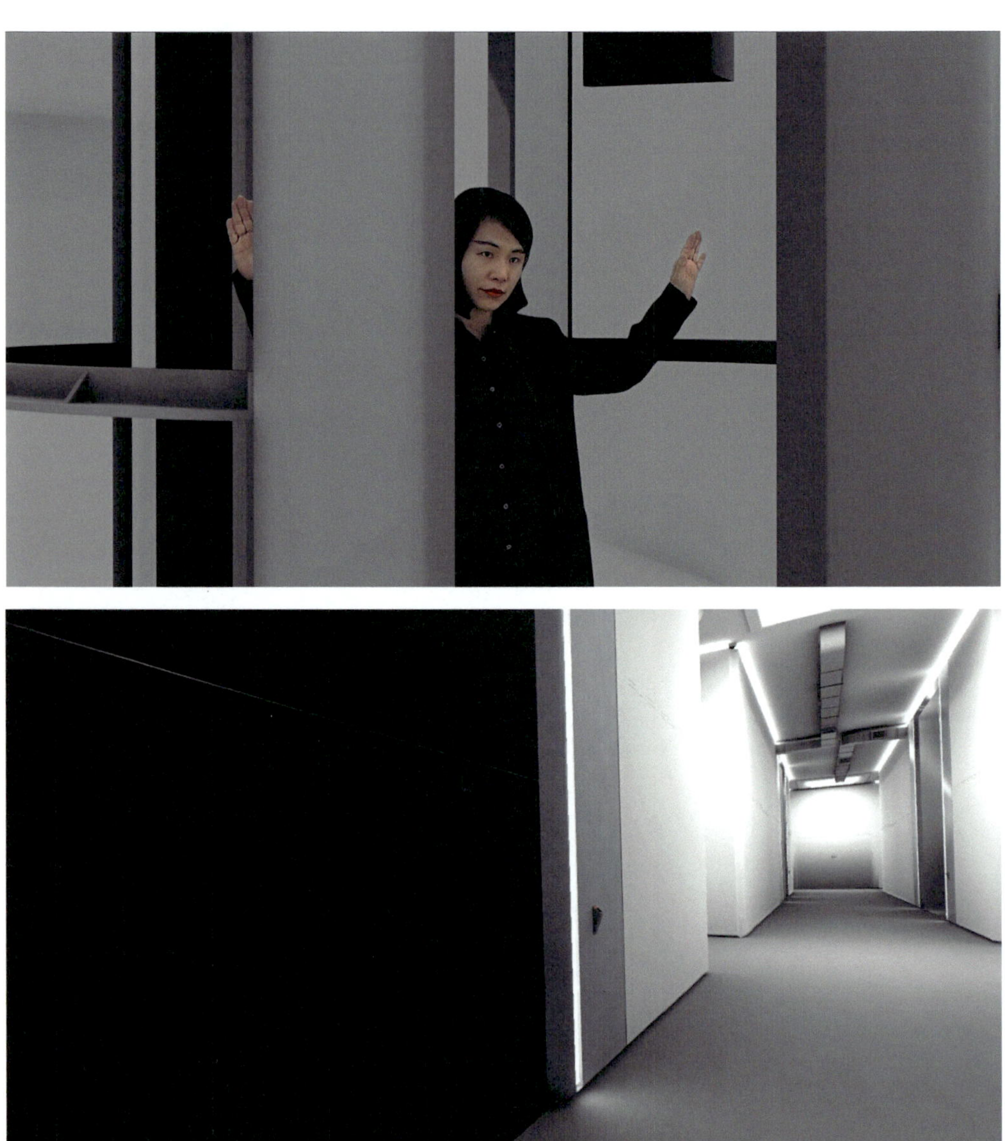

Sigrid Adorf

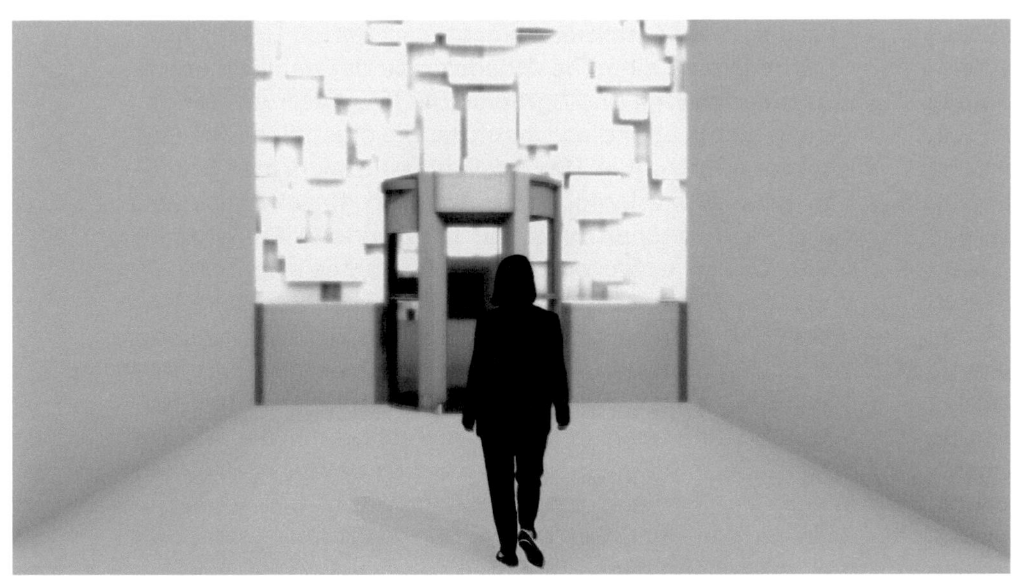

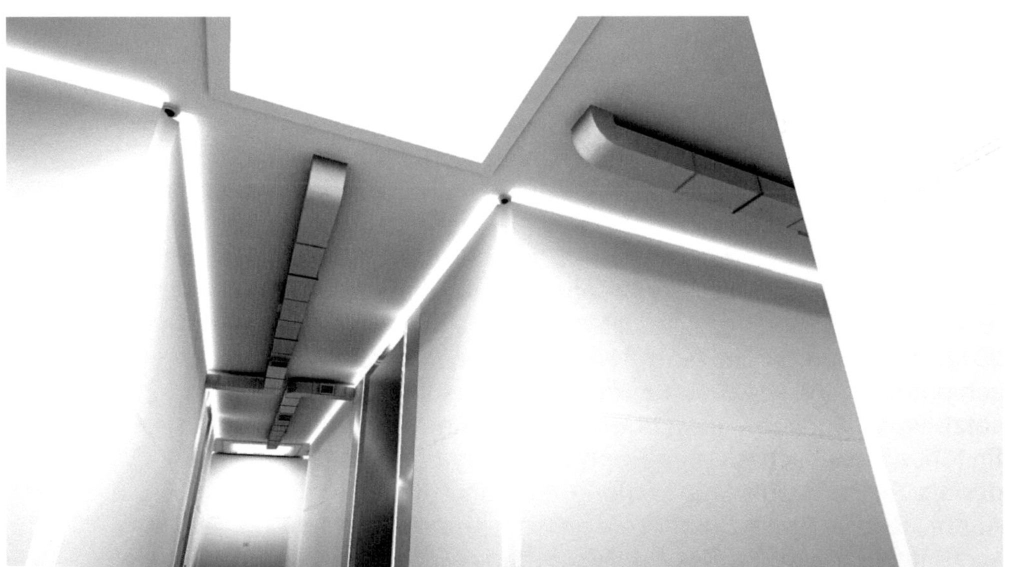

»Die Lage wird dadurch so kompliziert«, konstatiert Bertolt Brecht 1931, »dass weniger denn je eine einfache ›Wiedergabe der Realität‹ etwas über die Realität aussagt. Eine Photographie der Kruppwerke oder der AEG ergibt beinahe nichts über diese Institute. Die eigentliche Realität ist in die Funktionale gerutscht.«[12] Das Realismus-Problem, das Brecht beschäftigt, hat sich weder erledigt noch verringert. Um »Wirklichkeit zu geben«, wie er es »von einer Kunst mit ganz anderer Funktion im gesellschaftlichen Leben« erwartete, ist etwas anderes erforderlich.[13] Brechts Rede von der Notwendigkeit der Kunst, die »Wirklichkeit zu geben«, weil diese sich nicht einfach zeige, behält als Problemstellung eine fortwährende Berechtigung. »Es ist also tatsächlich ›etwas aufzubauen‹, etwas ›Künstliches‹, ›Gestelltes‹. Es ist also ebenso tatsächlich Kunst nötig. [...] Denn auch wer von der Realität nur das von ihr Erlebbare gibt, gibt sie selbst nicht wieder«[14], proklamiert er in einem apodiktischen Ton, der Gabriela Löffel fern liegen dürfte. Brechts unumwundene Abkehr von der Logik der bloßen Abbildung in Sachen Realitätsdarstellung aber scheint eine geteilte Maxime.

Die Künstlerin, die Fragende, deren höfliche Versuche in der Realität abgewiesen wurden, versucht es auf anderem Weg: sie verschafft sich virtuell Zutritt, baut mit Hilfe eines VR-Studios ein Innen-Modell jener »Trutzburg«[15] und schickt die Dolmetscherin hinein. Die Kamera begleitet die Frau von hinten beim Durchschreiten eines grauen Vorhangs und dem Betreten eines gleichfarbigen Studioraumes, wie er in ähnlicher Form und Funktion – also ebenfalls mit Bezug zur Filmindustrie, wenn auch nicht VR – auch für vorangehende Arbeiten Löffels zentral ist (*Setting* 2011, *Offscreen* 2012/13, *Embedded Language* 2013). Während wir ihr Eintreten durch den Vorhang aus zwei unterschiedlichen Perspektiven auf den Screens rechts und links sehen, setzt eine männliche Sprecherstimme ein und trägt einen kurzen definitorischen Abschnitt zum Begriff *Territory* aus rechtlicher Sicht vor, der als Texttafel auf dem mittleren Screen mitzulesen ist. Wie Marc-André Renold, Anwalt und Professor für Kulturgüterrecht an der Universität Genf, hier darlegt, ist die moderne Staatsidee wesentlich an eine sowohl gesetzliche als auch territoriale Definition gebunden und Zollfreilager sind keine staatenfreie, wohl aber durch spezielle Zollgesetze geschützte Handelszonen. Der von Renold markant gesprochene englische Text wird leise sprechend von der Dolmetscherin simultan in Mandarin übersetzt. Fast unmerklich wechselt dann die Darstellungsebene des einen Screens und man sieht die Dolmetscherin nun durch eine weiße architektonische, nicht näher definierte Umgebung gehen.

Es durchmischen sich verschiedene Ansichten: der Studioblick auf die durch Techniker:innen eingewiesene Akteurin, die nun eine VR-Brille angelegt bekommt und auf einem Band läuft, eine Animation, die sie beim Durchschreiten der virtuellen Räume zeigt, und eine Ansicht ihres Blickfeldes, wie es sich ihr in der VR-Brille in Reaktion auf ihre Bewegungen zeigt. Das Text-Bild-Verfahren setzt sich fort. Es folgen die Begriffe »Cloud«, »Transit Zone«, »Economy«, »Technique«, »Storage Time«, »Investment«, »Inside« und »Offshore«, die von verschiedenen Expert:innen definiert werden, während die Kameraschwenks, weiterhin langsam und mechanisch, unseren Blick über die Studiosituation und durch die leeren Korridore des VR-Modells schweifen lassen. Die Undefinierbarkeit der Räume, in die unser Blick hier geführt wird, korrespondiert jetzt mit der inhaltlichen Ebene der Begriffe, die als Grundkonzepte der »eigentliche[n] Realität« erscheinen, die »in die Funktionale gerutscht ist« (Brecht). Vor den leeren Wänden, die abgeschritten werden, zeichnen sich Aussagen ab, wie: Free Ports werden zu privaten, versteckten Museen, die einer Elite vorbehalten sind; die Ökonomie regiert in gewissem Sinne die Welt und Künstler:innen sowie überhaupt alle, die in der Kunstwelt arbeiten, sind Teil dieser Ökonomie; solange die Miete bezahlt wird, ist die Aufenthaltsdauer der Güter im Free Port unbefristet und das öffentliche Nichtwissen über das, was darin sein könnte, verstärkt das Gefühl, es handle sich um Alibabas Höhle; als Kunstsammler und Investor erhält man soziales Kapital und steigt in die ›Haute Bourgeoisie‹ auf; ein exklusiver Innenraum bringt Insider hervor; auch hinter Offshore-Firmen stehen Länder und die Vorstellung von einem Außerhalb ist eine Irreführung.

Die Stimmen klingen körperlich, zugleich aber ist es das, was hier fehlt, denn weder die namentlich aufgeführten Expert:innen noch die Dolmetscherin und erst recht nicht die Künstlerin ›hinter‹ der Arbeit gewinnen hier in einem subjektivierenden Sinn an Kontur. Ob es die mechanisch anmutend wiederholten Antworten der Baustellenbeauftragen in Shanghai, das geübte Nachsprechen der Synchronübersetzerin oder die Rede allgemeingültiger Begriffsdefinitionen ist, alles funktioniert hier nicht als individueller Sprechakt, sondern als Performanz eines Systems, als funktionierende Funktion. Die Reihe der Begriffe endet mit einer chinesischen, weiblichen Stimme einer Anwältin für internationales Handels- und Investitionsrecht, deren Text nun wiederum ins Englische übersetzt wird, aber in chinesischen Schriftzeichen hierzulande bislang wenigen zum Mitlesen zur Verfügung stehen wird. Sie definiert »Virtual« als abbildende Simulation von existierenden Elementen. Die Frage der (Virtuellen) Realität und ihrer

Darstellbarkeit wird damit zum hörbaren Thema und Schlusspunkt. Das Ganze endet mit dem Raumton im Studio und die Arbeit klingt mit einem zweifachen »Ok« der Dolmetscherin aus, die sich die VR-Brille abnimmt. Das schlichte technische Beenden der Situation lässt sich im Sinne der Übertragung, die die künstlerische Arbeit leistet, aber auch anders hören: Am Ende der Begriffsdefinitionen steht kein schließender Satz, kein abschließendes Verstehen, sondern die einladende Geste, mit dem Einblick *Inside* nach (dr)außen zu gehen.

Inside – Bereits der offene Werktitel verlagert die Aufmerksamkeit vom konkret verwehrten Zutritt auf die Regeln der Grenzziehungen zwischen privat und öffentlich, die hier im Sinne eines von öffentlichen Interessen ungestörten, diskreten Freihandels zur Begünstigung Privater gezogen werden. Wie beschrieben, setzt Löffel die Transponierungen fort, ohne dabei die Sache aus dem Auge zu verlieren. Im Gegenteil. Der transformatorische Umgang mit dokumentarischen Konventionen, durch die sich die Arbeitsweise Gabriela Löffels generell auszeichnet, wirkt gegen unseren Willen, die Wirklichkeit als eine einfach gegebene sehen zu wollen.[16] In einem geradezu analytischen, gleichwohl aber ästhetisch abstrahierenden Vorgehen passiert hier eine paradoxe Bewegung: Indem sich die Arbeit fortbewegt – von Shanghai nach Genf, vom chinesischen Gespräch zur englischen Synchronisation, vom Kamerablick auf die Gebäudefassade zum virtuell simuierten Innenraum – nähert sie sich dem Innersten der rechtlich ebenso wie architektonisch und wachmännisch gesicherten Realität und stellt diese aus. Gabriela Löffels *Inside* bietet Einsichten in private Nutzungsräume öffentlicher Ökonomien – nicht im Sinne der skizzierten Enthüllungen zu Figuren wie Bouvier und ihren Machenschaften, wohl aber im Sinne der kritischen Aufmerksamkeit, die auf die machtvollen Mechanismen der geschützen Systeme gelenkt wird.

1 Der Beitrag basiert auf einer Überarbeitung des Katalogtexts »Inside the Virtuality: Reality«, in: Karine Tissot (Hg.): *Écouter un film. art contemporain, exposition, installation, vidéo* (fr./engl./dt.), S. 36–41, zur Ausstellung *INSIDE – GABRIELA LÖFFEL*, 29.02.-26.04.2020, Centre d'Art Contemporain, Yverdon-les-Bains, 2020.

2 Transkription des gesprochenen Texts im Video: Sigrid Adorf

3 »Technique. Definition by A Lawyer of Corporate Law and Intellectual Property Law, from China«, Texttafel zu Inside (2019) von Gabriela Löffel, vgl. Video Still: https://loeffelgabriela.com/inside/, (zuletzt: 15.05.2024).

4 Andrea Kučera: »Das Genfer Zollfreilager geht in die Offensive«, *NZZ online*: https://www.nzz.ch/schweiz/raubkunst-und-schmuggelware-das-genfer-zollfreilager-geht-in-die-offensive-ld.15438, 22.04.2016, zuletzt: 15.05.2024. Das Genfer Zollfreilager wurde bereits 1849 gegründet und gilt international als modellgebend – wenn nicht als »Schweizer Modell schlechthin, zusammen mit den Banken«, wie es Löffel in einem SRF Podcast zu ihrer recherchebasierten Arbeit anmerkt (00:06:40); Löffel im Gespräch mit Alice Henkes und Nicole Freudiger: »Recherche als Kunst«, https://www.srf.ch/audio/kontext/recherche-als-kunst?id=-12242241, (zuletzt: 15.05.2024).

5 Vgl. zum Beispiel die Berichterstattung von Leo Müller für die Handelszeitung am 20.11.2015, https://www.handelszeitung.ch/panorama/die-suspekten-praktiken-im-privaten-kunsthandel,(zuletzt: 15.05.2024).

6 Vgl. z.B. European Parliamentary Research Service: *Money laundering and tax evasion risks in free ports* (Study), https://www.europarl.europa.eu/cmsdata/155721/EPRS_STUD_627114_Money-%20laundering-FINAL.pdf; Marie-Madeleine Renauld, «Geneva Free Port: The World's Most Secretive Art Warehouse», *The Collector*, https://www.thecollector.com/geneva-free-port-the-worlds-most-secretive-art-warehouse/ und Bezug nehmend auf Löffels Arbeit auch: Esther Banz, »Zollbefreite Kunstaufbewahrung: Ein giftiges Geschäftsmodell«, *moneta. Magazin für Geld und Geist*, 15.05.2024, https://www.moneta.ch/zollbefreite-kunstaufbewahrung (zuletzt: 15.05.2024).

7 Vgl. Oskar Negt/Alexander Kluge: *Öffentlichkeit und Erfahrung. Zur Organisationsanalyse von bürgerlicher und proletarischer Öffentlichkeit*. Frankfurt am Main 1972: Suhrkamp, S. 13.

8 Vgl. hierzu unsere Einleitung, S. 11.

9 Zum räumlichen Setting der Videoinstallation vgl. Ausstellungsaufnahmen: https://loeffelgabriela.com/inside/ (zuletzt: 15.05.2024).

10 Gabriela Löffel beauftragte Ti Wang mit der Simultanübersetzung von Mandarin nach Englisch, vgl. das Abstract der Künstlerin zu *Inside*, https://loeffelgabriela.com/inside/ (zuletzt: 15.05.2024).

11 Hito Steyerl: »Duty-Free Art«, in: *e-flux journal #63*, März 2015, https://www.e-flux.com/journal/63/60894/duty-free-art/ (zuletzt: 15.05.2024).

12 Bertolt Brecht: »Der Film braucht die Kunst« [1931]. In: Ders.: *Über die bildenden Künste*, hg. von Jost Hermand, Suhrkamp: Frankfurt a.M. 1983, S. 70f.

13 Ebd.

14 Ebd.

15 Denise Lachat: »Neue Trutzburg des Reichtums«. In: *Südostschweiz*, Donnerstag, 20. Februar 2014, https://www.suedostschweiz.ch/zeitung/neue-trutzburg-des-reichtums (zuletzt: 15.05.2024).

16 Vgl. Sigrid Adorf: »›Elemente des Wirklichen im Sinne einer Versuchsanordnung‹ – Gedanken zu einem künstlerisch-kulturanalytischen Experimentalverständnis«. In: *INSERT. Artistic Practices as Cultural Inquiries, Ausgabe 1, Zonen der Gegenwart – Praktiken der Annäherung*, 2021, https://insert.art/ausgaben/zonen-der-gegenwart-praktiken-der-annaeherung/elemente-des-wirklichen-im-sinne-einer-versuchsanordnung/ (zuletzt: 05.06.2024), DOI: https://doi.org/10.5281/zenodo.5327442.

Strukturell blockierte Blasebälge

Zeitschriften als Überbrückungen der Gräben zwischen Kunstfeld und sozialen Bewegungen

Jens Kastner

Auf der Suche nach dem Titel für ihre neue Zeitschrift stellten der Maler und Grafiker László Moholy-Nagy und der anarchistische Autor Arthur Müller-Lehning 1927 fest, man könne noch bis zur zehnten Internationale warten, bis sich die linken Autor:innen auf eine angemessene Integration von Kunst und Politik einigen würden.[1] Damit war der Titel gefunden. Sie nannten die Zeitschrift *i10*. Sie bestand von 1927 bis 1929. Bei der Bildersuche zu *i10* für die Präsentation zu dem Vortrag, dem dieser Text zugrunde lag, passierte Folgendes: Ein Auto der Marke Hyundai trägt denselben Namen wie die Zeitschrift und der Algorithmus konzentriert sich voll und ganz auf die unzähligen Varianten dieses Fahrzeugs, die Avantgardezeitschrift ist komplett überdeckt – wenn man nicht »Zeitschrift i10« in die Bildersuche eingibt.[2] Die Verknüpfungen von Kunst und Politik in Form von Zeitschriftenprojekten sind, soll damit gesagt sein, alles andere als überrepräsentiert und ihre Geschichte droht immer wieder vergessen, verdrängt und überdeckt zu werden.

Nicht zuletzt deshalb geht es im Folgenden um die Bedeutung von Zeitschriften für den Zusammenhang – die Integration – von Kunst und Politik in der Linken, genauer: von künstlerischer Produktion und sozialen Bewegungen. Zeitgenössische bildende Kunst und soziale Bewegungen scheinen auf den ersten Blick etwas Fundamentales gemeinsam zu haben: Sie produzieren Gegenstände und Diskurse, die über die Kreise der Produzent:innen weit hinaus rezipiert werden sollen. Mit ihren jeweiligen Veröffentlichungen wollen sie eine Öffentlichkeit erreichen, manchmal sogar eine Öffentlichkeit, die noch nicht da ist, erst herstellen. Wie kaum eine andere Arbeit sind die Prozesse und Praktiken, die wir als bildende Kunst kennen, von einer Öffentlichkeit abhängig, die sie, also die Kunst, ansehen, anerkennen, wertschätzen und damit letztlich vervollständigen muss. Soziale Bewegungen als Mobilisierungen von Menschen jenseits von (aber durchaus in Überlappung mit) etablierten institutionellen Gefügen wie Parteien entzünden sich an Ereignissen oder Entwicklungen, die als Missstände wahrgenommen und gerahmt werden und die als solche einer breiteren Öffentlichkeit kommuniziert werden sollen, als sie die Bewegung selbst schon ausmacht. Häufig werden die sozialen Bewegungen selbst als neue Form von Öffentlichkeit verstanden, die die bis dahin bestehende in ihren Formen ersetzen oder überhaupt die Trennung von Privatem und Öffentlichen infrage stellen soll.

Auf den zweiten Blick allerdings fallen doch Unterschiede zwischen beiden gesellschaftlichen Bereichen auf, dem der Kunst und dem der aktivistischen Politik, Unterschiede, die sich direkt auf den vorausgesetzten Begriff der Öffentlichkeit beziehen – aber nicht nur. Politik zielt immer auf Öffentlichkeit in einem allgemeinen Sinne, auf eine, wie Jürgen Habermas sie beschrieb, »Sphäre kontinuierlicher Teilnahme an dem auf die öffentliche Gewalt bezogenen Räsonnement«.[3] Demokratische Politik ist auf diesen stark normativen Begriff von Öffentlichkeit angewiesen, wobei sich das Demokratische dieser Öffentlichkeit gerade als Prozess der Herstellung durch »kontinuierliche Teilnahme« erweist. Und darin liegt selbstverständlich schon ein grundlegendes – und von Habermas sicherlich unterschätztes – Problem: Eine Öffentlichkeit ist immer geprägt von zweierlei Ausschlüssen, die eine »kontinuierliche Teilnahme« aller verhindern: Zum einen ist die »öffentliche Meinung«, wie Pierre Bourdieu aufgezeigt hat, nicht der Effekt eines Prozesses vernünftigen Aushandelns zwischen gleichberechtigten Partner:innen, sondern Meinungen sind »Mächte und Meinungsverhältnisse, Machtkonflikte zwischen Gruppen.«[4] Zum anderen sind neben den Interessen der verschiedenen Gruppen auch die sozialen Dispositionen sehr unterschiedliche, die zur Teilnahme am allgemeinen »Räsonnement« motivieren. Hier sind Angehörige der sozialstrukturell unteren Milieus wesentlich weniger artikulationsfähig bzw. finden wesentlich unwahrscheinlicher Gehör als etwa Milieus mit hoher Ausstattung an kulturellem und ökonomischem Kapital.

Zu letzteren gehören zweifellos auch die meisten Angehörigen des Kunstfeldes. Und obwohl sie über einen privilegierten Zugang zur sogenannten »öffentlichen Meinung« verfügen, richtet sich ihr vornehmliches Interesse gar nicht auf sie. Anders als in der Politik geht es in der Kunst nämlich nicht zuallererst darum, von allen gleichermaßen gehört und gesehen und anerkannt zu werden. Die Strategien der Veröffentlichung im Kunstfeld beziehen sich in erster Linie auf ein Publikum von Spezialist:innen. Sie sind wichtig für die Erfüllung dessen, was die Kunstsoziologin Hanna Deinhard einst die »Prestigepflicht«[5] genannt hat. Das Lob von ihrerseits angesehenen Kurator:innen und Sammler:innen ist entscheidend, die Reputation, die Künstler:innen dadurch zukommt, dass sie in bestimmten Galerien und Museen ausstellen, richtet sich nicht nach der Breite der Öffentlichkeit, die diese Kunstfeldinstitutionen bedienen. Ausstellungsbesprechungen in kunstfernen, dafür auflagenstarken Lokalzeitungen können der Reputation von Künstler:innen sogar schaden.

Die Ausrichtung auf allgemeine und spezifische Öffentlichkeiten trennen also Kunstproduktion und den politischen Aktivismus. Es gibt noch mindestens drei weitere Ebenen, auf denen sich die Praktiken und Effekte zwischen Kunstproduktion und sozialen Bewegungen stark unterscheiden. Auf diese soll noch kurz eingegangen werden, bevor dann das Verbindende fokussiert wird. Eine mögliche Verbindung, eine Verknüpfung oder eine Form von Überbrückung wird dabei trotz allem in Veröffentlichungen ausgemacht, nämlich in Zeitschriften.

Gräben

Zwischen dem politischen und dem Kunstfeld existiert nicht nur, wie Pierre Bourdieu betont hat, ein »strukturell bedingter Graben«.[6] Es lassen sich mindestens drei Gräben genauer benennen:

Erstens unterscheiden sich die Legitimations- und Anerkennungsmodi fundamental, formales Raffinement und inhaltliche Offenheit stehen der möglichst eindeutigen Klarheit der Position gegenüber. Sind in der bildenden Kunst Ambivalenzen, Ambiguitäten und überhaupt Deutungsoffenheiten oberstes Gebot, so geht es im politischen Feld um allgemeine Verständlichkeit und klare Forderungen und Aussagen, die möglichst wenig Interpretationsspielraum lassen. Die Existenz vieler Realismusvarianten in der Geschichte der Kunst widersprechen dem nicht, waren sie doch immer in besonderem Maße herausgefordert, ihre ästhetische Dimension (Deutungs- und Erfahrungsoffenheit) unter Beweis zu stellen.

Zweitens unterscheiden sich die feldspezifischen Subjektivierungsweisen. Während im Kunstfeld ein struktureller Individualismus herrscht, der den einzelnen Namen immer der Ausrichtung an kollektiven Orientierungen bevorzugt, ist die Bezugnahme auf Kollektivität, auf gemeinschaftliche Anliegen und allen voran auf »das Volk« als Legitimationsnarrativ, konstitutiv für das politische Feld. Diese feldspezifischen Subjektivierungsweisen prägen entscheidend auch die Praxis der Akteur:innen. Kollektive in der Kunst sind ebenso wenig Gegenbeispiele wie »herausragende Persönlichkeiten« in den sozialen Bewegungen: So wie erstere sich im Geschäft der Einzelnamen behaupten müssen, stehen letztere unter permanentem Legitimierungsdruck gegenüber den Ansprüchen auf basisdemokratische und hierarchiearme Strukturierungen.

Drittens unterscheiden sich die Klassendispositionen zwischen dem stark bürgerlich und akademisch geprägten Kunstfeld auf der einen und den sozialen Bewegungen auf der anderen Seite, die sich in der Tendenz eher milieuübergreifend zusammensetzen.[7] Das Kunstfeld ist ein sehr privilegiertes und Privilegien stützendes Feld. Wie die Intellektuellen insgesamt sind auch die Angehörigen des Kunstfelds »beherrschte Herrschende« (Bourdieu) und keineswegs automatisch Oppositionelle oder Dissident:innen. Soziale Bewegungen können selbstverständlich auch bürgerlich geprägt und Privilegien bewahrend sein, sind in der Regel aber eher sozialräumlich wesentlich gemischter.

Auch wenn nicht zuletzt im Anschluss an Theorien kapitalistischer Arbeitsteilung und funktionaler Differenzierung davon auszugehen ist, dass Kunstproduktionen und Praktiken sozialer Bewegungen vor allem in unterschiedlichen sozialen Feldern agieren bzw. ihre Wirkungen und Effekte entfalten, haben soziale Bewegungen doch in vielfältiger Weise auch künstlerische Produktion beeinflusst. Es ist Errungenschaft und Vorteil der Feldtheorie Pierre Bourdieus, dass sie die Eigenlogik der künstlerischen Produktion auf der einen und die Effekte von anderen Dynamiken des sozialen Raumes auf der anderen Seite gleichermaßen konzipieren kann. In dem hier verhandelten Zusammenhang heißt das, darauf hinweisen und analysieren zu können, dass es Brücken gibt zwischen den strukturell bedingten Gräben. Oder besser: Es gibt eine Vielzahl von Überbrückungen, d.h. von Praktiken, die diese Gräben immer wieder überwinden und dabei auch partiell in Frage stellen. Die Überbrückungen finden sich in vielen künstlerischen Arbeiten selbst, sie können aber auch in der Teilnahme von Kunstfeldangehörigen an sozialen Bewegungen personifiziert werden.[8] Auch institutionell haben die letzten drei Jahrzehnte einige Umbrüche gebracht: In Projektausstellungen sind sich immer wieder auch Aktivist:innen und Kunsthistoriker:innen, Sozialbewegte und Kunstfeldinterne begegnet, in denen, wie Marion von Osten es beschrieben hat, neue »visuelle Artikulationsformen«[9] erarbeitet wurden. Mit der Rede von Überbrückungen soll allerdings kein alternatives Widerspiegelungstheorem heimlich eingeführt werden, in dem die Kunst statt der herrschenden Ideen nun die Ideen der Beherrschten widerspiegele. Vielmehr soll der dispositionalen Analyse Bourdieus gefolgt werden, der die Kunstpraxis immer als Teil eines voraussetzungsreichen und relationalen Praxisgefüges denkt.

Es gibt eine Vielzahl von Beispielen, in denen Zeitschriften eine Brückenfunktion eingenommen haben: Die eingangs erwähnte *i10* war so eine Brücke, aber auch die von Franz Pfemfert zwischen 1911 und 1932 herausgegebene Zeitschrift *Die Aktion* oder die 1924 in Mexiko von der Gewerkschaft für technische Arbeiter, Maler, Bildhauer und Grafiker gegründete Zeitschrift *El Machete* können als solche Brücken und damit auch als Vorläuferinnen heutiger Zeitschriften zwischen Kunstproduktion und sozialen Bewegungen gelten.

Zeitschriften im künstlerischen Feld sind Möglichkeitsräume. Ein Möglichkeitsraum ermöglicht etwas, was woanders weniger wahrscheinlich oder unmöglich gewesen wäre, er wirkt wie jeder Raum aber auch begrenzend, d.h. er sorgt dafür, dass nicht alles jederzeit gleichermaßen möglich ist. Zeitschriften sind zunächst Agentinnen der Autonomie des Feldes. In ihnen manifestiert sich, wie Bourdieu schreibt, die Unabhängigkeit gegenüber den »weltlichen Mächten«[10] und zwar sowohl auf der Achse der Institutionen, also gegenüber dem Staat und der politischen Macht allgemein, als auch auf der Achse des bürgerlichen Publikums. Die Autonomie des Feldes hat ihren Preis. Die Kosten beziehen sich erstens auf die Möglichkeiten dessen, was überhaupt gesagt werden kann. Und zweitens, damit zusammenhängend, auf die potenzielle Reichweite.

Zum Sagbaren: Jedes Feld präfiguriert die Möglichkeiten an legitimen Äußerungsformen. Der Schritt von den privaten Gedanken zur publizierten Meinung ist immer schon ein strukturierter Prozess, in dem man, wie Bourdieu schreibt, unweigerlich ein »unsichtbares Kolleg von Lesern«[11] vor Augen hat, deren Rezeption man antizipiert. Und diese Antizipation, die »eine schreckliche Zensur ausübt, verdichtet sich gewissermaßen noch im Moment der Veröffentlichung, des Öffentlichwerdens eines privaten Textes«.[12] Im künstlerischen Feld sind die Veröffentlichungen in Katalogen, Ausstellungsfoldern, aber auch in Zeitschriften immer von dieser Vorzensur, die man auch neutraler als Prägung durch die strukturelle Genese des Feldes beschreiben könnte, prädisponiert. Im Feld der Kunst herrscht zwar auch eine Antizipation in Bezug auf das Publikum, aber dieses besteht nicht in der allgemeinen Öffentlichkeit, sondern im spezifischen Publikum des Feldes selbst. Nur ein Teilsegment der Kunstpublizistik bleibt an der allgemeinen Öffentlichkeit orientiert. Aus soziologischer Sicht, schreibt Ulf Wuggenig, sei hinsichtlich kunstkritischer Texte entscheidend, »ob sie ihr Publikum im Feld der eingeschränkten künstlerischen Produktion finden, oder aber sich an der Publikumslogik orientieren und damit im Feld der ›symbolischen Grossproduktion‹«.[13] Im ersten Fall zielten sie auf Intellektuelle, im zweiten auf ein wesentlich breiter gestreutes Publikum aus der Mitte des sozialen Raumes.

Zur Reichweite: Für die Veröffentlichungspraxis gilt nach Bourdieu das einfache Gesetz: »Je breiter das Publikum ist, auf das ein Presseorgan oder überhaupt ein Kommunikationsmedium zielt, je stromlinienförmiger muss es sich verhalten«.[14] Um der Stromlinienförmigkeit zu entgehen und dem entgegenzutreten, was Bourdieu die sich ans Publikum anbiedernde, entpolitisierende »Einschaltquotenmentalität«[15] genannt hat, werden sowohl bestimmte Inhalte als auch bestimmte Formen entwickelt, die sich vom Mainstream unterscheiden und abgrenzen. Das aber führt für die Kunstzeitschriften, die mit gesellschaftskritischem Anspruch auftreten und dabei auch aktivistische mit theoretischen Aspekten verknüpfen, zu einem spezifischen Publikumsproblem. Denn der Anspruch allein, andere Menschen als kunstaffine Intellektuelle zu erreichen, ist ja nicht dadurch verwirklicht, dass er erhoben wird. Im Gegenteil bleiben die gesellschaftskritischen Organe aus dem Feld der Kunst durch ihre spezifische Mischung aus Kunstfeldexpertise und Politik auf ein sehr kleines Publikumssegment beschränkt, das kaum in den Mainstream des Feldes hineinreicht. Man vergleiche nur die Auflagenhöhe von *Texte zur Kunst* (5.000) auf der einen und der *Kunstzeitung* (200.000) auf der anderen Seite.

Für die kritische Publizistik aus dem Kunstfeld gilt insofern Ähnliches wie für jene im Betrieb der Geistes- und Sozialwissenschaften. Künstlerisch-aktivistische Motivationen sind einem Spagat ausgesetzt, der durch die Ökonomisierung geistiger Praktiken und Güter in der Wissenschaft nur noch schwerer auszuhalten ist: Die Parole *publish or perish* (Publizieren oder Untergehen) beschreibt ja längst nicht die ganze Realität. Denn es kommt nicht nur aufs Veröffentlichen an, sondern vielmehr noch auf das Wo und das Wie: Laut einer vieldiskutierten Studie von Asit Biswas und Julian Kirchherr werden die wenigsten Aufsätze, die in geistes- und sozialwissenschaftlichen Zeitschriften publiziert werden, überhaupt gelesen. Die auf der Untersuchung von 1,5 Millionen Aufsätzen beruhende Studie zeigt auf, dass 82 Prozent der Aufsätze aus den Geisteswissenschaften und immerhin noch 32 Prozent jener aus den Sozialwissenschaften kein einziges Mal zitiert werden, kaum mehr als zehn Personen lesen einen solchen begutachteten Text zur Gänze.[16]

Auch wenn die Etymologie es nahelegt: Publizieren bedeutet nicht automatisch, dass ein Publikum erreicht wird. Schreibt man also mit politischem Anspruch, sind die geistes- und sozialwissenschaftlichen Zeitschriften offenbar immer weniger geeignete Foren. Die Frage, die schon Lenin in *Was tun?* (1902) umtrieb: »Kann eine Zeitung ein kollektiver Organisator sein?«[17], muss in Bezug auf die Organe der kritischen Wissenschaft wohl mit Nein beantwortet werden. Der Spagat zeichnet sich also dadurch aus, dass die wissenschaftliche Publikation immer weniger das wird, was eigentlich das Publizieren sein soll, nämlich das Einspeisen in diejenigen Prozesse, die so etwas wie Öffentlichkeit erst erzeugen. Das gilt wohl auch für Kunstzeitschriften.

Überbrückungen

Lenin allerdings war insgesamt optimistisch und hoffte, die richtig gemachte Zeitschrift könne »zu einem Teil des gewaltigen Blasebalgs werden, der jeden Funken des Klassenkampfes«[18] zu einem Flächenbrand ausdehnen könne. Die Frage wäre dann, unter welchen Bedingungen und wie es gelingen könnte, (wieder) die Blasebalgfunktion einzunehmen. Um sie zu beantworten, muss analytisch noch einmal auf die potenzielle Rolle von Zeitschriften als Überbrückungen zwischen dem Feld der Macht / Politik und dem Kunstfeld eingegangen werden: Zwar sind Zeitschriften als Agentinnen des Kunstfeldes zweifellos strukturell blockierte Blasebälge, weil die Feldlogik sie in Produktion und Rezeption bindet (in der Themenwahl und im Ausdruck ebenso wie an ein Publikum). Darüber hinaus aber sind Zeitschriften zudem – und das möchte ich über Bourdieu hinausgehend behaupten – auch potenzielle Knotenpunkte und aktive Überbrückungen, die Verbindungen zwischen verschiedenen Feldern herstellen. Das sind sie deshalb und insofern Zeitschriften immer auch Effekte von Praktiken konkreter Personen sind, die in der Wirklichkeit des sozialen Raumes ja auch feldübergreifend agieren. Zeitschriften sind Kulminationspunkte verschiedener Praktiken: Schreiben und Lesen, aber auch Sitzungen, Treffen, Recherchen, Interviews und andere Aktivitäten. Als solche Kulminationspunkte sind sie häufig auch potenzielle Knotenpunkte, in denen sich Praktiken aus verschiedenen Feldern verknüpfen. Hier treffen sich hin und wieder insbesondere künstlerische mit aktivistischen Milieus. Auch wenn die Zeitschriften am linken Rand des Kunstfeldes vor allem der Gegenwartskunst (und weniger dem politischen Aktivismus) gewidmet sind, ist doch ein Bezug zu Politiken sozialer Bewegungen durch den gesellschaftskritischen Anspruch stets gegeben. Im Folgenden sollen schließlich noch drei Beispiele genannt werden, in denen durch das Thema einer Schwerpunktausgabe die Bezugnahmen der jeweiligen Zeitschrift auf soziale Bewegungen offensichtlich sind. Gleichwohl ist davon auszugehen, dass es gar nicht auf diese Schwerpunktausgaben ankommt, sondern dass die Überbrückungen auch implizit stattfinden und vielen, insbesondere den genannten Zeitschriftenprojekten immanent sind.[19]

In der Schwerpunktausgabe »art/knowledge: overlaps and neighboring zones« widmet sich das *transversal webjournal* explizit der Nachbarschaft zwischen Wissensproduktionen im Kunstfeld und in anderen gesellschaftlichen Bereichen. Die Texte richten sich insgesamt stark am poststrukturalistischen Paradigma der Linken aus, in dem der Bereich der Wissensproduktion im Anschluss an Michel Foucault und Gilles Deleuze als machtdurchzogen betrachtet und im fortgeschrittenen Kapitalismus bzw. in der Kontrollgesellschaft zunehmend der Kommodifizierung ausgesetzt ist. In diesem Kontext gerät auch, etwa in einem Text von Therese Kaufmann, die »(Aus-)Bildung des Künstler:innensubjekts im doppelten Sinne« in den Blick, nämlich als Herstellung eines Künstlers bzw. einer Künstlerin und seiner/ ihrer Ausrichtung an den Belangen des Kunstfeldes.[20] Zugleich wird aber die aktivistische Perspektive immer adressiert, etwa wenn von Francesco Salvini und Raúl Sánchez Cedillo gefragt wird, »wie wir verfahren müssen, um im Milieu der Intellektualität, der Forschung, der kulturellen Produktion, der dazugehörigen Landschaft von Institutionen und Unternehmen und ihrer zähflüssigen, ambivalenten *governance* eine Alterität zu konstruieren und zu kommunizieren, die Felder des Werdens strukturiert.«[21] Das *transversal webjournal* als Projekt des European Institutes for Progressive Cultural Policies (eipcp)[22] ist hier nicht zuletzt auch wegen des durch Mehrsprachigkeit umgesetzten, transnationalen Anspruches besonders hervorzugheben. Aus dem *transversal. multilingual webjournal* ist *transversal texts* hervorgegangen, das seit 2014 existiert. Unter diesem Namen wird das Zeitschriftenprojekt fortgesetzt, es wird zudem ein Blog betrieben und es werden Bücher herausgegeben. Verschiedene Zeitschriftenprojekte im Netz wurden ebenfalls vom eipcpc betrieben: *rebublicart* (2002–2005), *transform* (2002–2005) und *translate* (2005–2008).

Die Ausgabe der Zeitschrift *Texte zur Kunst* vom September 2017, Nr. 107, ist dem Thema »Identity Politics Now« gewidmet. Die US-amerikanische Künstlerin Coco Fusco lässt darin die Bedeutung von Identitätspolitiken, die die sozialen Bewegungen spätestens seit den 1960er Jahren begleiten, in Bezug auf das Kunstfeld Revue passiere. Sie unterstreicht dabei zum einen (mit Stuart Hall), dass »Rassifizierungsprozesse in modernen Gesellschaften gerade nichtweißen Subjekten feste Identitäten aufprägen«[23] und wie zum anderen auf die darauf gründenden Ausschlüsse reagiert wurde und wird. In den letzten dreißig Jahren sei ethnische Zugehörigkeit allerdings auch hin und wieder zu einem verkaufsfördernden Faktor auf dem Kunstmarkt geworden. Aus Beobachtungen wie diesen allerdings eine »simple Komplizenschaft (zwischen Neoliberalismus und ›Kulturlinker‹)«[24] zu machen, dagegen spricht sich die politische Theoretikerin Bini Adamczak im gleichen Heft vehement aus. Sie plädiert stattdessen für eine genaue Analyse von Kräfteverhältnissen. Wenn auch vornehmlich der bildenden Kunst und nicht aktivistischen Fragen gewidmet, so hat die 1990 in Köln gegründete Zeitschrift *Texte zur Kunst* doch immer wieder politische Theoretiker:innen wie Paolo Virno oder Pierre Bourdieu in langen Interviews zu Wort kommen lassen und auch in anderen Formen zeitgenössische politische Debatten ausgegriffen. Das Anliegen, die unterschiedlichen Ebenen und Verschränkungen in dem Verhältnis von Kunst und Politik zu fassen, kann als eines der grundlegendsten der Zeitschrift gelten.

Ähnlich kunstnah und zugleich stets in politiktheoretische Fragen involviert ist die seit 1995 in Wien erscheinende Zeitschrift *Springerin. Hefte für Gegenwartskunst.* Es gibt viele Ausgaben dieser Zeitschrift, deren Schwerpunktthemen auch Titel von Kongressen oder Symposien aus dem Bereich des politischen Aktivismus sein könnten. Band XVI, Heft 1, Winter 2010 etwa ist dem Thema »Globalismus« gewidmet. Brian Holmes, Aktivist und postoperaistisch inspirierter Theoretiker, kritisiert darin, dass das Kunstfeld wie die Universitäten zum »Versuchsfeld für neoliberale Manager:innen und Finanzingenieur:innen«[25] geworden sei und ruft mit dem italienischen Theoretiker Matteo Pasquinelli zur Sabotage der Kreativität auf. Die Perspektive des Globalismus impliziert in dieser Ausgabe auch, dass Kunstfeldeffekte und aktivistische Widerstandspraktiken etwa in Ländern wie der Türkei (Erden Kosova) und in Marokko (Toni Maraini) zueinander in Beziehung gesetzt werden.

Diese drei Zeitschriftenprojekte sind Beispiele für Überbrückungen der strukturellen Gräben zwischen sozialen Bewegungen und künstlerischem Feld. Solche Brücken garantieren oder schaffen für sich genommen noch keine »breiten Öffentlichkeiten«. Um sie – in einem nicht-populistischen, also auf die tatsächliche Beteiligung vieler Akteur:innen zielenden Sinne – herzustellen, müsste es immer wieder darum gehen, wie Bourdieu schreibt, »der Alternative zwischen elitärer Haltung und Demagogie [zu] entkommen«[26]. Mit Bourdieu würde das bedeuten, gleichsam *für und gegen* die Hermetik des feldspezifischen Avantgardismus zu agieren. Es ginge also darum, die strukturelle Blockierung der Blasebalgfunktion immer wieder zu lockern und zu umgehen. Dieser Versuch prägte schon Projekte wie die Zeitschrift *i10*.

1 Kees van Wijk: »›Wir wollten Revolutionäre aller Richtung‹: Kunst und Politik in i10«. In: Herbert Baumann, Francis Bulhof, Gottfried Mergner (Hg.): *Anarchismus in Kunst und Politik. Zum 85. Geburtstag von Arthur Lehning*. Oldenburg: Bibliotheks- und Informationssystem der Universität Oldenburg 1985, S. 144–149.

2 Noch zu Lebzeiten Müller-Lehnings fand 1991 in Kassel eine Ausstellung zur Zeitschrift *i10* statt, vgl. Jörg Stürzebecher und Ursula Wenzel: »Kunst ist Politik«. In: *taz*, 03.06.1991, https://taz.de/!1717266/ (zuletzt: 05.06.2024).

3 Jürgen Habermas: *Strukturwandel der Öffentlichkeit*. Frankfurt a.M.: Suhrkamp, 1990, S. 313.

4 Pierre Bourdieu: »Die öffentliche Meinung gibt es nicht.« In: Ders.: *Soziologische Fragen*. Frankfurt a.M.: Suhrkamp, 1993, S. 212–223, hier S. 221.

5 Hanna Deinhard: »Das Verhältnis zwischen Publikum und Künstler.« In: Dies.: *Bedeutung und Ausdruck. Zur Soziologie der Malerei*. Neuwied und Berlin: Luchterhand 1967, S. 90–128, hier S. 125.

6 Pierre Bourdieu: *Die Regeln der Kunst. Genese und Struktur des literarischen Feldes*. Frankfurt a.M.: Suhrkamp, 2001, S. 399.

7 Vgl. Jens Kastner: »Über strukturelle Grenzen (hinweg). Was Kunstproduktion und soziale Bewegungen trennt und verbindet.« In: Alexander Fleischmann, Doris Guth (Hg.): *Kunst – Theorie – Aktivismus. Emanzipatorische Perspektiven auf Ungleichheit und Diskriminierung*. Bielefeld: Transcript Verlag, 2015, S. 23–58.

8 Ausführlich und systematisch dazu: Jens Kastner: *Kunst, Kampf und Kollektivität. Die Bewegung Los Grupos im Mexiko der 1970er-Jahre*. Berlin: edition tranvía/ Verlag Walter Frey, 2019.

9 Marion von Osten: »Producing Publics – Making Worlds!« In: Gerald Raunig und Ulf Wuggenig (Hg.): *Publicum. Theorien der Öffentlichkeit*. Wien: Verlag Turia + Kant, 2005, S. 124–139, hier S. 135.

10 Pierre Bourdieu: *Manet. Eine symbolische Revolution. Vorlesungen am Collège de France 1998-2000*. Berlin: Suhrkamp, 2015, S. 510.

11 Ebd., S. 245.

12 Ebd.

13 Ulf Wuggenig: »Esoterische und exoterische Kunstkritik.« In: Ders. und Heike Munder (Hg.): *Das Kunstfeld. Eine Studie über Akteure und Institutionen der zeitgenössischen Kunst*. Zürich: jrp | Ringier, 2012, S. 363–379, hier S. 372f.

14 Pierre Bourdieu: »Die unsichtbare Struktur und ihre Auswirkungen«. In: Ders.: *Über das Fernsehen*. Frankfurt a.M.: Suhrkamp, 1998, S. 55–96, hier S. 62f.

15 Ebd., S. 74.

16 Vgl. Bernhard Pörksen: »Wo seid ihr, Professoren?« In: *Die Zeit*, Nr. 31/ 2015, 30. Juni 2015, https://www.zeit.de/2015/31/wissenschaft-professoren-engagement-oekonomie/ (zuletzt: 06.06.2024, Paywall).

17 W.I. Lenin: *Was tun? Brennende Fragen unserer Bewegung*. Berlin: Dietz Verlag, 1977, S. 207.

18 Ebd., S. 219.

19 Eine kunstkritische Zeitschrift wie etwa *October* muss sich nicht explizit der Occupy-Bewegung widmen – wie in Ausgabe Nr. 142, Herbst 2012 geschehen –, damit die schon im Titel der Zeitschrift explizite Brücke aktualisiert wird: *October* bezieht sich, apropos Lenin, ohne Zweifel auf die Bewegung zum Sturz des Zaren und der Etablierung des Sozialismus.

20 Therese Kaufmann: »Kunst und Wissen: Ansätze für eine dekoloniale Perspektive«. In: *transversal webjournal*, 03/2011, https://transversal.at/transversal/0311/kaufmann/de (zuletzt: 05.06.2024).

21 Francesco Salvini / Raúl Sánchez Cedillo: »Das mestiere der Krise – Vereinnahmung und Autonomie. Notizen aus der Universidad Nómada«. In: *transversal webjournal*, 03/2011,https://transversal.at/transversal/0311/salvini/de (zuletzt: 14.06.2024).

22 Die offizielle Bezeichnung ›Institut‹ für ein Netzwerk aus Theoretiker:innen, kultur- und gesellschaftspolitischen Aktivist:innen ist sicherlich einerseits als ironisch zu verstehen, andererseits aber wohl auch eine strategische Namensgebung in Bezug auf die Möglichkeit, Fördergelder zu lukrieren. Sämtliche Projekte des eipcp sind hier gelistet: https://eipcp.net/projects.html (zuletzt: 24.06.2024).

23 Coco Fusco: »Jahrzehnte der Identitätspolitik.« In: *Texte zur Kunst*, Heft 107, September 2017, S. 115–121, hier S. 121.

24 Bini Adamczak: »Wie sieht gewinnen aus?« Bini Adamczak im Gespräch mit Anke Dyes (Texte zur Kunst). In: *Texte zur Kunst*, Heft 107, September 2017, S. 99–113, hier S. 103.

25 Brian Holmes: »Was steht in den Sternen? Globale Finanzen, prekäre Schicksale.« In: *Springerin. Hefte für Gegenwartskunst*, Band XVI. Heft 1, Winter 2010, S. 18–24, hier S. 24.

26 Pierre Bourdieu: »Die unsichtbare Struktur und ihre Auswirkungen«., S. 94.

Eine originäre Forschungsarbeit

Die Zeitschrift *Filmkritik* und ihre Öffentlichkeiten

Volker Pantenburg

I.

Die *Filmkritik* existierte zwischen 1957 und 1984. Sie hat es im Laufe von 28 publizierten Jahrgängen auf mehr als 330 monatlich, zuletzt zweimonatlich erscheinende Ausgaben gebracht. Es gibt viele Gründe dafür, sich für die Zeitschrift zu interessieren. Drei davon möchte ich anführen: Zum einen haben bemerkenswerte Autorinnen und Autoren dort geschrieben: Frieda Grafe und Enno Patalas, Helmut Färber und Herbert Linder, Wolf Eckart Bühler und Peter Nau, Uwe Nettelbeck, Harun Farocki, Susanne Röckel und Hartmut Bitomsky, um nur einige zu nennen. Im 2019 erschienenen Band 4 der Schriften von Farocki, der alle seine zwischen 1976 und 1985 publizierten Texte enthält, sind mehr als 90 der über 100 Texte für die *Filmkritik* geschrieben worden. Ebenso viel wie über den Gegenstand *Film* lässt sich beim Lesen dieser Texte (von Farocki und allen anderen genannten Autor:innen) über die Praxis des *Schreibens* lernen. Oft hat man den Eindruck, es mit Literatur, nicht mit Journalismus zu tun zu haben. Oder genauer: Im emphatischen Begriff des Schreibens (der vermutlich aus der französischen Vorstellung von »écriture« kommt, aber auch einen Vorläufer im frühromantischen Ideal der Grenzauflösung zwischen Literatur und Kritik hat) ist die Unterscheidung zwischen literarischem und journalistischem Handeln aufgehoben. Susanne Röckel, die 1979 zur *Filmkritik* kam, hat das Credo der dort schreibenden Autor:innen bündig auf einen Nenner gebracht: »Die Qualität des Textes gilt. Keine Klischees, kein Szenejargon, kein Kulturjournalistenjargon. Genaue Formulierungen. Das war bestimmt Konsens für alle. Inhaltlich sehr große Freiheit.«[1]

Zum zweiten ist in der Zeitschrift vor allem in der letzten Dekade ihrer Existenz, den Jahren ab 1974, in denen sie sich weit vom Alltagsgeschäft der aktuellen Filmberichterstattung entfernt hat, ein umfassendes Archiv an filmtheoretischer und filmhistorischer Forschung entstanden, auf das es sich immer wieder zurückzukommen lohnt. Nicht zuletzt durch den Abdruck von Übersetzungen aus dem Französischen, oft von Frieda Grafe angefertigt, wurden grundlegende Texte von Maurice Merleau-Ponty, André Bazin, Antonin Artaud, Roland Barthes, Gilles Deleuze und vielen anderen erstmalig auf Deutsch zugänglich. Auch Filmemachern, die durch die Aufmerksamkeitsraster der etablierten Film-Historiographie gefallen waren – so wie die linken US-amerikanischen Regisseure Leo Hurwitz und Irving Lerner – wurden von Wolf-Eckart Bühler vollständige Hefte gewidmet. Jeder neue Film des mit den Machern der Zeitschrift eng befreundeten Künstlerpaares Danièle Huillet und Jean-Marie Straub, aber auch die Videoarbeiten und Filme Jean-Luc Godards wurden kontinuierlich begleitet von einem oder mehreren materialreichen Einzel- oder Doppelheften.

Zum dritten nimmt die *Filmkritik* in der Publikationslandschaft der Bundesrepublik der 1960er und 1970er Jahre eine eigenwillige Position ein, die in ihrer disziplinären Unabhängigkeit mit dem, was in den letzten Dekaden »künstlerische Forschung« genannt wurde, in Verbindung steht. In letzter Zeit ist die Aufmerksamkeit für Zeitschriften und ihre kulturwissenschaftlichen Implikationen gewachsen. Es sind Anthologien und Dissertationen zur feministischen Zeitschrift *Die Schwarze Botin* oder der Theoriezeitschrift alternative entstanden.[2] Auch die prototypische Filmzeitschrift *Cahiers du cinéma* ist schon immer mit großem Interesse bedacht worden, zuletzt im Rahmen einer umfassenden Dissertation zu ihren »roten Jahren« von 1968 bis 1973.[3]

Ich möchte die *Filmkritik* der 1970er Jahre in diesem Aufsatz als eine selbst-organisierte, allerdings unter ökonomisch äußerst prekären Bedingungen operierende, para-akademisch organisierte Plattform beschreiben, die sich in scharfer, oft polemischer Abgrenzung gegen andere, etablierte Diskursfelder entwarf. Auch darin sehe ich eine Gemeinsamkeit zu den Anfängen »künstlerischer Forschung«, die ihre Gegenstände und Methoden außerhalb oder am Rand existierender institutioneller Strukturen suchen, finden und methodisch fassen musste, bevor sich Hochschulen, Studiengänge und PhD-Programme um sie zu kümmern begannen.[4]

Drei der offen oder verdeckt attackierten Antagonisten der *Filmkritik* zeichnen sich von heute aus besonders deutlich ab: (1) der universitäre Diskurs einer sich nach 1968 etablierenden Medienwissenschaft, die in der Bundesrepublik meist an traditionelle Disziplinen wie die Germanistik oder die Pädagogik andockte. (2) das Feuilleton der bundesrepublikanischen Tages- und Wochenpresse und damit die klassische Filmkritik, die sich in den Gegenständen und in ihrer Erscheinungsweise an den Kinostarts und somit den Verleihern und Produzenten orientiert. (3) die als Epiphänomen der Protestbewegungen um 1968 entstehenden Stadtmagazine wie *Zitty* oder *tip* in Berlin, die in ähnlicher Form in fast allen größeren Städten der BRD und Österreich in den 1970er Jahren gegründet werden. Jedes dieser drei Felder richtet sich an spezifische Öffentlichkeiten: an das konservative oder linksliberale

Bildungsbürgertum; an Cinephile und andere Vertreter der Filmkultur; an die immer stärker ausdifferenzierte Kulturbohème. Dabei bilden sich eigene Konventionen, Sprechweisen und Adressierungsformen aus. Gegen alle drei Artikulationsformen erhebt die *Filmkritik* vehement Einspruch und postuliert ein anderes Filmdenken und Schreiben, das sich in kritischer Distanz zu den genannten Feldern und der mit ihnen verbundenen Verwertungslogik entwickelt.

Will man diese Haltung nicht nur im Modus der Negation – als Gegnerschaft und diskursives Renegatentum – fassen, so kann man die *Filmkritik* einrücken in eine Publikationslandschaft der 1970er Jahre, deren Koordinaten nicht nur durch andere Filmzeitschriften wie die *Cahiers du cinéma* oder *Frauen und Film* bestimmt sind, sondern auch durch die Arbeit kleiner Verlage wie Merve oder Stroemfeld/Roter Stern sowie durch Zeitschriften wie *Das Argument* oder *alternative*. Auch wenn sie in seinem sehr selektiv vorgehenden Buch nicht vorkommt, ist die *Filmkritik* eine Akteurin im »langen Sommer der Theorie«, den Philip Felsch vor einigen Jahren ausgehend vom Verlagsarchivs des Merve-Verlags beschrieben hat.[5]

II.

Zeitschriften – egal, ob sie sich, Film, Kunst, Tätowierungen oder Modelleisenbahnen widmen – waren und sind ein zentraler Umschlagplatz von Informationen und Haltungen. Sie lassen sich aus mediengeschichtlicher ebenso wie aus publizistischer oder soziologischer Perspektive beobachten, sind an materielle Träger und Zirkulationsformen gebunden und Ausdruck bestimmter Milieus und Kontexte. Für die *Filmkritik* der letzten Dekade ist entscheidend, dass sie zu einem erheblichen Teil von jungen, in den 1940er Jahren geborenen Filmhochschulabgängern aus München und Berlin getragen wurde. Oft sind Zeitschriften Knotenpunkte in größeren Infrastrukturen und eingebettet in von ihnen definierte Produktionszusammenhänge.[6] Das Spektrum von Erscheinungsweisen und den damit verbundenen Adressat:innen und Öffentlichkeiten ist groß: Auf der einen Seite stehen so gut wie unsichtbare, in wenigen Exemplaren zirkulierende Underground-Fanzines auf hektographiertem Papier,[7] auf der anderen auflagenstarke Publikumszeitschriften, die aufgrund ihrer ökonomischen Angewiesenheit auf Anzeigengeschäfte eng mit der Filmindustrie und Kinowirtschaft verzahnt sind.

Grundlegende Parameter von Zeitschriften sind auch Erscheinungsfrequenz und Format; die Frage, ob und wie das Schreiben bezahlt wird oder unter den prekären Vorzeichen der Selbstausbeutung stattfindet; danach, wem die Produktionsmittel gehören – den Autoren oder den Verlagseigentümern; auch in dieser Hinsicht besteht ein entscheidender Bruch der *Filmkritik* darin, dass sich 1969 eine Kooperative gründet und die gesamte Arbeit – Redaktion, Herstellung, Vertrieb – in den Händen der Autoren und (vereinzelt) Autorinnen liegt.[8]

Der analytische Blick auf eine Zeitschrift wie die *Filmkritik* ist dabei von Beginn an mit methodischen Schwierigkeiten konfrontiert.[9] Schon in quantitativer Hinsicht wäre es vermessen, über 28 Jahrgänge und mehr als 330 Ausgaben schreiben zu wollen – über Hefte, in denen die unterschiedlichsten Autor:innen versammelt sind; die parallel zu drei Dekaden Filmgeschichte verlaufen und in denen ganz allgemein zu einem bestimmten geschichtlichen Moment die Möglichkeiten und Grenzen des Denkens und Schreibens schriftlich niedergelegt sind. Die ersten *Filmkritik*-Hefte von 1957 sind noch dünn und kleinformatig, ab Mitte der 1960er Jahre hat der Leser es mit ca. 600 jahrgangsweise durchnummerierten Seiten pro Sammelordner zu tun (vgl. Abb. 1 und 2 auf der folgenden Seite). Das hermeneutische Grunddilemma, wie in der Analyse und Interpretation zwischen Individuellem und Ganzem, zwischen einem einzelnen Text, Heft oder Autor und einer imaginären Größe wie der »redaktionellen Linie der Zeitschrift« zu vermitteln sei, tritt bei solchen Textmengen in verschärfter Form auf.[10]

Wie könnte vor diesem Hintergrund die Historiographie oder Phänomenologie einer Zeitschrift aussehen? Man müsste wohl verschiedene Methoden kombinieren: (1) Es wären Stichproben zu nehmen und spezifische Relektüren vorzunehmen, wie dies seit einiger Zeit Bert Rebhandl im Weblog der Zeitschrift *CARGO* tut. Im Abstand von exakt fünfzig Jahren nimmt er monatlich das jeweilige Heft zur Hand und skizziert in exzerpierenden Blogeinträgen, welche Filme besprochen wurden, welche argumentativen Verläufe und Auseinandersetzungen in den Heften dokumentiert sind, worauf sich die Zeitschrift film- und gesamtgesellschaftlich bezog. »Die Texte in diesem Heft sprechen intensiv miteinander, ohne viel voneinander zu wissen,« heißt es beispielsweise über das Heft aus dem August 1969.[11]

(2) Darüber hinaus wäre in produktionsästhetischer Perspektive aufschlussreich, wie einzelne Entscheidungen redaktionsintern zustande kamen und wie über die Ausrichtung diskutiert wurde. Dies setzt jedoch voraus, dass Dokumente wie Redaktionsprotokolle, Korrespondenzen, Abrechnungen etc. existieren und zugänglich sind. Im Fall der *Filmkritik* gibt es, anders als bei den *Cahiers du cinéma*, deren Geschichte Antoine de Baeque in mehreren Bänden rekonstruiert hat,[12] bedauerlicherweise kein institutionelles Archiv. Überliefert sind lediglich verstreute Spuren in den privaten Sammlungen einzelner Akteure. Zumindest punktuell lässt sich in den Abrechnungen, Redaktionsprotokollen und Briefen die Entstehung einzelner Hefte, die Gruppendynamik und redaktionelle Praktiken rekonstruieren. Wenn die publizierten Hefte so etwas wie ein Schaufenster sind, ermöglichen diese Dokumente einen Blick in die dahinter liegende Werkstatt mit ihren Diskussionen über Ästhetik, Ökonomie. Allerdings ist und bleibt die interne Selbstdokumentation der *Filmkritik* Stückwerk. Schon ein fast wahlloser Blick in eines der späten Protokolle zeigt, dass das Konzept einer »Redaktionslinie« eine Abstraktion darstellt, die an der Wirklichkeit der internen Diskussionen völlig vorbeigeht. Ich zitiere aus der Vollversammlung vom 30. und 31. Juli 1983. Gegenstand der Diskussion ist die übliche Praxis der *Filmkritik*, Materialien abzudrucken – die zahlreichen Hefte zu Godard oder Straub/Huillet bestehen oft fast ausschließlich aus den Filmtexten und Gesprächen mit den Regisseur:innen. Eines der Redaktionsmitglieder kritisiert: »Protokolle und Interviews – deren Überhandnehmen kritisiert wurde – sind eher Arbeitsgrundlagen und nicht wirkliche Texte im Sinne von erarbeiteten; als Vorausbedingung für eigene zu äußernde Gedanken wären sie wichtig, aber so, wie mit ihnen umgegangen wird, erwecken sie eher den Eindruck der Vorspiegelung von Arbeit als den geleisteter Arbeit.« Gleich darauf vertritt ein anderer Redakteur die genau entgegengesetzte Meinung. »J. ist der Ansicht, daß gerade die inkriminierten Beispiele zeigen, daß die Filmkritik nicht aus dem letzten Loch pfeift – statt Ansagen zu machen, wird versucht, mit Materialien umzugehen.«[13] Beide Positionen führen unterschiedliche Auffassungen vor, was »Forschung« heißen könnte: Müssten es »eigene zu äußernde Gedanken« sein, oder ist die Bereitstellung und der Umgang mit Materialien bereits Forschung?

(3) In der *Filmkritik* wurden zudem – mehr als in anderen Zeitschriften – regelmäßig Selbstaussagen in Editorials oder in anderen Textformen publiziert; in manchen Ausgaben oder Paratexten der Zeitschrift findet

1/57 Filmkritik

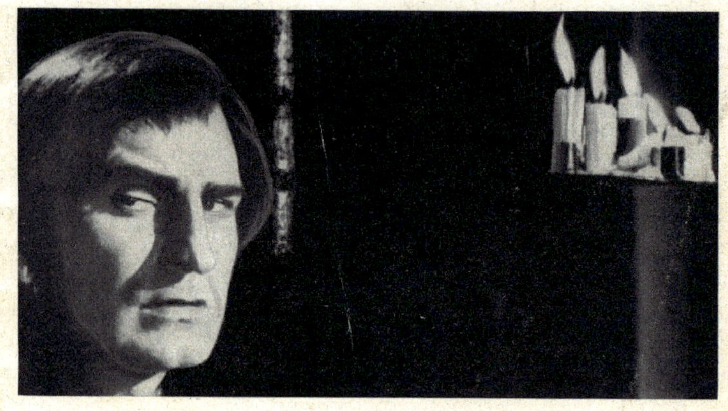

Postverlagsort München Preis DM —,40

Abb. 1 und 2: Die erste (1957) und die letzte Ausgabe (1984) der *Filmkritik*.

28. Jahrgang, Heft 9–10/1984, Nr. 333–334 · ISSN 0015–1572 · B 2846 E · 15 DM

Filmkritik

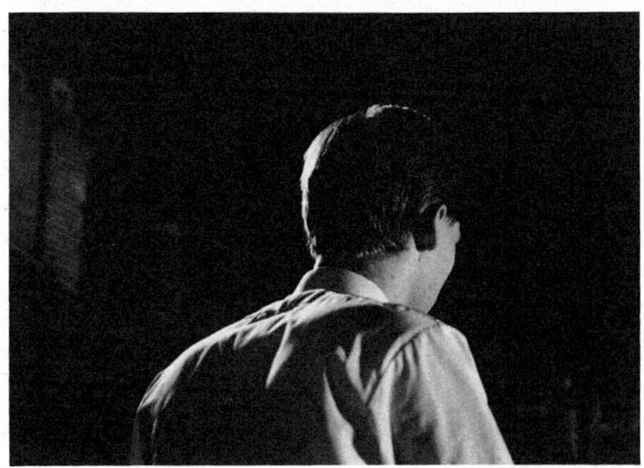

KLASSENVERHÄLTNISSE

von Danièle Huillet und Jean-Marie Straub

nach Franz Kafkas Amerika-Roman

DER VERSCHOLLENE

man Gespräche über die Geschichte der Zeitschrift oder Rückblicke, in denen die Protagonisten der Zeitschrift selbst Auskunft geben darüber, was ihnen vorschwebt und wie sie ihre Zeitschrift sehen. Ein Kurztext anlässlich einer von der Filmkritik kuratierten Filmreihe im Herbst 1982 führt einige entscheidende Punkte auf und liest sich wie eine Art »mission statement«: »Die *Filmkritik* ist eine Zeitschrift, die es seit 25 Jahren gibt; wie sie heute ist, so wird sie von uns seit 10 Jahren gemacht. Wir schreiben jeden Monat eine *Filmkritik*, um eine Idee zu produzieren, die Idee, was ein Film sein könnte und was Filmarbeit sei. Mit unserer Zeitschrift suchen wir diese Idee zu verbreiten. [...] Was in der *Filmkritik* steht, ist eine Wahl der Autoren / Redakteure. Deshalb steht in der *Filmkritik* auch nicht, was die Verleiher stehen haben wollen (auch nicht das Gegenteil), deshalb ist die Filmkritik nicht enzyklopädisch oder ein Museum. Dennoch gibt es in der *Filmkritik* kinemathekarische Arbeit, daß etwas dokumentiert wird, Bausteine zu dem imaginären Dom der Filmgeschichte [...] Es ist Aufgabe der *Filmkritik*, die Dinge zu bearbeiten, aber weil die Filmkultur eine schwache Kultur ist, muß man oft Dinge, die man bearbeiten will, vor dem Verlorengehen retten.«[14]

Wenn man so will, werden hier die zwei oben angeführten Aufgaben miteinander verknüpft und zu Basiselementen der Forschung erklärt: Man muss *die Dinge bearbeiten*, aber da die zu bearbeitenden Dinge nicht ohne weiteres gegeben sind, müssen sie zuallererst gesichert und als Material konstituiert werden. In Mitteilungen der Redaktion, die oft ein um Monate verzögertes Erscheinen begründen sollen oder um Verständnis für den gestiegenen Verkaufspreis werben, kommt die materialistische Grundauffassung zum Ausdruck, dass die ökonomischen Rahmenbedingungen essenziell für das sind, was an Forschung entstehen kann. Das Editorial »Wir müssen den Preis der *Filmkritik* erhöhen« aus dem November 1979 ist in dieser Hinsicht aufschlussreich: »Die Produktionskosten könnten niedriger sein, wenn das, was man Ausstattung nennt, billiger gehalten würde. Beim Filmesehen haben wir gelernt, daß eine schwere Kamera Nachdenken darüber erzwingt, wo man sie aufstellt und auf was man sie richtet. Gestalt des Heftes, Typographie sehen wir als Produktionsmittel an. Ein Wort muß sich der Kritik aussetzen, die der Vorgang bedeutet, für den Druck eingerichtet zu werden.«[15]

(4) Bei einer Zeitschrift, die vor mehr als 40 Jahren eingestellt wurde, besteht natürlich auch die Möglichkeit, die damals maßgeblichen Autor:innen und Redakteur:innen selbst zu befragen. Auch diese klassische

Form von »Oral history« – zu der ein paar Bausteine bereits existieren – ist notwendig, aber die Schwierigkeiten liegen auf der Hand: Manche Protagonisten, zuallererst Enno Patalas, der Gründer und in den ersten 15 Jahren wichtigste Kopf, leben nicht mehr und können keine Auskunft mehr geben. Auch Harun Farocki, der gemeinsam mit Hartmut Bitomsky und anderen für die Ausrichtung der Zeitschrift ab 1974 besonders prägend war, ist im Sommer 2014 gestorben. Andere wiederum wollen nicht über die Zeitschrift sprechen; bei allem, was man erfährt, ist zudem mit Widersprüchen, Lücken und den Eigentümlichkeiten individueller Erinnerung zu rechnen.

III.

Es prägt die *Filmkritik* der 1970er Jahre in zunehmendem Maße, dass das einzelne Heft immer stärker als konzeptuelle Größe in den Vordergrund rückt. Vor allem ab 1974 ist ein erheblicher Teil der Hefte als Themenhefte gestaltet, die meist von einem einzigen Autor verantwortet bzw. geschrieben werden. Beispiele: *Jerry Lewis. Films for Fun* (April 1974) von Rainer Gansera, *Straschek 1963–74 Westberlin* (August 1974), ein autobiographisches Heft von Günter Peter Straschek, *Polizei* (September 1974) von Felix Hofmann und Wolf Eckart Bühler, *Spanischer Bürgerkrieg und Film* (Oktober 1974), geschrieben von Peter Nau (Abb. 3 und 4). De facto sind diese Hefte »kleine Bücher«, Monographien zu einzelnen Regisseuren, Genres oder filmhistorischen Epochen.[16] Ein auf das aktuelle Kinoprogramm bezogener Serviceteil mit Rezensionen zu laufenden Filmen oder sonstigen Ereignissen entfällt entweder ganz oder schrumpft auf wenige Seiten am Ende des Hefts zusammen. Die Zeitschrift koppelt sich ab von den Kinostartterminen, die ansonsten den Fahrplan und die Gegenstände der filmkritischen Auseinandersetzung vorgeben. Es ist nicht verwunderlich, dass die Adressatengruppe, die sich für die von der *Filmkritik* verfolgten Positionen interessiert, damit kleiner wird und sich wandelt. Schwindende Abonnentenzahlen und immer gravierendere finanzielle Schwierigkeiten sind die permanente Begleitmusik der Dekade zwischen 1974 und 1984; die Zeitschrift reagiert mit Preiserhöhungen und dem Versuch, die Schulden durch Fernsehproduktionen und andere Arbeiten abzutragen.

Von zentraler Bedeutung ist dabei, dass einige ihrer zentralen Autoren und Redakteure Filmemacher sind. Rainer Gansera und Eberhard Ludwig, Gerhard Theuring sowie Wim Wenders waren Absolventen der

Nr. 208 April 1974 DM 4.80 B 2846 E

Filmkritik

Jerry Lewis

FILMS FOR FUN

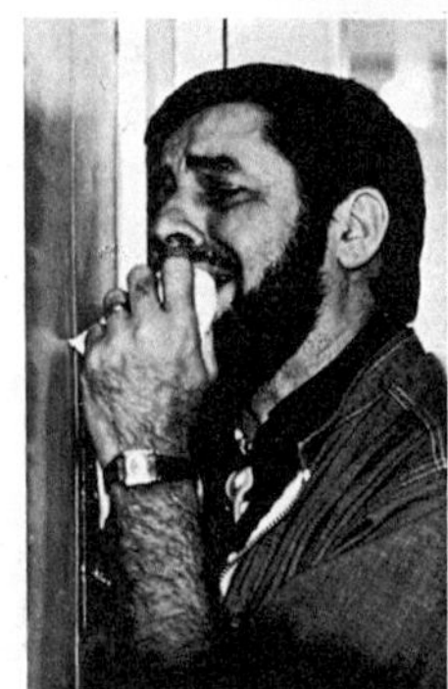

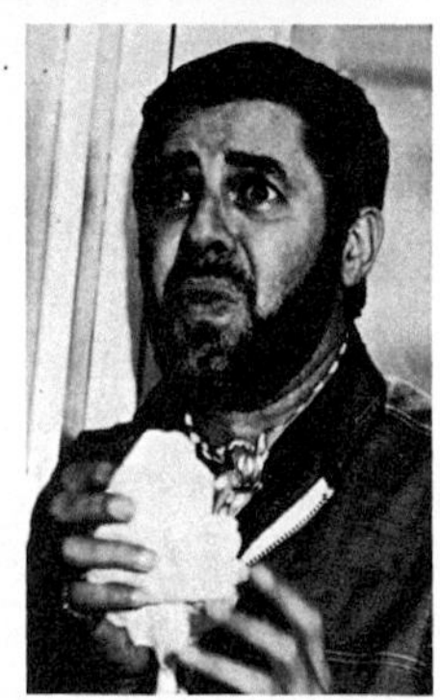

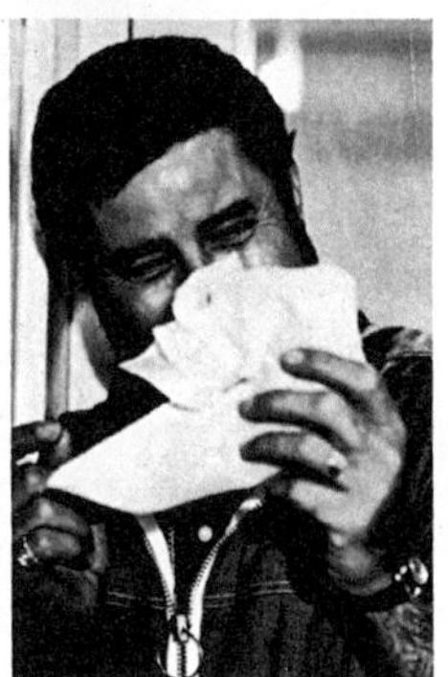

Es gibt nur zwei Professionen, die von Natur aus Vertraute des Friedens sind: die Mathematiker und die Clowns, die Meister des abstrakten Denkens und der abstrakten Physis.

Abb. 3: Filmkritik Nr. 208, April 1974

Nr. 212 August 1974 DM 4.50 B 2846 E

Filmkritik

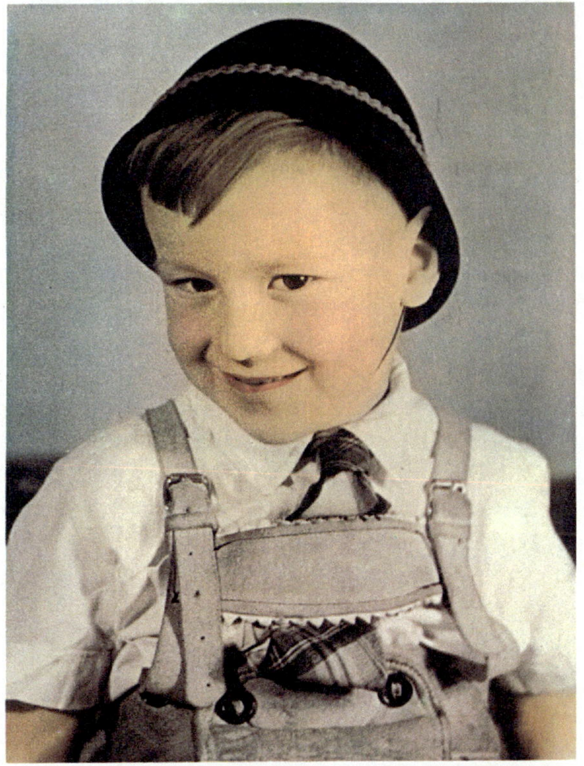

Straschek 1963-74 Westberlin

Abb. 4: Filmkritik Nr. 212, August 1974

1967 gegründeten Münchener *Hochschule für Fernsehen und Film*, an der Helmut Färber früh lehrte. Der Blick auf die Gegenwart und Geschichte des Films erfolgt daher vielfach aus der Praxisperspektive von Filmemachern. Auch die eigene Praxis des Filmemachens für Kino und TV ist immer wieder Thema ganzer Hefte. Später kommen mit Farocki, Bitomsky, Manfred Blank weitere Filmemacher dazu. Rainer Gansera, einer der jüngeren HFF-Absolventen, schreibt im November 1974 stellvertretend für die Redaktion »An die Leser«: »Die Veränderung, die schon lange vor 72 begonnen hat, das war und ist noch die Umwandlung der *Filmkritik* von einer Zeitschrift, die ein aktuelles Angebot sogenannt ›anspruchsvoller‹, d.h. kulturträchtiger Filme kommentiert, zu einer Zeitschrift, bei der Einzelkritiken Nebensache werden und weitergreifende Ansätze ins Zentrum rücken: Œuvres, Genres, Theorie, auch TV, Kultur allgemein...«.[17]

Zu einem späteren Zeitpunkt – auch als Konzession an die immer weniger werdenden Abonnements – versucht die *Filmkritik* mit der Rubrik »Im Kino« zumindest im Schlussteil der Hefte zum aktuellen Kinoprogramm zurückzukehren, aber schon allein dadurch, dass die Hefte oft mehrere Monate verspätet erscheinen und die Filme dann längst wieder aus den Kinos verschwunden sind, scheitert dies. Hier liegt ein deutlicher Unterschied zur feuilletonistischen Kinoberichterstattung; aber die Abgrenzung gegenüber der Tageskritik geht weiter und ist grundsätzlicher, wie ein wichtiger Text von 1975 deutlich macht, den ich jetzt etwas genauer ansehen möchte.

IV.

Am 28. Juni 1975 erscheint in der *Frankfurter Rundschau* unter dem Titel »Was die *Filmkritik* ist« eine fast ganzseitige »Kollektivantwort der Zeitschrift auf drei Fragen«, so der Untertitel des Texts.[18] Die drei Fragen, die in einem Kästchen in der linken Spalte zu lesen sind, stammen von Wolfram Schütte – Redakteur im Feuilleton der *Frankfurter Rundschau* seit 1967 und zu diesem Zeitpunkt der zentrale Film- und Kulturkritiker der linksliberalen Tageszeitung. Das Zentrum der Seite bildet das aktuelle Titelbild der Doppelausgabe vom Mai/Juni des Jahres, die vollständig dem Huillet/Straub-Film MOSES UND ARON gewidmet ist (Abb. 5). Unterzeichnet ist der Text von neun Autoren (keiner Autorin – in ihrer männlichen Dominanz liegt eines der Dilemmata der *Filmkritik* in dieser Zeit): Hartmut Bitomsky, Wolf-Eckart Bühler, Harun Farocki, Rainer Gansera, Wolfgang Gollus, Paul B. Kleiser,

Filmkritik DM 9.00 B 2846 E

moses & aron

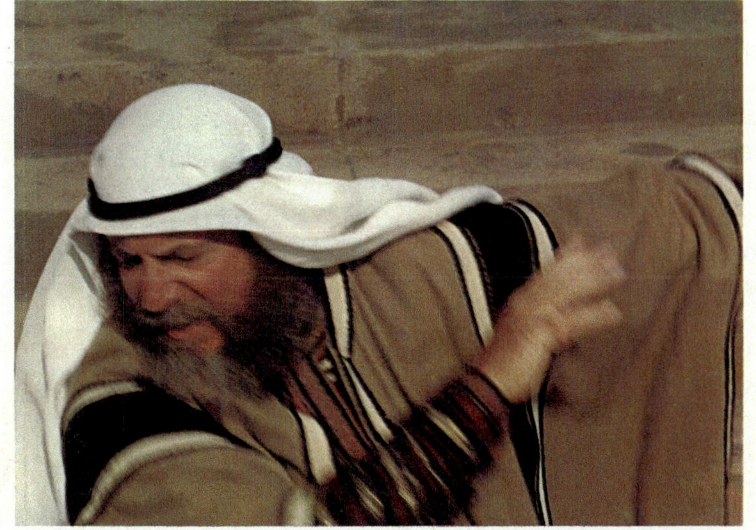

Danièle Huillet/Jean-Marie Straub
Doppelheft. Mit dem vollständigen Drehbuch

Abb. 5: Filmkritik Nr. 221/222, Mai/Juni 1975

Eberhard Ludwig, Peter Nau und Gerhard Theuring. Acht davon stehen zu diesem Zeitpunkt als Redaktionsmitglieder im Impressum, Wolfgang Gollus ist für »Geschäftsführung und Vertrieb« zuständig. Seit 1969 ist die Zeitschrift als »Kooperative« organisiert, Enno Patalas war zunächst noch Redaktionssekretär, dann nur noch Autor, bis er Ende 1973 ganz ausscheidet.

Wie kein anderes Dokument enthält dieser Text die maßgebliche Programmatik der Zeitschrift ab 1974/75, als mit Hartmut Bitomsky und Harun Farocki zwei in den Folgejahren bestimmende Autoren und Redakteure zur Kooperative dazu kommen. Die Auseinandersetzung findet auf gegnerischem Terrain statt, an einem zentralen Ort des bundesrepublikanischen Feuilletons, in einer Tageszeitung, in der neben Schütte vor allem Gertrud Koch und Karsten Witte für Filmkritik zuständig waren, die auf ihre Weise jeweils Anschlüsse an Siegfried Kracauer und die kritische Theorie suchten.

Schüttes Fragen an die *Filmkritik* lassen sich so paraphrasieren: (1) Wer ist zurzeit für die Zeitschrift verantwortlich und welche Ziele verfolgt die Redaktion? (2) Warum erscheinen keine Filmkritiken mehr in der *Filmkritik*? (3) Wozu dient das auffällige Interesse für Theorie, wo bleibt die Auseinandersetzung mit der Film- und Kinosituation in Deutschland?

Am bündigsten fällt die Antwort auf die Frage nach den »Zielen« aus: »Wir verfolgen keine Ziele außerhalb dessen, was wir tun«, formulieren die Unterzeichner so knapp wie apodiktisch und weisen jede utilitaristische Auffassung des Schreibens zurück: Die Ziele, heißt dies wohl, müssen in den existierenden Texten gefunden werden und lassen sich nicht ohne weiteres davon ablösen. Konsequenterweise folgt dem kurzen Satz eine Aufzählung von Heften und Heftschwerpunkten der letzten zwei Jahre: Ein Doppelheft zu Howard Hawks, Themenhefte zu Jerry Lewis und Piratenfilmen, Filmen zum Spanischen Bürgerkrieg, Günter Peter Straschek, Delmer Daves, D.W. Griffith. Neben Interviews mit Straub, Hitchcock, Kluge, Godard/Gorin oder Texten von Peter Nestler, Sergej Eisenstein und anderen seien zudem auch Erstübersetzungen von Texten Roland Barthes, André Bazins oder Bernard Edelmanns in den letzten Ausgaben erschienen.

Der Hinweis auf Barthes und Bazin ist interessant, weil er auf ein Arbeitsgebiet jenseits des im engeren Sinne filmkritischen Geschäfts verweist. Der Import und die Übersetzung von Theorietexten, zu denen außer Barthes' »Diderot, Brecht, Eisenstein« und »Der dritte Sinn« auch Bazins zentraler Aufsatz zur »Ontologie des photographischen Bildes« gehört, umreißt hier ein Feld, das man provisorisch mit dem Begriff »Filmforschung« bezeichnen könnte.[19] Tatsächlich wird diese selbstgewählte Aufgabe der Zeitschrift an späterer Stelle des Texts ganz ausdrücklich benannt und als Antwort auf ein frappierendes Defizit in der BRD beschrieben: »Es gibt kein einziges Institut für Filmgeschichte oder TV-Geschichte. Die ›theoretische‹ Abteilung der Münchner Hochschule wird von Zeitungswissenschaftlern besetzt gehalten. Also muß jede Filmkritik, die den Namen verdienen will, ein Stück der nicht vorhandenen Forschungsarbeit tun; deshalb ›Theoretisches‹ und ‹Historisches‹, das nicht einfach bloß angewendet werden kann.« »Eine originäre Forschungsarbeit« – die Formulierung verwendet Farocki in einem späteren Text – das ist, was die *Filmkritik* für sich reklamiert.

Die Distanzierung vom Geschäft der Tageskritik wird damit begründet, dass die Rezension aktueller Kinofilme per definitionem in Abhängigkeit und Komplizenschaft mit Filmwirtschaft und -industrie stehe. Damit hängt die Antwort auf Frage 2 – die nach der Abwesenheit von Filmkritiken – unmittelbar zusammen. Rainer Gansera hatte sie im Namen der Redaktion bereits in dem schon zitierten Editorial im Heft 11/1974 mit einem Zitat Helmut Färbers geliefert: »Als anfänglich noch zahlreiche ärgerliche Briefe in die Redaktion kamen, im Stil: Warum stehen in der *Filmkritik* keine Filmkritiken mehr, und wir einen Moment lang glauben mochten, es ist nur unsere willkürliche Weigerung, sagte Helmut Färber: die Leute wollen immer noch einen Fahrplan haben, obwohl schon längst keine Züge mehr fahren.«[20]

V.

Zu einem Zeitpunkt, an dem sich eine Disziplin namens »Filmwissenschaft« in der Bundesrepublik Deutschland allenfalls zu etablieren beginnt, stellt sich die *Filmkritik* die Aufgabe, im terrain vague zwischen Filmarchiv/Kinemathek und zeitgenössischer Theoriebildung ein Feld zu etablieren, in dem eine ernstzunehmende und nachdrückliche Auseinandersetzung mit Film stattfinden kann. Damit verbindet sich die Frage nach der Legitimität von Wissensproduktion. In welchen Kontexten, unter welchen Bedingungen findet in den 1970er Jahren die produktive Aneignung beispielsweise von strukturalistischen Gedanken statt? »Vor drei Jahren war eine Filmsemiotik von Knilli hoch im Kurs, bei der man in ausländischen Fachkreisen zögerte, sie überhaupt in Bibliographien aufzunehmen, von der heute auch bei uns keiner mehr was wissen will, während das einzige Filmbuch seit zig Jahren: ›Die Röte des Rots...‹ von Hartmut Bitomsky, zur selben Zeit erschienen, bis heute nicht wahrgenommen ist«, schreibt die *Filmkritik*. Sieht man von der spürbaren Gekränktheit über die mangelnde Wahrnehmung von Bitomskys Buch ab, steht hier zur Disposition, in welchen akademischen oder nicht-akademischen Kontext Theoriebildung gehört. Friedrich Knilli, seit 1972 Professor an der TU Berlin und dort innerhalb der Allgemeinen Literaturwissenschaft für Medienwissenschaft zuständig, steht in diesem Modell für die Akademisierung und Einpassung des Gegenstands Film in die existierende Struktur universitärer Lehre und Forschung, während Bitomsky in seinem Buch – parallel zu den mit Farocki gedrehten *Lehrfilmen zur politischen Ökonomie* – aus der Renegatenposition des autodidaktisch arbeitenden, freien, nicht-institutionell verankerten Filmdenkers und -praktikers Filmsemiotik mit Marxismus und Kinoleidenschaft mischt. *Die Röte des Rots von Technicolor* ist, darin Günter Peter Straschecks 1974 bei Suhrkamp erschienenem *Handbuch wider das Kino* vergleichbar, nicht leicht in die Lehre zu integrieren; es sperrt sich der Parzellierung in zitierbare Sätze und Passagen; es leistet Widerstand gegen die akademische Verwertungslogik (Abb. 6 und 7).

Die Konfrontation mit Wolfram Schütte auf den Seiten der *Frankfurter Rundschau* hat einige Jahre später ein Nachspiel in der *Filmkritik*, das im Text »Prozeß & Progreß« nachzulesen ist. Farocki hatte die Filmkritiker aus Anlass seines ersten Kinofilms ZWISCHEN ZWEI KRIEGEN zweimal ins Kino gebeten: Zuerst zur Pressevorführung des Films, einige Monate später zur öffentlichen Kritik der erschienenen Kritiken. Anhand der in der FR erschienenen Besprechung Schüttes führt er aus, dass Schüttes Artikel zu weiten Teilen aus geringfügig modifizierten Passagen des Pressematerials besteht, die Farocki gemeinsam mit dem Verleih Basis-Film in Umlauf gebracht hatte. »*Wenn man einen Film in die Kinos bringt und wie in meinem Falle einen Film, der nicht von etwas handelt, was jeder sowieso schon aus der Zeitung weiß, da muß man die Schreibideen für die Kritiker darbieten wie Ostereier*«, schreibt Farocki, und später: »*Wenn man einen Film macht mit Ideen, die nicht Allgemeingut sind und nicht ohne weiteres zu verallgemeinern, so lernt man nichts von den Kritikern. Was mit einem Film geschieht, den man gemacht hat, daß er zu einem zurückspricht nach*

Günter Peter Straschek

Handbuch wider das Kino

edition suhrkamp

SV

Hartmut Bitomsky
Die Röte des Rots von Technicolor
Kinorealität und Produktionswirklichkeit

„Auf den ersten Blick ist ein Film nichts Anderes als ein (gelungenes oder verfälschendes) Duplikat der Wirklichkeit. Aber ist die Realität duplizierbar, ist ein Duplikat realistisch, und ist der Film nichts Anderes? Auf den zweiten Blick entdeckt man die Konstruktion dessen, wovon ein Film handelt, und man entdeckt das Kalkül, wie der Film wovon handelt. Welches ist die richtige Weise, auf den Film zu blicken?" - „In dem Film „Sullivan's Travels" von Preston Sturges (1941) macht der Regisseur Sullivan Studien für einen Film über das Elend zur Zeit der großen Depression. Er kleidet sich als Landstreicher ein und taucht unter, und seine Untersuchungen über das Elend der Menschen kriminalisieren ihn. Er wird in ein Sträflingslager deportiert. Manchmal führt man die Kettensträflinge ins Kino; sie sitzen auf langen Bänken, aneinandergeschmiedet, Sullivan unter ihnen. Sie sehen komische Filme und amüsieren sich wirklich sehr." - „So arm die Leute, von denen ein Film handelt, auch sein mögen - die Konstruktion dieser Handlung und Ihre Rekonstruktion in den Köpfen der Zuschauer sind aufwendig und setzen eine Fülle von Mitteln, Interessen, Material und Imagination voraus. So arm die Leute, von denen ein Film handelt, auch sein mögen - sie als

Sammlung Luchterhand

Abb. 6: Günter Peter Straschek: *Handbuch wider das Kino*, 1974
Abb. 7: Hartmut Bitomsky: *Die Röte des Rots von Technicolor*, 1972

einer Weile, das hab ich mit den Kritiken nicht erlebt, daß da etwas zurücksprach. Wie soll ich da die Autoren der Kritiken ernst nehmen und etwas anderes machen, als üblich ist, die Autoren der Kritiken nehmen für Leute, die meinem Film Besucher verschaffen, und wenn die nicht kommen, dann halt Geltung.«[21] Farocki nimmt Schüttes Text aus verschiedenen Perspektiven in die Mangel. Einerseits unterzieht er einzelne Sätze und Formulierungen – in der Tradition Karl Kraus' und Uwe Nettelbecks –, einer Sprachkritik.

Vor allem aber wirft er Schütte die mangelnde eigene Auseinandersetzung mit dem Film vor. Auch das Filmesehen und darüber schreiben muss, so der Hintergedanke, eine »originäre Forschungsarbeit« sein. Dabei findet auch die bereits erwähnte Skepsis gegenüber der akademischen Auseinandersetzung mit Film in »Prozeß & Progreß« ihren Niederschlag, wenn Farocki die Titel von vier Seminar- oder Examensarbeiten zum Thema Film zitiert, die sich ausnahmslos dem Vergleich zwischen Heinrich Bölls Buch DIE VERLORENE EHRE DER KATHARINA BLUM und Volker Schlöndorffs und Margarete von Trottas Verfilmung widmen und kommentiert: *»So kann der Text der Kulturgeschichte verfallen, wenn man nicht jedes Mal einen authentischen Weg sucht, mit dem Brecheisen und der Wünschelrute, und nur den ausgetretenen Spuren interesselos folgt.«*[22]

VI.

Ich habe hier kurz und in groben Zügen die Position der späten *Filmkritik* in ihrer polemischen Konfrontation mit Feuilleton und Universität skizziert. An anderer Stelle habe ich insbesondere Farockis Vorbehalte gegen die Stadtmagazine und deren gegenkulturellen Servicegedanken detaillierter ausgeführt.[23] Das Schreiben und Publizieren von Texten, die sich der Wissensökonomie und den begrifflichen Zirkulationsmodi von Feuilleton, universitärer Forschung und (Gegen-)Kulturservice widersetzen, hatte einen hohen Preis – sei es als Bruch in den Biographien der Protagonisten, sei es ökonomisch. In den Jahren 1970 bis 1984 hat diese schroffe, auf den Eigengesetzlichkeiten des Schreibens insistierende Praxis aber zu einem Reservoir an Texten geführt, dessen Produktivität und Gegenwärtigkeit sich immer wieder neu unter Beweis stellt.

Filmverzeichnis
DIE VERLORENE EHRE DER KATHARINA BLUM (R: Schlöndorff/Trotta, DEU 1975)
MOSES UND ARON (R: Huillet/Straub, DEU 1975)
ZWISCHEN ZWEI KRIEGEN (R: Farocki, DEU 1978)

1 Bert Rebhandl, Susanne Röckel: »Die Vögel haben das Bild der Engel hervorgebracht«. Bert Rebhandl im Gespräch mit Susanne Röckel. In: *CARGO 40*, Dezember 2018, S. 14–26.

2 Vgl. Katharina Lux: »Wider die Gewalt des Positiven. Die Zeitschrift *schwarze Botin*«. In: *eurozine*, Mai 2018, https://www.eurozine.com/wider-die-gewalt-des-positiven/ (zuletzt: 16.06.2024). Moritz Neuffer: *Die journalistische Form der Theorie. Die Zeitschrift* alternative, 1958–1982. Dissertation HU Berlin 2019. Saša Vukadinovic (Hg.): *Die Schwarze Botin. Ästhetik, Kritik, Polemik, Satire 1976–1980*. Göttingen: Wallstein, 2020. Moritz Neuffers Dissertation ist 2021 als Buch im Wallstein-Verlag erschienen. Neuffer ist gemeinsam mit Patrick Eiden-Offe auch Initiator des 2017 gegründeten *Arbeitskreises für Kulturwissenschaftliche Zeitschriftenforschung* am Berliner »Zentrum für Literaturforschung«. Im Blog des ZfL ist der programmatische Text »Was ist und was will Kulturwissenschaftliche Zeitschriftenforschung« zu finden, darüber hinaus sind Themenschwerpunkte beim Online-Magazine *eurozine* (https://www.eurozine.com/focal-points/worlds-of-cultural-journals/#articles, zuletzt: 20.06.2024) und dem Journal *Internationales Archiv für Sozialgeschichte der deutschen Literatur* erschienen.

3 Daniel Fairfax: *Politics, Aesthetics, Ontology. The Theoretical Legacy of* Cahiers du cinéma (1968–1973). 2 Bde., PHD Yale University, 2017. Als Buch erschienen unter dem Titel *The Red Years of* Cahiers du Cinéma *(1968–1973)*. Amsterdam: Amsterdam University Press 2021.

4 Vgl. für eine kritische Einschätzung und Historisierung Tom Holert: *Knowledge Besides Itself*. Berlin: Sternberg Press, 2020.

5 Vgl. Philipp Felsch: *Der lange Sommer der Theorie. Geschichte einer Revolte 1960 – 1990*. München: Beck, 2015.

6 So gehört es zur Besonderheit bundesdeutscher Filmzeitschriften, dass zwei von ihnen – *Filmdienst* und *epd film* – von der evangelischen und katholischen Kirche betrieben werden, auch wenn sich dies nicht direkt in konfessionell gefärbten Inhalten widerspiegelt.

7 Vgl. Jan-Frederik Bandel, Annette Gilbert, Tanja Prill (Hg.): *Unter dem Radar: Underground und Selbstpublikationen 1965–1975*. Leipzig: Spector, 2017.

8 Vgl. zu dieser Phase Volker Pantenburg: »Repercussions of a Debate. *Cahiers* vs *Cinéthique* in *Filmkritik*«. In: Daniel Fairfax, Vinzenz Hediger (Hg.): *Cinema/Ideology/Critique: Historical Resonances and Contemporary Explorations*. Amsterdam: Amsterdam University Press, i.E..

9 Als Beispiele für Aufsätze zu einzelnen Filmzeitschriften vgl. Anne Friedberg: »Introduction: Reading Close Up, 1927–1933«. In: James Donald, Anne Friedberg, Laura Marcus (Hg.): *Close Up 1927–1933. Cinema and Modernism*. Princeton: Princeton University Press, 1998, S. 1–26. Sabine Hake: »Focusing the Gaze: The Critical Project of *Frauen und Film*«. In: *Women in German Yearbook*, Vol. 5, 1989, S. 19–39. Nicolas Helm Grovas: »The Trajectory of Afterimage«. In: *Moving Image Review & Art Journal* (MIRAJ), Vol. 6, 2017, S. 102–116. Phil Rosen: »Screen and 1970s Film Theory«. In: Lee Grieveson, Haidee Wasson (Hg.): *Inventing Film Studies*. Durham: Duke University Press, 2008, S. 264–297.

10 Vgl. Emily Bickerton: *Kleine Geschichte der* Cahiers du cinéma. Zürich: Diaphanes, 2010 und Fairfax 2021 a.a.O. Auch deshalb ist die Lektüre eines Buchs wie Bickertons *Kleine Geschichte der* Cahiers du cinéma enttäuschend, da die einzelnen Texte und Positionen bei dem Versuch, auf 150 Seiten mehr als 50 Jahre Zeitschriftengeschichte zu durchqueren, nur in äußerst groben Linien sichtbar werden oder ganz verschwinden. Daniel Fairfax' Untersuchung, die den *Cahiers* zwischen 1968 und 1973 über 1000 Seiten widmet, vermittelt einen genaueren Eindruck von den Texten, Fraktionierungen und theoretischen Einsätzen.

11 Bert Rehandl: »Traurige Totale. Die Zeitschrift *Filmkritik* vor 50 Jahren (11): Heft 08 1969«. In: *CARGO Blog*, 31. August 2019, https://www.cargo-film.de/buch/zeitschriften/zeitschrift-filmkritik/fk-69-09/ (zuletzt: 20.06.2024).

12 Vgl. Antoine de Baecque: *Cahiers du Cinéma. Histoire d'une revue*. Paris: Editions Cahiers du cinéma, 1991.

13 Vollversammlung der Filmkritik, 30. / 31. 7. 1983, 7-seitiges Typoskript, S. 4f. (Sammlung Volker Pantenburg).

14 Redaktion der Filmkritik: »Ein Programm der *Filmkritik*«. In: *Kino Arsenal: Monatsprogramm Oktober 1982*: »42 Filme, ausgewählt und präsentiert von der *Filmkritik*«.

15 Redaktion der Filmkritik 1979: »Wir müssen den Preis der *Filmkritik* erhöhen«. In: *Filmkritik*, Nr. 275, November 1979, S. 488–489.

16 Mark Betz: »Little Books«. In: Lee Grieveson, Haidee Wasson (Hg.): *Inventing Film Studies*. Durham: Duke University Press, 2008, S. 319–349.

17 Rainer Gansera, Filmkritiker Kooperative: »An die Leser«. In: *Filmkritik*, Nr. 215, November 1974, S. 490–492.

18 Redaktion der Filmkritik: »Was die ›Filmkritik‹ ist«. In: *Frankfurter Rundschau*, 28. Juni 1975. Dank an Peter Nau für die Überlassung des Texts. Erstaunlicherweise spielt dieser zentrale Text in keinem der mir bekannten Texten über die Zeitschrift eine Rolle.

19 1975 erscheint auch die Erstübersetzung eines Teils von Bazins *Qu'est-ce que le cinéma* (André Bazin: *Was ist Kino? Bausteine zur Theorie des Films*. Hg. von Hartmut Bitomsky, Harun Farocki und Ekkehard Kaemmerling. Köln: DuMont, 1975). Auch die weiteren Übersetzungen Bazins haben direkt oder indirekt mit der *Filmkritik* zu tun. Vgl. André Bazin: »Der Mythos von Mosieur Verdoux / *Fahrraddiebe* / Das *Tagebuch eines Landpfarrers* und die Stilistik von Robert Bresson«, besorgt von Helmut Färber und übersetzt von Andrea Spingler. In: *Filmkritik*, Nr. 269, Mai 1979, S. 190–233, sowie André Bazin: *Filmkritiken als Filmgeschichte*. Aus dem Französischen von Andrea Spingler, zusammengestellt von Helmut Färber. München: Hanser, 1981.

20 Gansera / Filmkritiker Kooperative 1974, »An die Leser«, S. 492.

21 Harun Farocki: »Prozeß & Progreß«. In: *Filmkritik* Nr. 275, November 1979, S. 526–535, hier S. 533.

22 Ebd., S. 529.

23 Vgl. Volker Pantenburg: »Film-Praxis und Text-Praxis. Harun Farocki und die *Filmkritik*«. In: Harun Farocki: *Ich habe genug! Texte 1976–1985*. Hg. v. Volker Pantenburg. Köln: Walther König, 2019 [= Harun Farocki: Schriften, Band 4], S. 448–466.

Nicht normal weiteratmen: Lest *Souffles*!

Marion von Osten

Das Bedürfnis nach einer Synthese der Künste und damit einer Veränderung pädagogischer Prinzipien gab es nicht nur zu Beginn des 20. Jahrhunderts (etwa in den Strömungen, die zur Gründung des Bauhauses führten), sondern auch nach dem Zweiten Weltkrieg, im Laufe des von Okwui Enwezor so genannten »kurzen Jahrhunderts« der Dekolonisierung«.[1] Diese zweite Bewegung der Moderne und ihr Verhältnis zu Modernismus und Ortsgebundenheit, zur Handarbeit und zum Alltäglichen kam sehr lebendig in Texten und Kunstwerken zum Ausdruck, die Mitte der 1960er Jahre in der marokkanischen Vierteljahreszeitschrift *Souffles* erschienen, die von einer Gruppe von Schriftsteller:innen und Künstler:innen in Rabat, Casablanca und Paris herausgegeben wurde.

1.

Souffles bietet entscheidende Einblicke in die Kämpfe um eine postkoloniale Ästhetik, die nach der Unabhängigkeit jenseits bestehender europäischer Modelle der Kunstausbildung und kolonialen Wissensproduktion von Intellektuellen geschaffen wurde. Die Zeitschrift war allerdings lange schwer zu finden, da sie 1972 in Marokko verboten wurde und der Herausgeber, der Dichter Abdellatif Laâbi, acht Jahre im Gefängnis saß und erst 1980 auf internationalen Druck hin freigelassen wurde. Fünf Jahre später wurde er nach Paris ins Exil verbannt. Die Zeitschrift ist dank seiner Bemühungen und derer eines internationalen Netzwerks von Unterstützer:innen inzwischen online verfügbar.[2]

Souffles funktionierte als Knotenpunkt, Medium und Schnittstelle der intellektuellen, politischen und künstlerischen Produktion einer entstehenden postkolonialen marokkanischen Subjektivität. Die Herausgeber:innen – eine Gruppe ausgezeichneter junger Schriftsteller:innen, darunter Laâbi, Mostafa Nissaboury und Mohamed Khair-Eddine – beschlossen 1966, zehn Jahre nach der Unabhängigkeit Marokkos, selbst eine Literaturzeitschrift zu verlegen. Wie Laâbi 2015 bei einem Gespräch in Paris hervorhob, war es der koloniale Zustand selbst, der das Gegennarrativ, den radikalen Entwurf dieser Zeitschrift bestimmte, und ihre postkoloniale Ästhetik:

»Zunächst waren wir uns einig, dass wir nicht vorwärtskommen würden, ohne unsere Probleme mit der Erfahrung des Kolonialismus gelöst zu haben. Unsere Vorgängergeneration, die aus marokkanischen

Männern und Frauen bestand, engagierte sich im Kampf gegen das koloniale System. Diese Generation erwies sich als erfolgreich, als Marokko 1956 seine Unabhängigkeit wiedererlangen konnte. Aber sie stellte sich nie die Frage, ob es sich bei der Kolonisierung nur um einen Verlust an Autonomie und nationaler Würde handelte, oder ob dabei auch etwas anderes verloren ging. Was geschieht in einer kolonialen Situation? Ist es nur ... politische Unterdrückung, ist es wirtschaftliche Unterdrückung? Oder etwas anderes? Erst meine Generation hat sich diese konkreten Fragen gestellt. Was geschah in kultureller Hinsicht? Was bedeutete das koloniale Unternehmen im Zusammenhang der Kultur? Welchen Einfluss hatte die koloniale Politik auf das Dasein, auf die Psyche der Marokkaner:innen, auf ihre Identität, auf ihr Verhältnis zu Vergangenheit, Gegenwart und Zukunft?«[3]

2.

Der antikoloniale Kampf errang die politische Unabhängigkeit Marokkos, doch zehn Jahre später sahen sich junge Intellektuelle mit einer Situation konfrontiert, in der die koloniale Haltung und die gesellschaftspolitischen Strukturen der kolonialen Regierung noch immer existierten. Es ist daher bezeichnend, dass die Herausgeber:innen von *Souffles* in einer der ersten Ausgaben ein Gespräch mit dem tunesisch-jüdischen Autor Albert Memmi führten, der in seinem Buch *Der Kolonisator und der Kolonisierte* die geistigen und kulturellen Auswirkungen der europäischen Kolonisierung analysiert hatte.[4] Der hybride und transnationale Charakter von *Souffles* hat auch unmittelbar mit einem seiner zentralen Themen zu tun: der eingehenden und dauerhaften Auseinandersetzung von Künstler:innen und Intellektuellen mit der schwierigen Lage der ästhetischen Produktion, die durch die konservative Politik vieler postkolonialer Regimes, darunter feudale Oligarchien und die herrschenden politischen Parteien, entstanden war. Die zentrale These der Gründer:innen von *Souffles* lautete, die Dekolonisierung von Gesellschaft und Kultur müsse erst noch stattfinden, und das machten sie zu ihrem zentralen Projekt. Eine der auffälligsten Eigenschaften dieser »Auto-Dekolonisierung« – eine Wortschöpfung von Abdellatif Laâbi – bestand in einem experimentellen, dekonstruktiven Umgang mit der französischen Sprache:

»Wie lässt sich das Denken dekolonisieren? Wie lässt sich die Kultur dekolonisieren? Wie können wir unsere Autonomie, unsere kreative Freiheit innerhalb einer uns aufgezwungenen Kultur wiedergewinnen? Das ist mit einem Paradox verbunden: Denn all das muss in der Sprache der Kolonisatoren stattfinden; das ist ein Paradox, ein Widerspruch. Es war notwendig, sich mit diesem Paradox, mit diesem Widerspruch zu befassen. Wie kann man eine Literatur schaffen, die eine Emanzipation des Menschen unterstützt? Wir arbeiteten mit der einzigen Sprache, die wir hatten. Wir haben sie nicht gewählt. Ich habe mich nicht dafür entschieden, französisch zu schreiben – die französische Sprache wurde mir innerhalb einer Geschichte aufgezwungen, die weit über meine Person hinausweist. Es war wichtig zu sehen, was ich mit dieser Sprache anstellen konnte. Was konnte ich in ihr erschaffen? Wie habe ich mir diese Sprache zu eigen gemacht?«[5]

Der postkoloniale, polyphone Gebrauch des Französischen durch die Autor:innen von *Souffles* ist eines der herausragenden Merkmale dieser Literaturzeitschrift. Ihr Schreiben zelebriert die Vielheit und die Gemischtheit der Sprache, es betont die Diversität von Tönen, Aussprachen, Bedeutungen und Dialekten im französischen Sprachgebrauch. Kontextualisierung und Dekontextualisierung von Sprache und Sprechakten, die mit dem ehemaligen französischen kolonialen Schulsystem assoziiert werden, gehörten also zu den wesentlichen Aufgaben der jungen Autor:innen. Khair-Eddine spricht sogar von der Verwandlung der *Souffles*-Autor:innen zu einer »Sprachguerilla«.[6] Das Schriftfranzösisch wird geformt, angeeignet und dekonstruiert; es werden Brüche eingeführt und neue Erzählformen entwickelt. Der multilinguale Zustand und die pluralistische kosmopolitische Stellung der Zeitschriftengründer:innen sowie ihr Interesse an unterschiedlichen narrativen Formaten führte zu zahlreichen Sprachexperimenten, Kreolisierungen und neuen literarischen Formen.[7] Die experimentelle und einfallsreiche Handhabung der Sprache kommt in den so genannten poèmes kilométriques und anderen neuen Prosaformen zum Ausdruck. Die in der Zeitschrift zu findende Radikalisierung von Narrationen mittels Montage und Collage, durch Techniken der Fragmentierung, nichtlineare Erzählformen und die Betonung des ereignishaften Charakters der Sprache können als konzeptuelle Antwort auf die Gewaltherrschaft und den kulturellen Paternalismus der französischen Kolonialmacht gelesen werden. Laâbi verweist darauf, es habe kein Modell gegeben, auf das sie hätten zurückgreifen können:

»Wie kann eine neue Literatur entstehen? Eine Literatur, die von unserer Erinnerung, unserer Persönlichkeit und unserer Subjektivität geprägt ist? Ich glaube, wir haben mit *Souffles* eine Art Bruch erzeugt, so etwas wie eine Flucht nach vorne. Wir haben die damals existierenden Modelle abgelehnt, sowohl das westliche als auch das arabische Literaturmodell des Nahen Ostens. Wir mussten unser eigenes Modell erfinden. Daher kam es unweigerlich zu einer sehr heftigen Spaltung. Es war notwendig, ins Unbekannte zu schreiten. Wir haben – vielleicht nicht unbedingt vollkommen bewusst – einen Sprung ins Unbekannte getan. Es war ein Drang, ins Unbekannte zu springen.«[8]

Parallel zu *Souffles* veröffentlichte die eigenständige *Éditions Atlantes* wichtige Romane von Redaktionsmitgliedern sowie von befreundeten algerischen, marokkanischen und tunesischen Autor:innen und schuf so eine neue experimentelle Plattform für Schriftsteller:innen verschiedener Nationalitäten und kultureller Hintergründe.

3.

Die kulturellen Umstände in Marokko zum Zeitpunkt der ersten Ausgabe von *Souffles* waren alles andere als zufriedenstellend, sie erforderten Selbstorganisation und Gruppenbildung. Laut der Kunsthistorikerin, Dichterin und Unterstützerin des *Souffles*-Projekts Toni Maraini reagierten die postkolonialen Künstler:innen auf einen Zustand nach der Unabhängigkeit, in dem immer noch kleingeistiger Provinzialismus und eine auf akademischer Kunstausbildung basierende Kultur vorherrschten:

»Die für westliche Künstler:innen ausgerichteten Salons ließen nur ›naive‹ marokkanische Maler:innen teilnehmen, um ein wenig ›indigene Farbe‹ beizumischen. Örtliche europäische Dichter:innen trafen sich in Literaturclubs in der Nähe der ausländischen Kulturvertretungen, ›wo sie in den Botschaftsgärten Verse verfassten‹. Sie ignorierten das Beste der westlichen Produktion und die gewagten Experimente des Modernismus ebenso wie die hohe Tradition der klassischen arabischen Poesie, ganz zu schweigen von der populären Kunst und Literatur der afrikanischen Berber:innen. Sie interessierten sich nicht für die Produktionen der marokkanischen kulturellen Avantgarde.«[9]

Zu jener Zeit hatte Laâbi begonnen, in einigen französischen Literaturzeitschriften zu veröffentlichen, wurde dann aber auf eine Gruppe junger Dichter:innen um Nissaboury und Khair-Eddine in Casablanca aufmerksam, die kurze Besprechungen in *Poésie toute* und *Eaux vives* veröffentlichten. Dort begegnete er auch der *Casablanca-Gruppe* von Malern – Mohamed Melehi, Mohamed Chabaâ und Farid Belkahia –, die in der Tschechoslowakei, den USA, Italien und Spanien studiert hatten, die ›mit vielfältigen Perspektiven und Fähigkeiten‹ nach Marokko zurückkehrten und ›auf derselben Suche nach der Moderne wie wir Dichter:innen waren‹.[10] In diesem Geflecht interdisziplinärer Beziehungen nahm das *Souffles*-Projekt seinen Anfang. Gemeinsam mit den Autor:innen der Zeitschrift arbeiteten auch die Künstler:innen nach der Forderung nach einer neuen Ästhetik, die eine koloniale kulturelle Produktion und das europäische Episteme überwinden sollte. Auch dieses Projekt erforderte eine Neufassung der etablierten Formen kultureller Produktion, ging es doch darum, eine kognitive Kartierung radikaler Gegenentwürfe zu erstellen:

»Als wir gegen die westlichen Modelle, die orientalisierenden Modelle revoltierten, versuchten wir unsere eigenen Konzepte zu erarbeiten, etwas aus der Zukunft. Natürlich stießen wir damals auf einige Intellektuelle, auf schöpferische Menschen, die uns dabei behilflich waren: Frantz Fanon, der – in einem klinischen Sinn – sehr weit ging, um das damals erkennbare koloniale Phänomen und dessen Auswirkungen auf die Identität der Völker und ihrer Kulturen zu analysieren. Aimé Césaire war natürlich ein wichtiger Dichter und zu dieser Zeit einer unserer großen Brüder. Und auch andere Dichter, die sozusagen gegen den Strom schwammen. Wladimir Majakowski gehörte für mich auf jeden Fall dazu. Russische Dichtung der 1920er und 1930er Jahre, nicht nur Majakowski, Futuristen wie Welimir Chlebnikow, aber auch der türkische Poet Nâzim Hikmet, der nicht nur schrieb, sondern sich auch politisch engagierte. Er war ein Dichter, der uns den Weg ebnete, indem er zeigte, wie gefährlich Dichtung sein kann, dass diese Gefahr aber akzeptiert werden musste ...«[11]

Die Notwendigkeit, eine neue künstlerische Sprache durchzusetzen, erforderte von dieser Gruppe bildender Künstler:innen, wahrzunehmen und zu analysieren, wie im Kolonialismus die Alltagskultur Marokkos durch Disziplinen wie Anthropologie, Soziologie, Architektur und Kunstgeschichte kategorisiert und folklorisiert worden war. Seit Anfang des 20. Jahrhunderts hatte das französische Protektorat in die Ökonomien der lokalen Handwerker:innen eingegriffen, die organisatorische Struktur des etablierten Systems der Zünfte verändert und eine historische Erhaltungspolitik für die Medinas eingeführt, die sie zu lebenden Museen werden ließ. An den Stadträndern wurden währenddessen neue Medinas gebaut, in denen die lokale Wirtschaft offiziell vom französischen Protektorat reguliert wurde.[12] Derweil verwandelte die marokkanische Wirtschaft die kolonialen Stadtzentren allmählich in pittoreske Touristenorte für das lokale Handwerk, das sie radikal von den industriell-kapitalistischen Produktionsweisen isolierten, obwohl viele Arbeiter:innen mit ausgezeichneten handwerklichen Fähigkeiten vom Land in die Städte gezogen waren. Hinsichtlich der zeitgleich stattfindenden, großangelegten städtischen Erneuerungsprojekte war die marokkanische Arbeiterschaft, die die neuen kolonialen Stadtquartiere und Arbeiterviertel gebaut hatte, bereits durch die bestehenden kolonial-kapitalistischen Bedingungen nach dem Ersten Weltkrieg radikal transformiert worden. Tatsächlich vollzog sich die Transformation der lokalen Wirtschaft und die Herstellung einer auf Klassenordnung basierenden Gesellschaft durch die französischen und spanischen Verwaltungen zwischen den 1920er und 1950er Jahren bedeutend schneller als vergleichbare Prozesse in Europa während des 19. Jahrhunderts.[13] Unterdessen litten die heimischen Märkte und Exportmärkte für Güter wie das handwerklich hergestellte marokkanische Leder – vor der kolonialen Besatzung eine wichtige Exportware – unter der Politik des französischen Protektorats, die darin bestand, den heimischen Markt mit massenproduzierten Waren aus anderen Überseekolonien zu fluten: So schwächten industriell hergestellte Schuhe aus Französisch-Indochina das heimische Schusterhandwerk und damit die marokkanische Lederindustrie extrem.[14]

4.

In Europa eröffnete die industrielle Revolution eine neue Perspektive auf das Handwerk, nachdem die Massenproduktion von Konsumgütern die über Jahrhunderte kaum veränderten Lebensweisen vollkommen zerstört hatte und die damit einhergehenden sozialen Missstände, die das System der Fabrikarbeit als Nebenprodukt erzeugte, zu einer unbestreitbaren gesellschaftlichen Tatsache wurden. Historisch gesehen erschufen die Arts and Craft-Bewegung in Großbritannien, die Art Déco in Frankreich und der deutsche Jugendstil allesamt ein neues Vokabular, mit dem die Industrialisierungskritik und die gestalterische Praxis auf eine gemeinsame Ebene gebracht werden konnten. Dieses Denken fand seinen Höhepunkt in einer neuen Pädagogik, die zur Zeit der Weimarer Republik am Bauhaus umgesetzt wurde.

Dabei ging es um einen synthetisierenden Zugang zu den Künsten, der sowohl industrielle Techniken als auch handwerkliche Traditionen umfasste.

Dieser Aspekt der modernistischen Debatte über den kulturellen Wert vormoderner und lokal produzierter Güter tauchte nach dem Zweiten Weltkrieg wieder auf, als die erneute Aufmerksamkeit auf einheimische Produktionsformen und handwerkliches Wissen zu einer sogenannten »anthropologischen Wende« in den Design- und Architekturdiskursen im europäisch-amerikanischen Kontext führte.[15] Das breite Interesse an volkstümlichen Kulturformen und lokal produzierten Gütern fand gleichzeitig mit der Suche der bei der Gründung von *Souffles* involvierten Maler:innen nach einer neuen postkolonialen Ästhetik statt. Als sie nach ihren Kunststudien im Ausland nach Marokko zurückkehrten, suchten sie nach Beispielen regionaler kunsthandwerklicher Produktion und lokaler, nichtfigurativer Zeichensysteme. Einzigartig machte diese Herangehensweise die Bewertung des Volkstümlichen, die aus einer Kritik des französischen Klassifizierungssystems von Hochkunst und Volkskunst, bildender Kunst und dekorativer Kunst resultierte. In einem 2016 von der Autorin geführten Gespräch in Rabat sagte Toni Maraini:

»Aus zwei Gründen war es wichtig, eine Verbindung zu den populären Künsten und zur traditionellen Kultur herzustellen: Einer war der Rückblick auf das, was modernistische Maler wie Kandinsky oder Paul Klee über die Synthese der Künste geschrieben haben. Man erkennt, dass ihre Sprache der Abstraktion ihren Ursprung auch in ihren Reisen nach Nordafrika hatte. Wir haben bei der Geburt des Modernismus etwas gemein: die Anerkennung von Symbolen und Archetypen, die Bewertung der Volkskunst als ästhetisches Vermögen. Melehi, Belkahia, Chabaa, Flint und ich reisten mit dem Auto, dem Bus und manchmal sogar zu Fuß durch das Atlasgebirge, (betrachteten) Teppiche, alte Türen und Wandgemälde in der Kasbah, den Schmuck. Und aus diesen Studienreisen und Interessen gründeten wir eine Zeitschrift namens *Maghreb Art*. In der *Casablanca School* wurden drei Ausgaben publiziert, die sich auf die Analyse in Marokko schon existierender integrativer Kunstformen konzentrierten. Wichtig ist auch, dass die Casablanca School die erste Institution war, die den Ausdruck ›populäre Kunst‹ (*art populaire*) benutzte. Davor verwendeten die Französinnen und Franzosen Begriffe wie ›Folklore‹, ›Kunsthandwerk‹, ›Volkskunst‹ oder den kolonialen Ausdruck ›indigene Künste‹ (*les arts indigenes*).

Wir wollten diese Worte und Bedeutungen ändern, da sie klar politisch konnotiert waren. [Und der zweite Grund:] In meinen Studien stellte ich fest, dass die wirklich populären Künste allmählich verschwanden. Die industrielle Produktion vernichtete die lokalen Künste, wir vergaßen, wie man Teppiche herstellt und wozu sie da sind. All das musste aufgezeichnet werden, bevor es verschwand. Und dazu ist es inzwischen tatsächlich gekommen. Die traditionellen Fertigkeiten und Handwerke sind verschwunden, sie sind zu einer reinen Touristenindustrie geworden.«[16]

Die *Casablanca-Gruppe* begriff Handwerk als eine populäre kulturelle Ausdrucksweise. Dazu gehörten nichtfigurative Ausdrucksformen wie die Kalligrafie oder die dekorative Ornamentik der Berber:innen. Diese wurden jedoch nicht nur als abstraktes System von Zeichen und Symbolen betrachtet, wie nichteuropäische Innenraumgestaltung im Westen oft gelesen wird. Die Gruppe hob die gesellschaftliche Funktion des jeweiligen Gegenstands hervor: Wie er von den Menschen benutzt wird, war genauso wichtig wie seine formalen Eigenschaften. Der Schwerpunkt auf der Nutzbarkeit erforderte daher auch ein neues Verständnis der Künste in der Gesellschaft. Ihre Zusammenarbeit mit Architekt:innen und ihre Aktivitäten im öffentlichen Raum – eine Praxis, die in Maud Houssais' Artikel aufgegriffen wird [17] – sollten also als Suche nach einer neuen Ästhetik betrachtet werden, bei der es um die Synthese der Künste und deren Verwandlung in lebendige Formen ging.

5.

Für die Konzeption der Zeitschrift war die Zusammenarbeit mit bildenden Künstler:innen also von zentraler Bedeutung – nicht nur aufgrund ihrer ästhetischen Beiträge zu *Souffles*, sondern auch wegen des konzeptuellen Rahmens, den sie lieferten, und wegen der ausführlichen Diskussionen, an denen sie sich beteiligten, bei denen es um den Status quo und um mögliche Mittel zur Dekolonisierung der Kultur nach der marokkanischen Unabhängigkeit ging. Mohamed Melehi gestaltete die eleganten Titelblätter von *Souffles*, die mit Ausnahme des Farbschemas und der Textelemente bis zur 14. Ausgabe 1968 unverändert blieben. In den ersten Jahren produzierte Melehi die Zeitschrift per Hand und ließ sie in Tanger drucken. Die Titelblätter von 1966 bis 1969 sind eindrucksvoll schlicht: Die Typografie bezieht sich auf die modernistischen Fonts der 1920er Jahre. Es ist ein schwarzer Kreis zu sehen, den Toni Maraini als die »Schwarze Sonne der Erneuerung« bezeichnet hat.[18] Von 1969 bis 1971 trug auch Mohamed Chabaâ mit einer Ästhetik zur Gestaltung von *Souffles* bei, die an die politischen Plakate und Fotos der frühen 1970er Jahre erinnert und die die radikale Politik jener Zeit widerspiegelt. Wie bereits erwähnt, waren die Künstler:innen jenseits ihrer Rolle als Designer:innen und Produzent:innen entscheidend an der Veränderung des lokalen Klimas gegen die etablierte künstlerische Hierarchie von Hochkunst versus populärer Kunst beteiligt. Mit Bezug auf Hamid Ibrouh artikulierte Chabaâ eine Position, die den sogenannten marokkanischen Nativismus privilegierte und das lokale handwerkliche Wissen neu bewertete.[19] Als Belkahia 1966 Direktor der École des Beaux-Arts in Casablanca wurde, verwirklichte er seine Kritik an der Folklorisierung der lokalen kulturellen Produktion mit einem neuen Curriculum, das von der Pädagogik des Bauhauses inspiriert war.

Ein weiterer zentraler Inhalt bei der Gründung von *Souffles* war die Verbindung von bildender Kunst und visueller Kultur. Die erste Ausgabe präsentierte Grafiken der *Casablanca-Gruppe* neben Gedichten, Textausschnitten und dem ersten *Souffles*-Manifest. Die Sonderausgabe 7/8 zu »Art Plastique« von 1967 war von der *Casablanca-Gruppe* und Toni Maraini inspiriert. Sie enthielt Arbeiten mehrerer vorwiegend abstrakt arbeitender marokkanischer Künstler:innen, die auch einen speziellen »Fragebogen« der Herausgeber:innen beantworteten.[20] In seinem Leitartikel thematisierte Laâbi das zentrale Problem beim Studium der Kunst- und Kulturgeschichte, wie sie von westlichen Akademiker:innen nach der Unabhängigkeit entwickelt worden war: Da die meisten Texte zur lokalen Kultur von europäischen Anthropolog:innen, Soziolog:innen, Geograf:innen, Kunsthistoriker:innen und so weiter verfasst wurden, perpetuierten diese Studien die Annahmen zu Unterentwicklung und die rassistischen Kategorisierungen, durch die eurozentrische Vorstellungen zu den lokalen kulturellen Formen verbreitet wurden.[21] Diese Form der Wissensproduktion begann zwar nicht mit dem französischen Protektorat, aber sie ist für das koloniale Projekt an sich konstitutiv. Daher war für die Intellektuellen nach der Unabhängigkeit, wie wir *Souffles* entnehmen können, eine der schädlichsten Kategorisierungen die Fortsetzung der bereits vorhandenen Hierarchien zwischen den Hochkünsten und dem dekorativen, von Hand gefertigten Objekt: Gegen diese Spaltung vorzugehen, war für die neue Generation postkolonialer Künstler:innen in den 1960er Jahren eine klare Herausforderung.

Neben Illustrationen der eingeladenen Künstler:innen enthielt die Ausgabe 7/8 auch Fotodokumentationen der einheimischen marokkanischen und berberischen Kultur, ihrer Typografie und Ornamentik. Das Verhältnis zwischen bildender Kunst, alltäglichen Kulturpraktiken und handwerklicher Produktion spiegelt sich auch in den Werken der *Casablanca-Gruppe* wider. So behandeln Melehis Gemälde die Beziehung zwischen Zeichen und Raum im nordafrikanischen Kontext und die inhärenten Ambiguitäten moderner Formen visueller Kommunikation. Die frühen Werke von Mohamed Chabaâ zeichnen sich aus durch die Verwendung von Collagetechniken der Fragmentierung und Dekontextualisierung und greifen damit Techniken der postkolonialen Dichtung auf. Parallel zu seiner Kunstpraxis betrieb er in Casablanca eine Firma für angewandte Grafik, wie Anzeigen in *Souffles* zu entnehmen ist. Die Künstler:innen entschlossen sich also bewusst, eine Rolle zwischen der von Maler:innen, Designer:innen und Grafiker:innen einzunehmen – oder, wie Chabaâ es nannte, zwischen den drei As: »artiste«, »artisan« und »architecte«. Diese Position verweist auf die konzeptuelle Ausrichtung der Casablanca-Gruppe auf die ganzheitlichen Prinzipien, die zwischen den Weltkriegen am Bauhaus entwickelt worden waren.

Wie Toni Maraini in der »Art Plastique«-Ausgabe darlegt, gehörte zur Arbeit der mit der Zeitschrift assoziierten zeitgenössischen marokkanischen Künstler:innen also eine Kritik an der Bewertung nordafrikanischer ornamentaler und dekorativer Kunst in den westlichen Orientstudien, die größtenteils deren spirituelle, philosophische und gesellschaftliche Bedeutung und Funktion außer Acht ließen.[22] In seinem Leitartikel für die »Art Plastique«-Ausgabe zehn Jahre nach der marokkanischen Unabhängigkeit hat Laâbi das eindrucksvoll formuliert. Die Intellektuellen seien mit »Müll und Abfall« konfrontiert:

»Seit mehr als einem halben Jahrhundert ist die Geschichte der marokkanischen Kunst eine europäische Spezialität, ein Monopol der okzidentalen Wissenschaft. [...] Es ist an der Zeit, dass wir aus der Schockstarre des kolonialen Traumas erwachen und uns unserer Geschichte stellen. Doch wenn wir diese Auseinandersetzung angehen wollen, stoßen wir auf ein höchst problematisches Vermächtnis: dasjenige der kolonialen Geisteswissenschaften. Das koloniale Phänomen war in der Tat eine schwere Störung in unserer Geschichte. [...] Jedesmal, wenn wir uns mit unserer eigenen Geschichte und Kultur auseinandersetzen, stellen wir fest, dass wir, auf den Westen und seine Gelehrten stoßen. [...] Wir können der Geschichte, die der Westen für uns geschaffen hat, nicht entkommen. Das ist eine kolossalere Menge an Rohmaterialien, ein Hort von Daten. Aber sie ist auch die Konstruktion einer Provokation, ihre Objektivität ist eine Mausefalle. Die koloniale und sogar postkoloniale Wissenschaft fordert uns ständig heraus. Sie ist eine von Zwiespältigkeiten durchsetzte Intervention. [...] Wir können sie weder umgehen noch verwerfen. Wir können sie auch nicht akzeptieren. Wir sind dazu verurteilt, sie zu verdauen und sie dann zu verarbeiten. Darin liegt die Störung, von der wir oben gesprochen haben. Die Infragestellung, die wir durchführen und die noch lange andauern wird, ist eine Zeit der Opfer. Welch eine Verschwendung von Treibstoff! Eine aufregende, notwendige, authentische, wie auch immer geartete Phase, aber eben auch ein Opfer. Es ist eine langwierige Störung, die ein schweres Lösegeld fordert. Aber wir nehmen es auf uns. Nicht um uns reinzuwaschen oder um den ewigen imperialistischen Westen als Quelle unseres Unglücks anzuklagen, sondern für unsere Gesundheit, für unsere Klarheit, für die Wahrheit des Menschen. Frantz Fanon wollte »den Menschen befreien« (den Verdammten der Erde, den Unterdrückten). Jetzt geht es darum, die Geschichte des unterdrückten Menschen zu befreien.[23]

6.

Die in der »Art Plastique«-Doppelausgabe geführte Debatte über die Dekolonisierung der Kultur und die Rolle der Künstler:innen in der Gesellschaft hat die Bildpolitik von *Souffles* verändert. Nach dieser Ausgabe wurden die Kunstwerke und Fotos auf spezifische Weise kontextualisiert, die Illustrationen erhielten in ihrem Verhältnis zum geschriebenen Inhalt einen neuen Stellenwert. Die Design- und Bildpolitik, die in den zweiundzwanzig Ausgaben von 1966 bis 1971 artikuliert wurde, spiegelt auch die konzeptuelle Neuorientierung der Zeitschrift wider, von der Auseinandersetzung mit einem regionalen kulturellen Narrativ, das die Tradition des Handwerks privilegierte, hin zu einer internationalen Ästhetik, die von der Trikontinentalen Konferenz 1966 in Havanna inspiriert war. Mario Andrades Konferenzbericht in Ausgabe 9 gab der Zeitschrift bereits eine internationalistische Orientierung – Diskurse zu Negritude und zur trikontinentalen Bewegung setzten für die lokale Kulturproduktion einen neuen Bezugsrahmen. Mit der 1968 erschienenen Doppelausgabe 10/11 wurde ein zweiter Paradigmenwechsel deutlich. Mit einem Schwerpunkt auf maghrebinischer

Literatur erschien die Zeitschrift nun auf Französisch und Arabisch. Von 1969 bis 1971 wurde eine separate arabische Ausgabe namens *Anfas* parallel zu den französischen *Souffles*-Ausgaben publiziert. Diese Entscheidung wurde nicht nur getroffen, um lokale Leser:innen anzusprechen, sondern hatte – wie mehreren Essays und Vorworten nach 1967 zu entnehmen ist – auch mit dem in Entstehung befindlichen Panarabismus zu tun, der nach dem Sechstagekrieg in der gesamten Region an Bedeutung gewann.[24]

Die offensichtlichste Veränderung bei der Gestaltung der Titelseite begann 1969 mit der Sonderausgabe 15 zu Palästina, für deren grafische Gestaltung Mohamed Chabaâ zuständig war. Er behielt diese Funktion bis 1971. Die politischen Tendenzen, die durch die Erfahrungen von Intellektuellen und Kulturproduzent:innen und deren Austausch auf dem einflussreichen Pan-Afrikanischen Kulturfestival 1969 in Algiers bestätigt wurden, führten zu einer weiteren Neuorientierung der Zeitschrift. Gleichzeitig half die Idee einer auf Arabisch verfassten maghrebinischen Literatur den Intellektuellen und Künstler:innen bei der Bekräftigung eines Projekts, das sich gegen die französische Hegemonie in Kunst und Kultur – mit den damit einhergehenden westlichen Vorurteilen – richtete. Denn trotz der Dekolonisierung bestand die Hegemonie im Maghreb weiter. Das Gegenprojekt korrespondierte mit den wesentlichen Anliegen der Autor:innen und Künstler:innen von *Souffles*, ihre eigene kulturelle Produktion von ihrem früheren kolonialen Erbe zu befreien. Die Neubewertung des Handwerks und die Privilegierung von Mündlichkeit in der Literatur wurden zu Mitteln einer Dekolonisierung der Kultur. Zusätzlich halfen in den folgenden Ausgaben die Beziehungen, die durch OSPAAL (The Organization of Solidarity with the People of Asia, Africa and Latin America) existierten, Verbindungen zu anderen lokalen Widerstandskulturen sowie die gesellschaftliche Rolle von Intellektuellen und Künstler:innen in den drei Kontinenten zu thematisieren und zu verfestigen.

Andere Veränderungen in der Zeitschrift waren eher struktureller Natur. Ab 1969 wurden die Arbeiten von nordafrikanischen Maler:innen und Grafiker:innen nicht mehr neben den Gedichten und Texten platziert, stattdessen endete jede Ausgabe mit der Fotodokumentation eines künstlerischen oder filmischen Projekts, neben Stills und Besprechungen der marokkanischen Filmproduktion *Six et Doux*. Beispiele dieser Fotoessays im hinteren Teil der Zeitschrift sind der Bericht zu einer Ausstellung im öffentlichen Raum in Marrakesch, ein Kunst-am-

Bau-Projekt in einem Hotel in Agadir, ein Ausstellungsprojekt von Studierenden der École des Beaux-Arts in Casablanca und Mohamed Melehis Teilnahme an der Skulpturenbiennale in Mexiko im Vorjahr (wo er den Bauhaus-Mitarbeiter und Universalgelehrten Herbert Bayer traf).

Debatten über Kulturproduktion, Forschung und Aktionen, über Filme und gesellschaftspolitische Themen nahmen zu. Mit der bereits erwähnten Doppelausgabe 15 zu Palästina – den Plakaten und Grafikdesignprojekten, die ausschließlich dem palästinensischen Freiheitskampf gewidmet waren – fand eine grundlegende Veränderung im Verhältnis zwischen Bild und Text wie auch in der allgemeinen Redaktionshaltung zur bildenden Kunst statt. Die Grafiken von Melehi und Chabaâ zeigten ein neues Selbstverständnis, in dem sich die Belange von Kunst und Befreiungskämpfen annäherten; Chabaâs neues Layout verstärkte nur die Wirkung, die durch die Aneignung der künstlerischen Produktion im Dienste des Befreiungskampfes und der Agitation gegen die koloniale Herrschaft erzeugt wurde. 1970 veränderte Chabaâ das Format der Zeitschrift und das Verhältnis zwischen Bild und Text noch einmal. Jedes Titelblatt hatte nun eine eigene Grafik oder Fotoillustration, die Kunstprojekte und Filmstills wurden je nach Thema der Ausgabe durch Dokumentarfotografie ergänzt. Zu den Titelbildern gehörten Fotos vom Panafrikanischen Kulturfestival in Algier, Porträts exilierter Black Panther-Mitglieder auf dem Festival, Porträts afrikanischer Filmemacher:innen und Schriftsteller:innen sowie die Reproduktion eines Plakats zum antikolonialen Befreiungskampf in Angola, das ursprünglich in der OSPAAL- Zeitschrift *Tricontinental* erschienen war.[25] Alle Fotos bezogen sich nun redaktionell auf Artikel, wobei jegliche Autonomie, die vorher vielleicht im Verhältnis zwischen beiden existiert hatte, verloren ging. Berichte über die lokale Kunstproduktion gab es nun auch nicht mehr, da die Zeitschrift zum Sprachrohr von trikontinentalen, aktivistischen Intellektuellen und Kulturproduzent:innen geworden war.

7.

Der Umgang mit Bildern in *Souffles* zeugt von einer laufenden Debatte über die postkoloniale Auffassung von Kunst und Kultur und die veränderte Rolle der Künstler:innen und Intellektuellen in der Gesellschaft. Die von den wechselnden Aktionskomitees der Zeitschrift getroffenen Entscheidungen können als Zeichen einer zunehmenden Radikalisierung und Internationalisierung gedeutet werden, die durch Nachdrucke von Manifesten und Bildproduktionen aus dem Umkreis von *Tricontinental* unterstützt wurden.[26] Die radikale grafische Lösung, bei der die transkulturelle Verwobenheit von Zeichen, Bildern und Schriften betont wurde, wodurch sich die ersten Ausgaben von *Souffles* ausgezeichnet hatten (zusammen mit den postkolonialen Strategien der marokkanischen Malerei und Grafik mit ihrer Synthese von Hochkunst und populärer Kunst, angewandter und autonomer Kunstpraktiken), wurde in der zweiten Phase der Zeitschrift (1969 bis 1972) zu einer Randposition, die durch Dokumentarfotografie und politischen Film verdrängt wurde. Darunter befand sich auch das Manifest »Toward a Third Cinema« (Auf dem Weg zu einem dritten Kino) der argentinischen Filmemacher Fernando Solanas und Octavio Getino.[27]

Nimmt man *Souffles* als Beispiel, so wurde der Interpretation des nichtwestlichen Kunsthandwerks durch die europäischen Modernist:innen von den marokkanischen Künstler:innen nach der Unabhängigkeit deutlich widersprochen. Sie erkannten die islamische Kunst und die Kalligrafie – sowie die Kunst, das Handwerk, die Architektur und die Innenraumgestaltung der Berber:innen – als legitime zeitgenössische kulturelle Artikulationen mit eigener spiritueller und gesellschaftlicher Bedeutung an. Sie betrachteten diese Künste als geschichtsübergreifend, statt sie nur in einem modernistischen Zeitrahmen verspäteter und/oder naiver Formen kultureller Produktion zu verorten. Ihr ernsthaftes intellektuelles und pädagogisches Engagement mit der *Casablanca School* und einer Reihe anderer Zeitschriften – etwa *Maghreb Art oder Integral* – ist hier ein klarer Beleg.

Souffles verlieh einer Generation eine eigene Stimme und ermöglichte ihr, eine neue Sprache zu entwickeln, sie durchzusetzen und sich transnationale Verbindungen jenseits des Lokalen vorzustellen. Eine selbst gemachte Zeitschrift zu veröffentlichen, das war eine Geste der Dringlichkeit, ein Zeichen der Notwendigkeit der meisten postkolonialen Kulturproduzent:innen, für sich neben den etablierten Orten der »offiziellen« Kultur einen Raum der Selbstartikulation, des Widerstands und der Einbildungskraft zu beanspruchen. Die Zeitschrift schuf in Marokko einen inoffiziellen kulturellen Raum. Verbreitet wurde sie durch Bestellungen per Post und ein Netzwerk kleiner Kioske, durch Mundpropaganda, durch die Mitglieder ihrer unterschiedlichen Aktionskomitees sowie 1969 auf dem Pan-Afrikanischen Kulturfestival in Algier, wo sie später internationale Anerkennung fand.

8.

Gwen Allen betrachtet selbstverlegte Künstler:innen-Zeitschriften als spezifischen alternativen Handlungsraum, der in den 1960er und 70er Jahren an Bedeutung gewann, als alternative und kleine Verlage für Schriftsteller:innen und Autor:innen zu einem wichtigen Medium wurden, um Gegennarrative zur hegemonialen Kultur kostengünstig und mit einfachsten technischen Mitteln zu verbreiten.[28] Mit dem Medium der selbstverlegten Zeitschriften wurden neue ästhetische Formate konzipiert, Vorstellungen von Kunst und Literatur neu verhandelt. Besonders in der nordamerikanischen und europäischen Konzeptkunst spielten selbstpublizierte Kunstzeitschriften für die Ausdehnung der künstlerischen Sphäre eine entscheidende Rolle. Die relative Autonomie der Künstler:innen und Autor:innen in diesen kleinen Zeitschriften, ihre Unabhängigkeit vom Kunstmarkt und von der Presse, verringerte die Möglichkeiten der offiziellen Institutionen, alleinige Vermittlerinnen bei der Definition und Bewertung von Kunst und Kultur zu sein. Die selbstverlegten Zeitschriften konnten daher als Orte der Produktion, der Distribution und des Diskurses alternativer Kunstbewegungen die Auswahlkriterien, Vertragsbedingungen und kommerziellen Interessen der offiziellen Verlage umgehen. Literarische Selbstverleger:innen und von Autor:innen betriebene Verlage stellten eine Plattform für unbekanntere Autor:innen und kritische Leser:innen zur Verfügung und etablierten zwischen ihnen eine neue ästhetische Gemeinschaft. Die Produktionsmittel und Vertriebskanäle wurden im Sinne Brechts in die eigene Hand genommen. Die Zeitschriften wurden per Post verschickt oder vor Ort in Buchläden und Galerien vertrieben – Methoden, die denen ähnelten, die andere subkulturelle Fanzines nutzten. Es ist kein Zufall, dass *Souffles* in Gwen Allens Arbeit als Paradebeispiel einer nichteuropäischen Selbstorganisation erwähnt wird. Was Allen allerdings nicht sieht: die Zeitschrift hat sehr bewusst einen dritten Raum erzeugt, der nicht darauf zielte, Gedanken zu Widerstand und Antikolonialismus über den Umweg Europa zu entwickeln. Die interessanten Wege, die *Souffles* aufzeigte, entstanden durch Beziehungen, die nicht mehr von den vorher üblichen europäischen Intellektuellenkreisen kontrolliert wurden.

Von Anfang an überschnitten sich in der Zeitschrift Debatten zu Negritude, Panafrikanismus und Panarabismus; die Diskurse reflektierten die Notwendigkeit, wieder andere Formen des Engagements und andere Allianzen als die mit dem Westen oder ausschließlich mit lokalen assoziierten Gruppen zu denken. Die Zeitschrift leistete einen Beitrag zum Projekt der Konstruktion einer Welt neuer Verbundenheiten. *Souffles*' transnationale und kosmopolitische Dimension ermöglichte die neuartige Konstitution eines »Wir«, wodurch zukünftigen Gemeinschaften und Praktiken geholfen wurde, sich im selbstverlegerischen Prozess fortzuentwickeln. Entscheidend war, dass es sich hierbei nicht ausschließlich um eine nationale Gemeinschaft oder um ein rekonstruiertes Imaginäres im Rahmen bereits existierender Begriffe handelte. Es war eine Reise ins Unbekannte, die durch die kritische Reflektion über bestehende Konzepte ausgelöst war – »Negritude« als antirassistischer Universalismus, der der überaus eindeutigen Konstruktion von Identität eine radikale Polyphonie gegenüberstellte. Dazu Laâbi:

»Wir beanspruchten kulturelle Pluralität. Marokkanisch sein bedeutet, arabisch-muslimisch, berberisch, jüdisch, afrikanisch, mediterran, saharisch zu sein. Wir haben unsere Identität als eine pluralistische beansprucht, denn die marokkanische Identität kann nur verstanden werden, wenn wir alle Komponenten berücksichtigen, aus denen sie besteht.«[29]

9.

Die Gewalt, die mit der französischen und spanischen Kolonisierung Nordafrikas Anfang des 19. Jahrhunderts einherging, bestand nicht nur in den verschiedenartigen Formen der Herrschaft, der Ausbeutung und der Segregation von Gruppen innerhalb der nordafrikanischen Gesellschaft, sondern auch in der Missachtung der Vorgeschichte afrikanisch-arabisch-europäischer Verstrickungen. Valentine Mudimbe hat gezeigt, wie diese Geschichte innerhalb der kolonialen Wissensproduktion eindeutig als vormodern und primitiv dargestellt wurde. Als Beispiel für den Wiederholungscharakter der Ideologie reproduzierten sowohl die nationalen Befreiungsbewegungen als auch die postkolonialen Oligarchien viele Kultur- und Identitätskonstruktionen der Kolonialzeit. Die bewusst angestrebte Vielsprachigkeit und die plurale kosmopolitische Positionierung der Gründer:innen von *Souffles* führten wie ihr Interesse an vielfältigen narrativen Formaten zu zahlreichen Sprachexperimenten, Kreolisierungen und neuen Literaturformen im Sinne von Édouard Glissants Idee von der Polyphonie der französischen Sprache als Folge der Vermischung und transkulturellen Übersetzung über den Schwarzen Atlantik und das Mittelmeer. Als romanische Sprache ermöglichte das

Französische, den hier Sprechenden Verbindungen zu den antikolonialen Intellektuellen Lateinamerikas, den radikalen Bewegungen in anderen ehemaligen französischen Kolonien und dem intellektuellen Netzwerk um den Pariser Verleger François Maspero zu knüpfen.

Souffles war ein interdisziplinäres Organ, ein virtueller Treffpunkt kritischer Intellektueller aus Nordafrika, Lateinamerika, dem Nahen Osten und Europa. Genau diese Diversität der Stimmen, Disziplinen und transnationalen Kontexte fand in *Souffles* ihren Platz, was uns heute ermöglicht, in den Seiten der Zeitschrift wertvolle Einblicke in die kurze Geschichte der Dekolonisierung zu gewinnen. Die Vielfältigkeit der Artikel, Manifeste und Interviews hilft heutigen Leser:innen, nicht nur die epistemische Gewalt des europäischen Kolonialismus zu verstehen, sondern auch die Versuche der nordafrikanischen Künstler:innen und Dichter:innen, diese Gewalt durch die Neudefinition und Radikalisierung ihres ästhetischen Projekts zu überwinden, mit denen sich die Reichweite politischen Handelns durch kulturelle Produktion und interdisziplinäre Projekte erweiterte.

Souffles wird noch heute als eine der einflussreichsten marokkanischen Literaturzeitschriften des 20. Jahrhunderts angesehen. Ich stimme dieser Einschätzung zu, doch würdigt sie viel zu wenig den transnationalen und interdisziplinären Charakter. Die Zeitschrift war eines der größten Versuchsfelder für die Definition neuer Begriffe einer radikalen Ästhetik im Zeitalter der Dekolonisierung, bei denen die Grenzen zwischen aufgezwungenen und neuerfundenen Traditionen ständig verhandelt wurden. In diesem Artikel ging es unter anderem um die Frage, ob das nationale Setting (Marokko) und die Ausrichtung auf Literatur ausreichen, um die gesamte Bandbreite der Aktivitäten von *Souffles* zu erfassen und zu beschreiben. Liest man *Souffles* heute, so kann man die Publikation genauso gut eine internationalistische, panarabische, panafrikanische und trikontinentale Zeitschrift nennen, die von maghrebinischen, europäischen und kreolischen Autor:innen, bildenden Künstler:innen, Designer:innen und Aktivist:innen geprägt wurde. In den vierundzwanzig Ausgaben entfalten sich globale Debatten zur postkolonialen Kultur, zu Politik und Widerstandskämpfen weltweit.[30] Ein rein nationaler Fokus oder ein Fokus auf einige Autor:innen unter Ausschluss anderer wird der Polyphonie und dem transnationalen und transkulturellen Ansatz der Zeitschrift nicht gerecht. Auch liesse er ihre gesellschaftspolitische Relevanz außer Acht – jenen Faktor, der schließlich zu ihrem Verbot führte.

Die Kritik der Künstler:innen an einer binären Vorstellung von Kultur, die aus angewandter und nicht angewandter Kunst besteht, spiegelt sich in einem zweiten Begriffspaar wider, das den westlichen Akademismus und insbesondere die Ethnologie geprägt hat – nämlich die Unterscheidung zwischen Theorie und Praxis. Strukturelle Unterscheidungen zwischen okzidental und orientalisch, Hoch- und Populärkultur, modern und primitiv sind binäre Konstruktionen, die sich in der Erfahrung kolonialer Herrschaft im 19. und 20. Jahrhundert bestätigt und verstärkt haben. Eine Kritik, wenn auch zuweilen noch rudimentär, dieser Spaltungen, Trennungen und Hierarchien, zeigt sich in den verschiedenen Praktiken, die von radikalen Kunstbewegungen des frühen 20. Jahrhunderts formuliert wurden. Die Trennung zwischen der Kunstakademie und der Schule für angewandte Kunst im 19. Jahrhundert wurde seit den frühen Avantgardebewegungen und verstärkt in den Jahren der Revolution von 1917 bis 1919 infrage gestellt. In Russland drückte sich diese politische Unruhe in Konstruktivismus und Proletkult aus; in Deutschland im Arbeiterrat der Künste, in der Novembergruppe und im Lehrplan des Bauhauses. Wie die Beiträge in *Souffles* verdeutlichen, geht es hier nicht nur um eine Geschichte des transkulturellen Austauschs, sondern auch um die radikal linken Kulturproduzent:innen aus anderen Teilen der Erde, die nach einer neuen Ästhetik suchten und sich mit ihrer künstlerischen Energie gegen die Raubzüge von Kapitalismus und Kolonialismus auflehnten.

In Europa und den USA wurden nach dem Zweiten Weltkrieg Kunst, Design und Architektur als unterschiedliche Disziplinen auf keiner institutionellen Ebene infrage gestellt. In Marokko dagegen überarbeitete die Gruppe der *Souffles*-Künstler:innen und -Autor:innen diese Konzepte aus einer Notwendigkeit heraus und vertrat eine alternative Genealogie kritischer Kunstproduktion.[31] Die Titelseiten von *Souffles* und Melehis Plakatgrafiken spiegeln diesen Prozess klar wider. Auch die von den beitragenden Dichter:innen verwendeten Collagetechniken greifen Ansätze von Schriftsteller:innen des frühen 20. Jahrhunderts auf. Das Verhältnis zwischen den Künsten und der gesellschaftlichen Funktion der Kunst als solcher wurde in der Zeitschrift diskutiert, wobei die Künstler:innen, Autor:innen und Kritiker:innen die Ausnahmestellung des Künstlers oder der Künstlerin in den kapitalistischen Ländern des 20. Jahrhunderts als Produzent:in von Werken der Kontemplation infrage stellten. Es war während der frühen modernistischen

Bewegung, als durch die Reform der Kunstausbildung Architekturdiskurse wie jene der Bewegung des Neuen Bauens eine zentrale Rolle bei der Integration der Künste durch den Prozess des Bauens einnahmen. Von Essbesteck über Innenarchitektur und Möbelbau bis zum errichteten Gebäude selbst wurden Künstler:innen zu Architekt:innen und Designer:innen, angetrieben von dem Ziel, neue Wohnumgebungen zu gestalten, in denen die Kunst in den Alltag integriert werden konnte.[32] Es ist die modernistische Idee des Künstlers/der Künstlerin als eingebunden in einem Bau- oder Produktionsprozess, die die Autor:innen und Mitarbeiter:innen von *Souffles* aufgriffen, aber auch hinter sich ließen. Denn es ging ihnen nicht um eine weitere Wende hin zur Integration und Synthese in einer Kunstform (auf der Suche nach einem Gesamtkunstwerk), sondern um die Erkundung der radikalen Pluralität und Polyphonie jenseits des westlichen Kunstepistems. Die Unterschiedlichkeit der Praktiken, die die *Souffles*-Generation und ihre Nachfolger:innen betonten, zielte einerseits auf die Befreiung der Kultur von der Last der kolonialen Epistemologie, andererseits sollte der Gefahr begegnet werden, den Gebrauchswert der Kunst zum Teil eines staatlichen Programms oder zu einem Herrschaftswerkzeug werden zu lassen. Stattdessen steckten sie eine Praxis zwischen den Künsten ab, die Teil des Projekts einer im weitesten Sinne des Wortes radikalen Unabhängigkeit werden kann.

Schluss

Die in der Zeitschrift *Souffles* zusammengebrachten Positionen ermöglichen also ein Verständnis postkolonialer Modernität als eine antagonistische, ortsübergreifende Grundlage, auf der die Erfindung der Zukunft mittels Dekontextualisierung und Détournement verhandelt wurde; durch Prozesse transnationaler Übersetzung, radikaler Verweigerung des kolonialen Erbes, der kreativen Übernahme bestehender Begriffe und durch zahlreiche andere Formen strategischer und taktischer Grenzüberschreitung. Die Suche nach einer radikalen Ästhetik, die der Entwicklung einer neuen Gesellschaft zuarbeiten könnte, kann unter anderem als Teil des Problems beschrieben werden, eine subalterne Subjektivität herzustellen. Die Arbeit von *Souffles* ermöglicht nicht nur eine konzeptuelle Erneuerung der postkolonialen Ästhetik, sondern liefert auch praktische Modelle für das Verständnis der globalisierten Welt als Netz multizentrischer Allianzen und Gegensätze, in dem nationale Grenzen bei weitem nicht der einzige bestimmende Aspekt sind.

Doch statt einfach auf fortschrittliche Verbesserung und die Überwindung von Herrschaft zu vertrauen und den Einsatz von Kunst als direktes Mittel zur Erreichung dieses Ziels zu propagieren – alles philosophische Annahmen der verschiedenen modernistischen Programme, welche die gesellschaftlichen Akteur:innen der 1960er Jahre von den Bewegungen des frühen 20. Jahrhunderts übernommen haben – bieten uns aktuelle theoretische Ansätze ein erweitertes aber zugleich auch fragmentiertes Verständnis der politischen Dimension von Ästhetik, die in der permanenten Erneuerung und Verhandelbarkeit der Grenzen der menschlichen Erfahrung liegt. Jacques Rancières Verständnis von Ästhetik als dem Feld, in dem die »Teilung des Sinnlichen« ständig neu verhandelt wird, ermöglicht eine zeitgenössische Kritik modernistischer Annahmen darüber, wo das Politische innerhalb der Ästhetik verankert ist, ohne dabei den totalisierenden Ansätzen verschiedener Diskurse der Moderne zu erliegen. Andererseits haben Rancière und viele andere poststrukturalistische Kritiker keine ausreichende Sensibilität gegenüber nichteuropäischen Strömungen ästhetischer Erneuerung entwickelt. Sie bleiben in ihren Ansätzen weitgehend eurozentrisch. Die transnationalen Perspektiven auf die Moderne, die auch *Souffles* geprägt haben, sowie die enorme Bedeutung der Tricontinentale und der verschiedenen Dritte-Welt-Allianzen der 1960er und 1970er Jahre für die Kultur, müssen heute zentrale Aspekte jeder kritischen Aufarbeitung sein.

1 »The Short Century Independence and Liberation Movements in Africa, 1945–1994« war der Titel einer Ausstellung, die Okwui Enwezor in den Jahren 2001 und 2002 in München, Berlin, Chicago und New York kuratiert hat. Als Vorläuferin der ebenfalls von Enwezor kuratierten documenta 11 im Jahr 2002 verschaffte sie postkolonialen Themen in der globalen Kunstwelt große Aufmerksamkeit.

2 *Souffles* wurde 1998 an der City University of New York digitalisiert und ist seit 2010 in der Nationalbibliothek des Königreichs Marokko zugänglich (online aktuell unter https://monoskop.org/Souffles (zuletzt 16.0.6.2024). Einen Überblick über die Geschichte der Zeitschrift geben die französisch-marokkanische Literaturwissenschaftlerin und Journalistin Kenza Sefrioui in ihrer Doktorarbeit sowie eine neue englischsprachige Anthologie von Gedichten und Artikeln aus *Souffles*, die von Olivia Harrison und Teresa Villa-Ignacio übersetzt und herausgegeben wurde. Beiträge der in Rom lebenden Kunsthistorikerin Toni Maraini zur Zeitschrift *springerin* und das Onlinejournal *Red Thread* haben dazu geführt, dass neuere Institutionen mit *Souffles* vertraut gemacht wurden, darunter die Zeitschrift *Bidoun*, das südafrikanische Projekt *Chimurenga*, die Bibliothek von *SAVVY Contemporary* in Berlin-Wedding und der Kunstraum *l'appartement 22* in Rabat sowie Projekte in Paris und Zürich, darunter »Action! Painting/Publishing und Ästhetik der Dekolonisierung«. Vgl.: https://tricontinentale.net/?page_id=360 und https://www.zhdk.ch/forschungsprojekt/aesthetik-der-dekolonisierung-das-magazin-souffles-1966-1972-426432 (zuletzt: 16.06.2024).

3 Gespräch der Autorin und Oliver Hadouchi mit Abdellatif und Jocelyne Laâbi, das 2015 in Paris auf Französisch stattfand und von Kate McHugh Stevenson ins Englische übertragen wurde. Eine redigierte Fassung wurde mit einem Videoausschnitt von CPKC Berlin (Peter Spillmann) veröffentlicht: https://tricontinentale.net/?p=334 (zuletzt: 16.06.2024).

4 Vgl. Albert Memmi: *Portrait du colonisé. Précédé du Portrait du colonisateur*. Paris: Buchet/Chastel (Dt.: *Der Kolonisator und der Kolonisierte: zwei Porträts*. Mit einem Vorwort von Jean-Paul Sartre und einem Nachwort des Autors zur deutschen Ausgabe, übersetzt von Udo Rennert. Frankfurt/M.: Syndikat Verlag 1980). Die erste Ausgabe von *Souffles* betont diese wichtigen intergenerationellen Verbindungen zu Autoren wie Driss Chraibi, Albert Memmi und Franz Fanon, die grundlegende Arbeit für neue lokale und postkoloniale Formen des Schreibens leisteten.

5 Vgl. Anm. 3.

6 In »La littérature marocaine de langue française« beschreibt der Literaturwissenschaftler Marc Gontard die Autor:innen im Umkreis von *Souffles* mit einem Zitat von Khair-Eddine als »gewalttätig eloquent«. Diese gegen das koloniale Erbe gerichtete »Ästhetik der Gewalt« ist für die jungen *Souffles*-Dichter:innen sowohl ein Fluch als auch ein Raum der Möglichkeiten. Siehe Marc Gontard: *Violence du texte. Études sur la littérature marocaine de langue française*. Paris: L'Harmattan 1981, S. 36.

7 Édouard Glissants Begriff der Kreolisierung (créolité) in diesem Kontext zu zitieren, bedeutet nicht einfach die karibische Literatur mit dem postkolonialen Zustand Nordafrikas zu vergleichen, denn es geht auch um Glissants Idee, dass die Einbeziehung unterschiedlicher sprachlicher Entwicklungen und migrantischer Dialekte eine neue Frankophonie erzeugt, die über die französische Literatur hinausgeht. Die Créolité-Bewegung kritisierte die Dominanz des Pariser Französisch als Sprache der karibischen Kultur und Literatur und bevorzugte die Verwendung des westindischen Kreolisch im kulturellen und akademischen Kontext. Glissant betonte, dass eine karibische Identität sich nicht nur aus dem Erbe der ehemaligen Sklav:innen ergab, sondern ebenso von den indigenen karibischen Völkern, den europäischen Kolonisatoren und ihren ostindischen und chinesischen Diener:innen beeinflusst wurde. Vgl. Paul Gilroy: *The Black Atlantic: Modernity and Double Consciousness*. Cambridge, MA: Harvard University Press 1993, S. 67.

8 Vgl. Anm. 3.

9 Toni Maraini: »Black Sun of Renewal«. In: *Red Thread*, No. 2, 2010, https://red-thread.org/en/black-sun-of-renewal/ (zuletzt: 07.06.2024).

10 Ausschnitt aus einem Interview mit Christopher Schäfer und Abdellatif Laâbi: »The Abdellatif Laâbi Interview». In: *Quarterly Conversation*, Nr. 32, Sommer 2013.

11 Vgl. Anm. 3.

12 Katarzyna Pieprzak: *Imagined Museums: Art and Modernity in Postcolonial Morocco*. Minneapolis: University of Minnesota Press 2010; Marion von Osten: »In Colonial Modern Worlds«. In: Tom Avermaete, Serhat Karakayali und Marion von Osten (Hg.): *Colonial Modern: Aesthetics of the Past Rebellions for the Future*. London: Black Dog 2010, S. 18; und Janet Abu-Lughod: *Rabat: Urban Apartheid in Morocco*. Princeton, NJ: Princeton University Press 1980, S. 56.

13 Siehe Marion von Osten: »Architecture without Architects – Another Anarchist Approach«. In: *e-flux journal* 6, Mai 2009, www.e-flux.com/journal/06/61401/architecture-withoutarchitects-another-anarchist-approach/ (zuletzt: 07.07.2024).

14 Die Beziehungen zwischen den Kolonialmächten hatten auch Auswirkungen auf den Widerstand gegen sie. In den antikolonialen Kriegen wurden marokkanische Soldaten nach Vietnam geschickt, als Teile der französischen Besatzungstruppen anfingen, die von Ho Chí Minh angeführte Unabhängigkeitsbewegung zu unterstützen – wie die berühmte Schlacht um Điện Biên Phủ 1954 zeigt.

15 Diese Bewegung hin zum Volkstümlichen (*vernacular*) wurde auch durch einflussreiche Ausstellungen ausgelöst, etwa die »Mostra di Architettura Spontanea« von Giancarlo de Carlo 1951 in Mailand, »This Is Tomorrow« unter Beteiligung von Alison und Peter Smithson 1956 in der Whitechapel Art Gallery oder die berühmte Schau »Architecture Without Architects« von Bernard Rudofsky, 1964 im Museum of Modern Art, New York. Siehe z.B. Felicity D. Scott: »Disorientation: Bernard Rudofsky in the Empire of Signs«. In: *Critical Spatial Practice* 7. Berlin: Sternberg Press 2016, oder das Webprojekt: www.transculturalmodernism.org (zuletzt: 07.07.2024).

16 Vgl. Anm. 3.

17 https://www.bauhaus-imaginista.org/articles/2387/les-integrations-faraoui-and-mazieres-1966-1982.

18 Auf der Rückseite stand das Wort »souffles« auf Arabisch als »anfâs«, was so viel bedeutet wie Brise oder Atemzug.

19 Siehe Hamid Irbouh: *Art in the Service of Colonialism: French Art Education in Morocco*, 1912–1956. London: I.B. Tauris & Co Ltd. 2005.

20 Farid Belkahia: »Questionnaire«. In: *Souffles*, Nr. 7/8, 1967, S. 25–31, hier S. 29.

21 Diese Form der Wissensproduktion begann nicht mit dem französischen Protektorat, sie ist vielmehr konstitutiv für das koloniale Projekt als solches. Siehe Benjamin Roger: *Orientalist Aesthetics: Art, Colonialism, and French North Africa. 1880–1930*. Berkeley: University of California Press 2003.

22 Diese Kritik findet man in Kader Attias Arbeit zu Berber-Schmuck, doch er führt sie einen Schritt weiter, indem er über die Vorstellung des Handwerks als eine wesentliche Kulturform hinausgeht und stattdessen die hergestellten Gegenstände als Artikulationen von Machtverhältnissen und transkulturellen Kontakten liest; diese Kritik teilt Abdellatif Laâbi, der ähnliche Ideen vorträgt, in seiner Einleitung zu der *Souffles*-Sonderausgabe »Art Plastique«, Nr. 7/8, 1967, S. 3.

23 Abdelatif Laâbi: »Le gachis. Relâcher l'histoire«. In: *Souffles*, Nr. 7/8, 1967, dt. Übersetzung durch Hg.

24 Vor dem Konflikt, der im Sechstagekrieg mündete, schrieb Gamal Abdel Nasser: »Es geht um die Rechte der Araber aus Palästina, da die Israelis sie gefoltert, vertrieben und ihr Land genommen haben.«

25 Die OSPAAL (Organization of Solidarity with the People of Asia, Africa and Latin America) ging 1957 aus der Tricontinental Conference in Ägypten hervor. Von ihrer Gründung bis Mitte der 1980er Jahre produzierte sie farbige Plakate, die ihr Anliegen zum Ausdruck brachten.

26 Siehe David Kunzle: »Cuba's Art of Solidarity«. In: Susan Martin (Hg.): *Decade of Protest: Political Posters from the United*

States, Viet Nam, Cuba, 1965–1975. Santa Monica, CA: Smart Art 1996, S. 145–156.

27 Der Begriff »Third Cinema« wurde geprägt von Fernando Solanas und Octavio Getino in ihrem berühmten Manifest »Hacia un tercer cine«, das sie in den späten 1960er-Jahren schrieben. Third Cinema wurde konzipiert als eine militante kulturelle Praxis parallel zu den antikolonialen und revolutionären Kämpfen der 1960er Jahre. 1969 veröffentlichten Solanas und Getino ihr Manifest in der Zeitschrift *Tricontinental*, die einen enormen Einfluss in der industrialisierten Welt und den Entwicklungsländern hatte.

28 Gwen Allen: *Artists' Magazines: An Alternative Space for Art*. Cambridge, Mass: MIT Press 2011.

29 Zwei oder drei Sprachen zu sprechen, ist nicht nur die Folge des europäischen Kolonialismus, sondern hat auch mit Marokkos Mehrsprachigkeit und den verwobenen Geschichten des gesamten mediterranen Raums zu tun. Seit der Unabhängigkeit von Frankreich 1956 ist die offizielle gesprochene Sprache Marokkos Arabisch, genauer gesagt der maghrebinisch-arabische Dialekt Darija. Die Berber-Dynastien und die maurisch-andalusische Kultur haben die Geschichte und Sprache ebenso geprägt wie die Ankunft arabischer Nomadenstämme im Mittelalter. Seit der Verabschiedung der neuen Verfassung 2011 – das Resultat der Reformbewegung 20. Februar (im Kontext des arabischen Frühlings) – werden nun auch die Berbersprache Tamazight und andere lokale Berber-Sprachen offiziell gesprochen. Dieser multilinguale Zustand ist Ausdruck vielgestaltiger historischer Machtverhältnisse und hängt auch mit der geografischen Lage Marokkos als südwestliches Tor zum mediterranen Raum und als nordwestatlantische Grenze Afrikas zusammen.

30 Diese Diskussion bezieht sich auch auf jüngere Studien aus dem anglophonen Kontext zu den trikontinentalen und panafrikanischen Dimensionen von *Souffles*. Siehe Clare Davies: »Decolonizing Culture: Third World, Moroccan, and Arab Art in *Souffles/Anfas*, 1966–1972« in: Annett Busch und Anselm Franke (Hg.): *After Year Zero. Geographies of Collaboration*, Koproduktion des Museum of Modern Art Warsaw und dem Haus der Kulturen der Welt. Berlin 2015, S. 84–109; und Olivia C Harrison: »Cross-Colonial Poetics: *Souffles-Anfas* and the Figure of Palestine«. In: *The Journal of the Modern Language Association of America*, Vol. 128, No. 2, März 2013, S. 353–369.

31 Dies wurde in den Gesprächen deutlich, die mit Toni Maraini und Abdellatif Laâbi zwischen 2016 und 2017 geführt wurden.

32 Der Gebrauchswert der Künste war auch ein wesentlicher Punkt in den theoretischen und künstlerischen Untersuchungen der radikalen Kunstszene Brasiliens in den 1950er und 60er-Jahren. In seinem Artikel »Nos on Industrial Design« erklärte Rogerio Duarte, dass die Ideen des Werts, wie sie im Westen vorherrschten, etwa jene des Bauhauses, in Brasilien von der Vorstellung des Objekts und der Warenproduktion durch Künstler:innen wie Lygia Clarke oder Helio Oticica befreit wurden. Rogerio Duarte kollaborierte auch mit Lina Bo Bardi und Glauber Rocha in deren Projekten in Salvador de Bahia, im Nordosten Brasiliens, und hatte ein weitergehendes gesellschaftspolitisches Verständnis von Gestaltung. Der Text wurde 2017 anlässlich der Ausstellung von Rogerio Duarte im Portikus in Frankfurt am Main in *Marginalia*, Nr. 1, S. 201–206, veröffentlicht

Bücher als Gegenstände und verschobene Gebrauchswertversprechen in der Kunst

Stephan Geene

Man muss eine Buchmesse nicht für die Quintessenz des Buchmachens halten und eine Kunstmesse nicht für diejenige der Kunst, und doch ist deren Vergleich auch für Bücher und die Bildende Kunst insgesamt interessant: Markt ist beides, Kunst- wie Buchmesse, und Autor:innen bzw. Künstler:innen werden darin finanztreibartig gehandelt und verhandelt, auf- und abgewertet, und ihre Produkte, also das, was sie herstellen, spielen in diesen Bewertungen eine entscheidende Rolle – mal leichter überschaubar, aber schwerer nachvollziehbar, zuweilen geradezu okkult wie in der Bildenden Kunst, mal schwerer ein- bzw. übersehbar wie bei Büchern, die gelesen werden müssen und so ein Mindestmaß an Zeit voraussetzen, wenn ihr Wert oder Unwert sich dem Lesen aber oftmals nachvollziehbarer erschließt als beim sog. Sachbuch.

Die jeweilige Form von Kaufbarkeit oder Käuflichkeit ist in beiden Bereichen anders eingefaltet, im Buch überlebt sie serialisierter, objekthafter Triumph einer relativen Massenproduktion, noch in der Kleinauflage. In der Kunst kann sie sowohl Bedrohung sein wie Transzendenz als eigene Form der Preislosigkeit bei ultimativem, quasi unendlichem – weil spektakulärem – Wert wie bei den Bildern der Moderne bis Warhol oder Richter. Demgegenüber ist Käuflichkeit im Buch eine Handlungsanweisung als conditio sine qua non seiner Herstellung: es hätte die Buchauflage ohne diese Annahme gar nicht gegeben.

Autonomie und Gebrauchswertversprechen

Diese Unterschiedlichkeit zwischen Buch und Kunst hat mit einer offenkundigen, aber durchaus komplizierten Frage zu tun, nämlich der des Ge- bzw. Verbrauchs. Während es Verbrauch in der Bildenden Kunst nur als Randlage gibt (wie in der Performance Art oder bei Banksys Selbstauflösungs-Auktionskunstaktion 2020), ist sie dem Buch durchaus eingeschrieben: weglegen after reading. Und selbst wenn Bücher gesammelt werden oder in Bibliotheken aufbewahrt, dann doch in der Regel, um sie in ihrem Gebrauch und daher (relativem) Verbrauch wieder aktualisieren zu können. Dass Kunst auf abstraktere Weise aber durchaus etwas aufbewahrt, ihren Wert nämlich, allerdings um den nicht unbedeutenden Aspekt einer Zeug:innenschaft von künstlerischer Expertise oder Drama oder Auseinandersetzung, sollte nicht unterschlagen werden; auch das ist Gebrauchswert. Es handelt sich daher nicht wirklich um einen scharfen Gegensatz zwischen verschiedenen Gebrauchswertversprechenstypen, aber dennoch um einen Unterschied, eine Spannung. Und in der Art, wie in der Bildenden Kunst gegenwärtig genau diese Spannung zwischen Funktionalität und Afunktionalität (oder, klassisch, Autonomie) ausgehandelt wird – oder wie diese Aushandlung umgangen wird und verschoben –, spielt das Buch als Genre eine besondere Rolle, mindestens aber ist es ein für diese Frage paradigmatischer Ort.

Das Buch spielt für die Bildende Kunst in dieser Frage eine besondere Rolle, wenn es darum geht, den Ausstellungsraum zu erweitern, einen, wie es Josef Beuys nun einmal emblematisch prägte, erweiterten Kunstbegriff zu praktizieren, also wenn die Überzeugung zum künstlerischen Selbstverständnis gehört, dass »Art is not enough«, wie eine von Renate Lorenz in den 1990er Jahren in der Shedhalle Zürich kuratierte Ausstellung dies formulierte. Dieses *not enough*, dessen *enough* dann irgendwo anders zu suchen ist, bleibt als Gegensatz zur de facto ausgestellten Kunst unbestimmt, wird dennoch vermutet im Sozialen, im Gesellschaftlichen, im Politischen.

Das Buch als Teil der Ausstellung, als Parallelaktion, als Aufarbeitung einer Recherche, als Dokumentation eines Symposions, kann dieses Mehr und dieses gewünschte *enough* adressieren, verhandeln, lagern, verschieben, gerne auch auf eine unbestimmte Zukunft. Denn auch das Buch kann es nicht selbst realisieren, auch hier ist es nur eine Vergegenständlichung und Diskursivierung einer Absicht, einer Orientierung.

Wenn dieses Mehr sich weniger auf Dokumentation und Archivierung von Sozialem richtet als auf Theorie als Auslotung der Bedingungen der Möglichkeit einer Politik, wie das für viele Projekte in den 1990er Jahren gilt, dann ist damit nicht einfach eine Metadiskussion der jeweiligen Zusammenhänge gemeint, der seit den 1980er Jahren dominante poststrukturalistische Diskurs zeichnet sich ja besonders durch Skepsis gegenüber seiner Repräsentationsfunktion aus: die im Diskurs verhandelte Welt wird durch ihn gegebenenfalls erst konstituiert oder jedenfalls verändert: nach welchen Regeln wird Sinn erzeugt, welcher Stringenz oder Antistringenz ist sie anvertraut, oder ist selbst der Diskurs die Grenze der Diskursivität, wie es in der Lacan-Schule, bei Derrida oder Deleuze gilt?

Die Theorie holt den Sinn und die textinduzierte soziale Verschiebung in den Text hinein im Sinne der Theorie der Sprachhandlung, wie sie in den 1990er Jahren in der Folge von Austin und Searle diskutiert wurde. Dessen Echo belebt vor allem gerade heute die umgekehrte Diskussion, dass sprachliche Missachtungen auch real-weltliche Missachtungen sind, wie in sprachbasiertem Rassismus und Misogynie.

Während sprachliche Gewalt mit sozialer Gewalt zwar nicht in eins fällt, aber doch offenbar damit korreliert, gilt das keineswegs umgekehrt: sprachlich gewaltlos zu sein – was immer das genau sein könnte – schafft noch keinen gewaltfreien Raum, Ungleichheiten nicht zu reproduzieren, Egalität sprachlich zu betonen, erzeugt sie nicht. In Sprache also etwas abzuspeichern, was dann damit, als Gebrauch, damit passieren könnte, bleibt spekulativ.

Es dennoch zu tun, hat Tücken, die sich überraschenderweise mit etwas vergleichen lassen, mit dem es doch nun so gerade gar nichts zu tun haben will, nämlich mit der spätkapitalistischen Marktlogik, in der eine zukünftige Projektion als Gebrauchswertversprechen figuriert. Dass es nämlich im Kapitalismus in Wahrheit gar keinen Gebrauch gebe, der auf ein solches Versprechen folge, dass es nur von dessen Fiktion begleitet werde, oder, wie es die Marx'sche Kritik in den 1970er Jahren bei Wolfgang Fritz Haug erneuerte, nur als dessen grundsätzlich unerfüllbares Versprechen, das bei seiner vorhersehbaren Nichterfüllbarkeit den Status einer Ästhetik erreiche[1], ist in Zeiten lange nach den Erkenntnissen der Sprachhandlung und der Aufmerksamkeitsökonomie keine besonders originelle Beobachtung. Dennoch legt Haugs Ästhetik einen gewissen Zirkelschluss nahe für den Bereich der Kunst, der sich in der Nachkriegsphase als Autonomie vom Gebrauchswertversprechen weitgehend emanzipiert hatte und damit wiederum analoge Aporien in der Ökonomie ermöglichte, wie bei Pierre Klossowski, der ebenfalls in den frühen 1970er Jahren die Notwendigkeit der Aufhebung von ökonomischer Effizienz gerade für deren Aufrechterhaltung postulierte, der also die sinnlose Vergeudung als notwendige Voraussetzung von ökonomischer Effizienz im Kapitalismus erklärte.[2] Dessen eklatante Spiegelung ermöglichte bekanntlich damals Andy Warhol, der diese Aporie als Affirmation gelöst hat oder aufgelöst – zumindest aber verschoben. Wenn Kunst Business ist, also gnadenlose Verkaufbarkeit, wie er nonchalant affirmierte[3], dann ist zwar Business erst dann Kunst, wenn Warhol es dazu macht, sonst nämlich nicht, Verkäuflichkeit ist aber eine eigene Form der Selbstreferenz.

All diese Überlegungen basieren jedoch auf einem ungeklärten Erbe der Avantgarden, ihrer Kunst-Leben-Dichotomie: erst wenn man beide Bereiche trennt, lässt sich ihre Einheit manifestartig fordern, nur dann lässt sich Kunst instrumentalisieren als Mittel zum Zweck ihrer – gegebenenfalls auch zwecklosen – Realisierung außerhalb ihrer selbst, nämlich im Leben. Und auch wenn sie heute überholt und insgesamt naiv erscheint, so lebt sie doch auch als widerlegte weiter.

Und es ist gerade die Instabilität und die Nichtbelastbarkeit des künstlichen Gegensatzes von Kunst und Leben, die eine Sensibilität aufweist für eine Antinomie: real ist eine Sache gerade dadurch, dass sie sich jeder Deutung entzieht, stärker, evidenter, zwingender als alles Diskursive: Krieg, Krankheit, soziale Ungleichheit, das Migrationsregime. Und doch kommt dieses so reale nicht aus ohne Nennung, und hier ist es sofort wieder eine Konstruktion, die aus der Tatsachennennung ein Instrument macht. Einer Lücke, der man bei den Diskursen seit Lacan bis Žižek um das Reale zuschauen kann oder auch bei der offenbaren Möglichkeit, Lügen als Tatsachen zu verkaufen wie zunehmend in der politischen Debatte um Klimakrise, Trumpismus oder Corona-Maßnahmen.

Sie liegt aber auch den von Oliver Marchart[4] jüngst weitergeführten Debatten in der politischen Theorie und ihrer auf grundlegender Unbegründbarkeit gegründeten Unterscheidung von Politik und dem Politischen zugrunde – um hier einmal die Grund-Metapher ultimativ auszuschlachten. Während *Politik* die konkreten Maßnahmen politischer Organisation sind (Gesetze erlassen oder Straßen bauen), ist *das Politische* die Bedingungen der Möglichkeit dessen, was überhaupt politisch gedacht werden kann, wie politische Maßnahmen ergriffen werden können und wie sie sich gemeinsam aushandeln lassen. Dass es einen Zugang zum Politischen gebe, ist vielleicht der *hidden attractor* der Politik-Kunst-Verbindung seit den 1990ern.

Zwei theoretische Strömungen dieser Zeit sind wahrscheinlich die idealtypischsten Beispiele eines Zusammenfalls von theoretischer Analyse und einem Einsatz des Politischen als Bedingung der Möglichkeit politischer Veränderung – mikropolitisch und makropolitisch: Judith Butlers *Gender Trouble* und die postoperaistische Theorie im Umfeld von Toni Negri, Maurizio Lazzarato u.a., also einerseits die Dekonstruktion von sexueller Identität im Postfeminismus und andererseits die »Produktion von Subjektivität«[5].

b_books

Die Gründung des Verlags b_books 1996 fand statt im Kontext dieser »Anrufung«. Sein eigentlicher Startschuss bestand in dem Bedürfnis der Betreiber:innen-Gruppe des Buchladens und ihrer Freund:innen, den nicht mehr erhältlichen Text von Louis Althusser *Ideologie und ideologische Staatsapparate*[6] zu lesen und zu diskutieren. Früher als die poststrukturalistische Bewegung beschrieb Althusser eine Szene der Anrufung in und als Subjekte, die zwar keineswegs willentlich zu beantworten ist, die dennoch die Möglichkeit impliziert, diese Anrufung zu modifizieren oder das, was von ihr gehört wird. In der Folge von einer Reihe Diskussionsveranstaltungen erschien ein copy-Raubdruck von *Ideologie und ideologische Staatsapparate* und später entstand der Verlag b_books mit Büchern von Toni Negri, Linda Singer (mit Vorwort von Judith Butler) u.a. Die Entstehung hing also zuerst sehr eng zusammen mit Veranstaltungen und Diskussionen; das Buch hatte eine Funktion, nämlich Aktivitäten, die nicht in erster Linie im klassischen Aufführungs-/Ausstellungsraum stattfinden oder jedenfalls nicht darauf bechränkt sein sollten, wie Filmen oder visuell-diskursive Ausstellungen, ein gerne Plattform genanntes Etwas zur Verfügung zu stellen, das sowohl die entsprechenden Aktivitäten lesbarer machen sollte als auch Diskussionen, also Weiterentwicklungen. Theorie wurde darin eine besondere Rolle zugestanden als Instrument zur Verbesserung von beidem, von Selbstverständigung.

Das im Jahr 2000 erschienene Buch *Belgrad Interviews*[7] von Katja Diefenbach und Katja Eydel setzt viele dieser Verfahren um oder setzt sie jedenfalls voraus. Beide Künstlerinnen/Autorinnen sind nach Belgrad gefahren und haben sich dort mit verschiedenen Personen aus der kulturellen Subkultur verbunden und deren Verhältnis sowohl zum postsowjetischen Regime wie auch zu den Nato-Bombardements aufgezeichnet. Dazu haben sie verschiedene Strategien benutzt wie Interviews, teilnehmende Beobachtung, politische Analyse, Dramaturgie und Fotografie.

Natürlich handelt es sich bei dem Ergebnis auch um Alternative Öffentlichkeiten oder Gegenöffentlichkeiten, denn nahezu alles, was in dem Buch vorkommt, ist weder der Berliner Öffentlichkeit insgesamt noch dem Umfeld von b_books bekannt.

Belgrad Interviews praktiziert aber auch Zugehörigkeit zu einer Geschichte der unorthodoxen Linken, die sie damit auch aktualisiert und fortschreibt. Im Vorwort beleuchtet Katja Diefenbach sehr ausführlich den speziellen Weg, den marxistisches-undogmatisches Denken im ehemaligen Jugoslawien nehmen konnte, und die Schwierigkeiten, der populistischen Nationalisierung bereits vor 1989 etwas entgegenzusetzen. Die Wiederaufnahme genau dieses Weges bedeutet ihr aber auch, eine Weiterführung der jugoslawischen Marx-Rezeption und deren Aufgabe des ökonomischen Primats als Aufmerksamkeit für Alltagsgeschichte und Sub- und Populärkultur zu interpretieren.

In diesem Sinne ist die Sensitivität für die Machart des Buches zu verstehen, für den Stil oder die nicht-diskursive – oder genauer: nicht offensichtlich nicht-diskursive – Seite, man könnte auch sagen: die formale Seite. Das beginnt beim Tonfall der Gespräche, der bedacht darauf ist, beiläufig und alltagssprachlich zu sein, alltägliche Beobachtungen ernst zu nehmen, also auch Kleidung, Einrichtungen, Umstände, die nicht direkt das Thema betreffen. All das sind mehr als nur Formen der Vermittlung einer Sache, die auch anders – vielleicht akademischer oder wissenschaftlicher – vermittelt werden könnte, sondern die Message selbst, wenn auch vielleicht in der Verweigerung von Message.

Am entscheidendsten kommt es aber in der Bedeutung zum Ausdruck, die die Fotos von Katja Eydel haben und die auch im Layout als mit dem Text gleichbedeutend betont werden. Sie sind eben keine Sozialreportage, vermeiden alles Anekdotische, sind formalistisch inspiriert und assoziieren daher die Sachlichkeit der Becher-Schule. Sie präferieren die baulichen und architektonischen Oberflächen, einschließlich der alter-kapitalistischen Verkaufsflächen. Auf visueller Ebene schreiben sich die Zerstörungen durch die Nato-Bomben ein in die Bauten sozialistischer Moderne wie in die Verlaufsdisplays.

Aber lassen sich diese fotografisch-visuellen Entscheidungen diskursiv verhandeln jenseits einer Interpretation als Aufgabe von Kunstkritiker/innen? Sicherlich prägt die formalistische Herangehensweise jede folgende Diskussion, mal mehr oder weniger. Aber die Bewusstmachung des Trans-Diskursiven ist sehr schwer und lässt sich in der Rezeption des Buches schwer finden.

Hier entstand eine Grenze, deren fehlende Überschreitung heute als ungelöstes Problem die sogenannte Künstlerische Forschung heimsucht. Und für die Veröffentlichungspraxis von b_books ist es eine rekurrierende Frage.

Coda

2019 gründen in Berlin einige Künstler:innen den Verlag *Wirklichkeit Books*. Schon der Name schillert verdächtig, der Bezug auf Realität wird nicht dokumentarisch verstanden, weder im Vorgehen der Bücher noch in ihrer thematischen Ausrichtung. Die Webseite erklärt »*Wirklichkeit Books* verlegt Bücher mit dem Ziel, Worte, Bilder und Handlungen für eine neue Wirklichkeit zu finden.«[8] Das nimmt beiläufig und antipathetisch die oben beschriebene Geschichte der Moderne auf und die Auflösung der Repräsentationsfunktion. Die Gründung des Verlags steht 2019 in einem enorm anderen Kontext als b_books 1996, als es nur wenige Verlage gab, die so unkommerziell mit diesem Feld umgingen. Heute stehen sie innerhalb einer enormen Flut von jungen Verlagsgründungen, oft aber auch nur Labels oder Kleinauflagenkultur, die seit mehr als zehn Jahren mit Veranstaltungen wie Miss Read in Berlin und anderen die Durchhaltefunktion des New Yorker Buchladens und Vertriebs *Printed Matter* verspätet einholen. Sie unterscheiden sich von den 1960er und 1970er Jahren mit ihrer Erweiterung der Kunst als Auflagenobjekt, sie sind auch keine Kataloge von Arbeiten, sondern entscheiden sich fürs Lesen im Sinne eines Primats der Buch-Abfolge von Gedrucktem, Seiten, Leserichtung, Lesbarkeit und deren Verweigerung, Visualität versus Lesen. Mehr als das Objekt, mehr als das Bild, impliziert es Nutzung, jede mögliche Autonomie, die es seit Mallarmés sowohl utopischem wie erratischem Buch spätestens gibt, ist in dieser Hinsicht teilaufgehoben.

Schon überhaupt die Tatsache einer Wirklichkeitsbooks-Webseite anstatt des immersiven Aufgehens im instagram/twitter/etc-Log-Sog wie auch der retro-Gag, als Link zum Verlagsnamen ein audiofile aufzurufen, das den Namen in deutschem Englisch (oder umgekehrt) ausspricht, artikuliert den Hang zum relativ Gegenständlichen, der ja im DIY insgesamt liegt.

1 Wolfgang Fritz Haug: *Kritik der Warenästhetik*. Frankfurt a.M.: Suhrkamp, 1971, s.a. S. 17.

2 Pierre Klossowski: *Das Lebende Geld (La Monnaie vivante)*, 1970, neu erschienen als: Ders.: *Die lebende Münze*. Berlin und Zürich: Passagen, 2021.

3 Andy Warhol: »Making money is art and good business is the best art«, vgl. Varian Viciss: *On Warhol: Business is the best art*, https://medium.com/art-meanderings-for-living/on-warhol-business-is-the-best-art-f4b2ddfa53d9 (zuletzt: 16.06.2024).

4 Oliver Marchart: *Die politische Differenz. Zum Denken des Politischen bei Nancy, Lefort, Badiou, Laclau und Agamben*. Berlin: Suhrkamp, 2010.

5 Toni Negri: *Ready-Mix*. Hg. von Pashutan Buzari. Berlin: b_books, 1998.

6 Louis Althusser: *Ideologie und ideologische Staatsapparate*. Hamburg: VSA Verlag, 2016 (Originalausgabe 1970).

7 Katja Diefenbach, Katja Eydel: *Belgrad Interviews*. Berlin: b_books, 2000, https //www.bbooks.de/verlag/belgrad-interviews (zuletzt: 16.06.2024).

8 Wirklichkeit Books, https://www.wirklichkeitbooks.com (zuletzt: 16.06.2024).

»Bookness« in den Künsten

Eine dialektische Geschichte dringlicher Publikationsexperimente

Geert Lovink

»Kein Mensch kann nachdenken, ohne innezuhalten.«
Hannah Arendt

Sich zu beschweren ist das eine, Alternativen zu erzeugen das andere.[1] Das trifft auch auf DIY-Veröffentlichungen zu. Während sich die Zahl an Publikationsplattformen im letzten Jahrzehnt vervielfacht hat, bleibt die Kontrollmacht der »dominanten Medien« als Gatekeeper so stark wie eh und je. Während es neue Apps wie Clubhouse, Substack und TikTok in den Mainstream geschafft haben, erweist sich der publizistische Status quo als erstaunlich hartnäckig. Die hegemonialen Verknüpfungen von Branchenriesen wie Bertelsmann, RELX Group oder Pearson und ihrer Plattformlogik kann gar nicht hoch genug eingeschätzt werden. Mit dem Marketingbudget, das einer Veröffentlichung zufließt, hat man Kritiker:innen und Influencer:innen schnell auf seiner Seite. Das Spiel hängt größtenteils von Werbung (in den sozialen Medien) ab. Das heißt, es gibt in diesem Bereich zwei Formen von Gatekeeping: diejenige der Herausgeber eines Verlags und diejenige der Algorithmen in den sozialen Medien.

Die Messung von »Sichtbarkeit« scheint sich von Suchergebnissen/ Google-Stipendiaten-Rankings und Bestsellerlisten auf die Macht von Followern, Likes und die Manipulation von Algorithmen verlagert zu haben. Eine wachsende Zahl von Schriftsteller:innen, Forscher:innen und Künstler:innen wendet sich aber von datengesteuerten »Wirkungsmessungen« ab und widmet sich der Freude am hybriden Experimentieren. Eine andere Form der Öffentlichkeit scheint möglich zu werden. Es gibt eine kleine, aber florierende postdigitale Verlagsszene, die sich nicht mehr nur um den gegenkulturellen Wert ihrer eigenen »coolen« Identität (Typografie und Grafikdesign) kümmert, sondern ihre Praxis auf eine wachsende Vielfalt von Materialkanälen, Werkzeugen, Arbeitsabläufen und Gemeinschaften verlagert – von Monoskop, SciHub und T-Shirts über Mastodon, Discord und Riso-Printing bis hin zu Blogs und Meme-Accounts auf dominanten sozialen Plattformen.

Während Amazons Kontrolle über die Vertriebswege stetig gewachsen ist und daher zahlreiche unabhängige Buchhandlungen aufgeben mussten, ist aber ebenso eine Zunahme der technischen Möglichkeiten festzustellen, unabhängige Publikationen zu produzieren und über die sozialen Medien zu vermarkten. In unserem Amsterdamer Institute of Network Cultures (INC), einer Forschungseinheit an der Hogeschool van Amsterdam (HvA), haben wir seit der Gründung im Jahr 2004 alternative Publikationskanäle entwickelt. In diesem Aufsatz gebe ich einen Überblick über technische und gestalterische Experimente, die zeigen, dass es möglich ist, dominante Wissensformate wie den Peer-Review-Zeitschriftenartikel, die akademische Monografie, das Lehrbuch oder den Sammelband in Frage zu stellen, wie sie von einer Handvoll Metriken, die von der großen Verlagstechnologie gesteuert werden, definiert und überwacht werden.

2004/2005 nahm das INC seinen Anfang mit einem Blog, der Erstellung mehrerer Mailinglisten (auf dem eigenen Server listcultures.org) und drei Reihen gedruckter Publikationen: die *Network Notebooks*, Broschüren mit jeweils 20.000 Wörtern, die als PDF und als kostenlose Printversion (bis 2014) erschienen sind,[2] der jährliche *INC Reader*, der heute noch erscheint (#15 ist der *Critical Meme Reader*)[3] sowie die heute nicht mehr existenten *Studies in Network Cultures*, die mit NAi Publishers in Rotterdam herausgegeben wurden – eine stark subventionierte Serie monografischer Bücher.[4] Aus der Welt der Netzwerke, Kollektive, sozialen Bewegungen und NGOs stammend, war es genau dieses strategische Genre englischsprachiger Monografien von »aufstrebenden« Autorinnen und Autoren, das sich als härteste zu knackende Nuss herausstellte. Die Idee dahinter war, dass solche Monografien den Karrieren neuer, noch nicht etablierter Medientheoretiker:innen auf die Sprünge helfen könnten. Doch die NAi-Serie musste nach der Finanzkrise 2008 aufgrund brutaler Budgetkürzungen im niederländischen Kunstsystem eingestellt werden. Zudem wusste der Verleger nicht wirklich, wo diese Monografien verkauft werden konnten. Mit vorab zu leistenden Produktionskosten von bis zu 25.000 Euro für eine Auflage von 1.000 Exemplaren mussten sie, wie man sich leicht ausrechnen kann, für 25 Euro im Buchhandel verkauft werden. Das Unterfangen war geradezu absurd. Das INC zog sich immer weiter in die »kostenlose« virtuelle Domäne zurück, reduzierte die Kosten drastisch und erforschte von nun an die Ränder digitaler Publikation. Auf professioneller Ebene unabhängig zu veröffentlichen und dabei den Autor:innen, Herausgeber:innen, Designer:innen, Drucker:innen, Logistiker:innen und Buchhändler:innen Löhne zu zahlen, von denen sie leben können, ist nur möglich in einer Wirtschaftlichkeit durch große Serien oder mit einem großzügigen Stipendiensystem. Es wird immer schwieriger, Nischentitel zu produzieren, die ihr eigenes Publikum erst noch erzeugen müssen und denen ein ordentliches PR-Budget fehlt. Einige Aspekte, an die wir uns gewöhnt hatten, mussten über Bord geworfen werden.

Zu den digitalen Publikationsexperimenten, die wir durchführten, gehörten Konferenzen, die wir zusammen mit unseren langjährigen Partnern an der Rotterdamer Kunstakademie Willem de Kooning organisierten – etwa *print/pixel* (2009, Rotterdam)[5], *The Unbound Book* (2011, Amsterdam/Den Haag)[6], *Boek uit de band* (2012, Amsterdam)[7], *Off the Press* (2014, Rotterdam)[8] und *Urgent Publishing* (2019, Arnheim).[9] Alle resultierenden Materialien aus den Jahren 2011–2017 wurden in dem Blog *Out of Ink-Future of Publishing Industries* zusammengestellt.[10] Diese Forschung basierte auch auf der Arbeit von Joost Kircz und den Veröffentlichungspraktiken des INC selbst, die bis in die Jahre 2004 und 2005 zurückreichen. Ich könnte auch meine eigene »Erfolgsgeschichte« alternativer Veröffentlichungen seit den späten 1970er Jahren erwähnen, etwa die von mir gegründeten Zeitungen der Besetzungsbewegung *Grachtenkrant* und *bluf!* bis zu *Raket & Lont* (in dem 1985 das von Klaus Theweleit inspirierte, wilde Filmtheoriebuch *Het Beeldenrijk* (*Reich der Bilder*) unseres Theoriekollektivs Bilwet/Adilkno erschienen ist). Erwähnenswert ist auch meine Mitgliedschaft in der Redaktionsleitung des studentischen Verlags SUA (Socialistiese Uitgeverij Amsterdam), das vom Postmarxismus kommend sich den neuen sozialen Bewegungen zuwandte. In den späten 1980er Jahren arbeitete ich fünf Jahre lang für die (Post-)Videokunstzeitschrift *Mediamatic* und war Mitbegründer des aus der Besetzungsbewegung hervorgegangenen Verlags Ravijn. Das war alles bevor ich mich dem turbulenten Internetzeitalter zuwandte im Rahmen von kollektiven Veröffentlichungen 1995–1998 als Mitglied der Netzkunst-, Netzkritik- und »nettime«-Mailingliste-Community, mit der Anthologie *Readme!*, die Ende 1998 erschienen und heute noch erhältlich ist.[11]

Es gab und gibt keinen Mangel an alternativen Veröffentlichungspraktiken. Der Ausgangspunkt war in diesem Fall die damals bestehende post-68er-Ökologie aus DIY-Medien, die ihre eigene Produktionskette kontrollierten – von Inhalt, Satz, Grafikdesign, Druckprozess und Buchbindung bis zu den Vertriebswegen und Buchhandlungen – alles im Dienste der sozialen Bewegungen und Untergrundkulturen. In den 1990er Jahren zerfiel diese integrierte Infrastruktur progressiver Bewegungen und wurde durch eine Herangehensweise temporärer »taktischer Medien« ersetzt. Sie umfasste eine lokale Mischung aus Zines, Labels und freien Piratensendern sowie CD-ROMs und Fernsehexperimenten. Dieser Zugang führte letztlich zu einer technokulturellen Verschiebung hin zu Multimedia und Computernetzwerken. In den späten 1990er Jahren wurde das Internet schnell zur dominanten

Publikations- und Vertriebsplattform. Dem postdigitalen Hype, der eine Rückkehr zur Zine-artigen, materiellen »Maker«-Kultur Mitte der 2010er Jahre propagierte, ist es (bisher) nicht gelungen, seinen kleinen und wunderschönen Zugang viral zu popularisieren. Ein nachhaltiges dezentrales Produktions- und Vertriebsnetzwerk muss erst noch hergestellt werden. Plattformabhängigkeit ist nach wie vor eine kulturelle Tatsache.[12]

Erst im letzten Jahrzehnt fingen wir mit unserer spezifischen kritischen Forschung an – in der Folge der Markteinführung von Apples iPhone 2007 und Amazons Kindle E-Reader sowie des damit einhergehenden Siegeszugs der sozialen Medien. Erwähnenswert ist das angewandte Forschungsprojekt des INC, das zum *Hybrid Publishing Toolkit* (2013–2015) führte.[13] Dabei handelt es sich um ein heute noch populäres Handbuch, das eine Einführung in den kostengünstigen plattformunabhängigen »Markdown«-Publikationsablauf gibt, mit einem besonderen Fokus auf die Herstellung von e-pubs für Smartphones und Tablets. »Das Toolkit richtet sich erstens an Verleger, die es sich oft nicht leisten können, für das Design ihrer E-Books externe Dienstleister zu beauftragen, und zweitens an diejenigen, die den Designprozess in eigenen Händen behalten wollen.«[14] Das Forschungsprojekt bestand aus einer Reihe von Workshops mit kleinen Teams von Designer:innen, Programmierer:innen und Verleger:innen, die an Prototypen arbeiteten, und führte zu der Konferenz *Off the Press* und der Produktion des Toolkits. Ein wichtiger gegenwärtiger Kontext, um dies zu verdeutlichen, ist der des epub. Als das Toolkit erstellt wurde, waren die Erwartungen an die Möglichkeiten von Multimedia oder Cross-Media hoch. Doch die unterschiedlichen Spezifikationen der E-Reader und die langsame Entwicklung des Formats führten schließlich zu einer Entfremdung seitens der Künstler:innen und Designer:innen, wodurch epub vornehmlich zu einem Format für Romane wurde, die in öffentlichen Verkehrsmitteln, am Strand oder im Bett gelesen werden können.

Von 2015 bis 2018 existierte die mit dem INC verbundene halbautonome Forschungseinheit »PublishingLab«. Sie wurde von Margreet Riphagen koordiniert, mit Silvio Lorusso als leitendem Programmierer und der Mitarbeit externer Partner und einer Gruppe internationaler Praktikant:innen. Ich möchte zwei Projekte aus dieser Zeit hervorheben: »Reading on Steroids«, das den Newsletter-Boom vorwegnahm, und »Analogy«, das Mikroarbeit mit KI verband, um ein plausibles Geschäftsmodell für Publikationen und Textdatenbanken zu entwerfen. Das Labor schaffte die Basis für unser zweites zweijähriges angewandtes Wissenschaftsprojekt »Making Public«. Bei »Making Public« ging es um die Vorstellung der »dringlichen Publikation« (2018–2020). Ein zentraler Punkt war das immer relevanter werdende Thema der Geschwindigkeit, das während der darauffolgenden Corona-Krise lebenswichtig wurde, als Forschungsergebnisse so schnell wie möglich geteilt werden mussten. Während das Nachdenken seinen eigenen Zeit-Raum beansprucht, der nicht geschmälert werden kann, ist es möglich, die Produktion zu beschleunigen. Ist das Veröffentlichen im Zeitalter der digitalen Echtzeitkommunikation dazu verdammt, wie manche meinen, die Fakten hinter den Fakten zu dokumentieren? Verleger:innen haben immer eine wichtige Rolle gespielt, öffentliche Debatten zu initiieren und anzuregen – eine Rolle, die sich in den letzten zwei Jahrzehnten radikal verändert hat. Was bevorzugen Sie – Geschwindigkeit, Einfluss oder Qualität?

Der Forschungsbericht *Here and Now* von 2020 fasst dies wie folgt zusammen: »Trotz der Versprechen der Desktop-Publishing-Revolution und der Unmittelbarkeit der Publikation im Internet hat sich der Veröffentlichungsprozess nicht wie erhofft beschleunigt. Es scheint allzu oft der Fall zu sein, dass einer der drei Erfolgsfaktoren, die wir bei der Veröffentlichung bestimmt haben – Geschwindigkeit, Qualität und die Platzierung der Publikation beim Publikum – nur auf Kosten der anderen beiden verwirklicht werden kann. Beschleunigung bedeutet Qualitätseinbußen, denn es gibt weniger Zeit für das Editieren; ein zu großer Fokus auf Qualität kann dazu führen, dass die Publikation nicht beim Publikum platziert werden kann und die Geschwindigkeit der Veröffentlichung sicherlich leiden wird. Das übt Druck auf die Rolle der Verleger:innen als Katalysatoren öffentlicher und kultureller Debatten und auf deren Publikationen als Kennzeichen für Qualität aus. Wie können Verleger:innen der Öffentlichkeit weiterhin Inhalte auf schnelle, attraktive und fokussierte Weise zur Verfügung stellen?«[15]

In einem ähnlichen Bericht von 2021 stellt Florian Cramer die Veröffentlichungsstrategien von Jordan Peterson denen von Nathalie Wynn (aka Contrapoint) gegenüber und beschreibt die folgenden Aspekte von Dringlichkeit: »1. Geschwindigkeit dank der Unmittelbarkeit von YouTube als Veröffentlichungsmedium im Unterschied zum traditionellen Verlegen; 2. Reichweite dank der Allgegenwärtigkeit von

YouTube/des Internets; 3. das Anzapfen bestehender Subkulturen und weitverbreiteter Wünsche, Diskurse und Anliegen (im Gegensatz zu Wissenschaftler:innen, Mainstream-Nachrichtenmedien und traditionellen Verlagen, die nicht mit ihnen in Kontakt stehen); 4. Parteilichkeit; die Teilung des Publikums in Anhänger auf der einen und Feinde auf der anderen Seite; 5. Meme-fähigkeit, bei der die Qualität einer Aussage weniger in ihrer Argumentation oder Konsistenz liegt, sondern im Potenzial, ›viral‹ zu werden.«[16]

Es ist hier wichtig zu sehen, wie wir diese Kriterien während unserer Forschung entwickelt und angepasst haben. Wie sollen langsame Bücher in Bezug gesetzt werden zu Echtzeitvideos und Memes, die Tausende teilen? Cramer fasst den Verlauf zusammen: Das Kriterium sollte Ansprechbarkeit statt nur Geschwindigkeit sein. Die Reichweite sollte qualitativ statt quantitativ bewertet werden. Dringende Publikation setzt nicht unbedingt Parteilichkeit voraus, allerdings bleibt Identifikation ein wesentlicher Faktor bei der Erreichbarkeit einer Gemeinschaft. Cramer merkt an, dass Memes sich nicht in einem Vakuum ausbreiten, daher kann »Meme-Fähigkeit« nie ein allgemeines Kriterium sein, weil Memes sich immer in der Gemeinschaft verbreiten, für die die Publikation gedacht ist. Er stellt fest, dass heutige öffentliche Intellektuelle gelegentlich für Zeitungen schreiben, im Radio und Fernsehen auftreten, aber noch nicht die Werkzeuge und Tricks beherrschen, um Teil der populären Internetkultur zu werden. Dennoch beobachtet er eine Verschiebung in der polarisierten niederländischen Landschaft der Kunstakademien nach Trump und in Zeiten von Covid-19, die seine These bestätigt, dass zumindest manche niederländische Designstudent:innen mit Memes umgehen können. Unterschiedliche Geschwindigkeiten und Medienkulturen können aufeinander abgestimmt werden, aber dies benötigt »Meme-Magie«, die richtige Mischung aus Street Credibility und Digitalität, Bildung und ikonografische Fähigkeiten, um mühelos zwischen Kontexten hin und her zu springen, zwischen intellektuellen Debatten, philosophischen Verweisen, künstlerischen Konzepten und popkulturellen Ikonen – um sie dann neu zusammenzusetzen.

Eine zentrale Rolle bei all diesen INC-Projekten spielte die Forscherin und Produzentin Miriam Rasch in enger Zusammenarbeit mit Margreet Riphagen und Silvio Lorusso. Die Arbeit wurde unter anderem von Tommaso Campagna und Sepp Eckenhaussen weitergeführt. Oft bekommt das INC Ideen und erste Manuskripte aus den Szenen der neuen Medienkünste, der Netzkunst, der Medientheorie und des taktischen Medien-Aktivismus.

2009 initiierte das INC eine eigene hybride E-Book-Reihe mit dem Titel *Theory on Demand* (ToD), ausgehend von der Forschung von Margreet Riphagen und der Designerin Katja van Stiphout. Sie erwies sich als die erfolgreichste INC-Formel – der 42. Titel erschien Ende 2021. Die Idee von ToD war es, mit einer Reihe von Formaten zu experimentieren und mit internationalen Praktikant:innen des INC-Forschungszentrums an der Serie zusammenzuarbeiten. Neben einem Handbuch für Autor:innen gibt es ein internes Arbeitshandbuch, um sicherzustellen, dass alle Erfahrungen unserer Mitarbeiter:innen, Student:innen, Gastdozent:innen und Praktikant:innen, die die Titel von *Theory on Demand* produzieren, dokumentiert und weitergegeben werden. Für das INC besteht experimentelles Publizieren nicht nur aus GitHub-Code oder einem avantgardistischen Grafikdesign. Es ist lebendiger Inhalt. Auch wenn es zu seltenen plötzlichen revolutionären Veränderungen kommt, zeugt die tägliche Erfahrung davon, dass sich Veröffentlichungspraktiken nur langsam über die Jahre und Jahrzehnte verändern. Eine solche serielle Herangehensweise macht es möglich, mit Autor:innen aus aller Welt zu arbeiten, die selbst sehen können, was es bedeutet, wenn ihre Arbeit sowohl als e-pub wie als PDF im Netz erscheint und gleichzeitig auf Papier als Print-on-demand (oft auf der amerikanischen Plattform Lulu) verfügbar ist. Es fehlt hier nur die Verbindung zum Buchhandel.

In den letzten zwanzig bis dreißig Jahren hat sich der Arbeitsablauf von Grafikdesigner:innen, die Bücher gestalten, nicht wesentlich geändert. Die Standardsoftware sowohl im kommerziellen wie im Bildungsbereich ist Adobe Suite. Die große Veränderung innerhalb dieses Designparadigmas war Adobes Verlagerung zu seiner Creative Cloud im Jahr 2013. Doch dieser Verlust an digitaler Souveränität seitens der einzelnen Designer:innen, die nun nicht mehr an Offline-Kopien arbeiten können, hat den zugrundeliegenden Arbeitsablauf des Druckprozesses nicht beeinflusst, da die Software immer noch keine Websites oder E-Books herstellen kann. Stattdessen konzentriert sich Adobe nun auf Datenextraktion. Bei Adobes jüngster Version von Experience Cloud werden im Rahmen der kreativen Arbeit zusätzlich Daten gesammelt und analysiert. Wie T_HQ darlegt, »können digitale Werbung und digitales Marketing mit den Angeboten der Firma nun verwaltet, ausgeführt, evaluiert und optimiert werden. Die gesammelten Daten helfen

Organisationen bei der Verbesserung ihres sozialen Marketings und ihrer Zielgruppenorientierung, wodurch der kreative Prozess insgesamt optimiert wird. Im Grunde genommen ermöglichen diese Funktionen eine Zusammenarbeit mit den Kreativteams über Abteilungen hinweg, Designs werden für die Verantwortlichen des Marketingbudgets entwickelt.«[17] Es ist das Schicksal der Designer:innen, zu integralen Vermarkter:innen und Datenverwalter:innen zu werden.[18]

Es ist also wichtig, das Offensichtliche zu wiederholen: In den vergangenen 10 bis 15 Jahren sind alle Definitionen in diesem Feld infrage gestellt, dekonstruiert und neu gerahmt worden. Im Zeitalter der sozialen Medien können und werden alle hochgeladenen Videos, Audiodateien, Texte, Likes, Kommentare und das Wischen als Veröffentlichungen betrachtet werden. Der »Prosumer« schaut nie unschuldig zu. Es geht nicht mehr um passiven Konsum. Sämtliche Mediendefinitionen sind auf den Kopf gestellt und gesprengt worden. Was ist ein Buch? Ein sogenanntes reales Objekt aus Papier ist vielleicht noch vorhanden, doch sowohl die Produktion als auch seine Einbettung findet in vernetzten Datensystemen statt. Es ist in diesem Zusammenhang wesentlich, auf die andere Seite zu gelangen und die physischen Erscheinungen einer mehr oder weniger zufälligen Form der Materialisierung zu verstehen. Statt Kultur und Technologie zu trennen, sollten Publikationen in erster Linie als digitale oder technische Objekte betrachten werden, wie dies Simondon, Stiegler und Hui beschrieben haben.[19] Es besteht hier eine Vorherrschaft des Digitalen.

Seien wir ehrlich: Die Digitalisierung hat das Buch und die Kultur des Lesens in eine funktionalistische digitale Kultur und eine ästhetizistische Druckkultur geteilt. Bücher aus der »Gutenberg-Galaxis« sind wohl immer schon technische Objekte gewesen. Doch im digitalen Zeitalter gibt es nicht nur die Tendenz, das Buch aus Papier als letzte Bastion gegen Big Tech zu feiern, sondern auch die entgegengesetzte Haltung, Bücher als nostalgische, eher traurige und unnötige Materialisationen zu sehen, unnützes Zeug, das wir unnötigerweise mit uns herumschleppen, hochwertige aber unbedeutende Gegenstände eines vergangenen Zeitalters, Symbole des »toten Walds«, der Naturzerstörung, aus dem Industriezeitalter der mechanischen Reproduktion stammend, denen die wichtigen Funktionalitäten des 21. Jahrhunderts wie Suche, Metatags und Video fehlen. Warum können wir Bücher nicht anklicken und uns durch die Seiten wischen? AR-Befürworter würden sagen, das können wir bereits... Haben die Designer:innen die Schnittstelle vergessen?

Vielleicht werden wir es eines Tages können. Bis dahin bleiben Bücher, Zeitungen und Zeitschriften tote Bäume, statisch, eingefrorene Objekte, Zeitkapseln, in denen das historische Werk der Autorin oder des Autors gespeichert ist. Ein solcher Zugang im Sinne eines »Kulturdenkmals« ignoriert offensichtlich die Idee eines »lebenden Buchs« als Teil eines sich ständig verändernden sozialen Netzwerks, das den scheinbar singulären Status des »Autors« umgibt. Ideen, Geschichten, Verweise, ob mündlich oder gespeichert, hat es immer gegeben. Bücher sind immer schon hybrid gewesen. Darin liegt die Schönheit des Nachlebens von Büchern als temporäre Verdichtungen von Wissen.[20]

Die hier vorgestellten Experimente gehen von der Annahme aus, dass alternative Inhalte und Formate zusammen als ein Projekt betrachtet werden sollten. Bis heute beschränkt sich dissidentes Denken allzu oft auf die dominanten Medienarchitekturen vergangener Zeiten – von langen Artikeln in Zeitschriften und akademischen Journalen über die Meinungsseiten in Zeitungen bis zu Manuskripten in Buchlänge. In diesem starren System bleibt der direkte Kontakt mit den Kommunikationsflüssen der Milliarden Menschen im Internet eine seltene Ausnahme. Die Generation Z nimmt sich die Freiheit, die 300 Seiten aus Text-Ornamenten voller Komplexitäten und Nuancen zu überspringen und sich sofort auf die Ebene der wesentlichen Ideen zu begeben. Fange mit der Meme-Zusammenfassung an. Warum nicht? Es besteht keine Notwendigkeit, die Debatte High versus Low Culture ewig zu wiederholen. Gleichzeitig beobachten wir eine wachsende Content Management-Industrie. Ungefilterte, offene Kommentarbereiche sind selten geworden und werden als Ding aus der Vergangenheit angesehen. Das Problem dabei ist weniger der Rückzug der Intellektuellen in den Elfenbeinturm der akademischen Welt. Es geht vielmehr um etwas, das als totaler Krieg gegen Trolle und abweichende Meinungen des »Online-Anderen« aufgefasst wird. Es gibt keinen Mangel an Übersetzungsgeräten oder Zugängen, um notwendige (globale) Dialoge zwischen isolierten gesellschaftlichen Gruppen in Gang zu setzen, ganz im Gegenteil. Tatsächlich sind wir überhaupt nicht an einer Diskussion interessiert. Das macht es schwierig, wenn nicht gar unmöglich, »soziale« Publikationswerkzeuge zu verbessern.

Was ebenso fehlt, sind neue Protokolle und alternative Vertriebswege, die erweitert werden können. Die Diagnose der Regression, des Einbruchs und der Krise ist schon allzu oft gestellt worden. Es gibt einen breiten Konsens, dass wir nicht zur Nostalgie der »alten Medien«

zurückkehren können, aber uns auch nicht unkritisch den Standards des Silicon Valley anpassen sollten. Eine andere Plattform ist möglich. Wir benötigen skalierbare Experimente, die über die Nische des persönlichen Ausdrucks hinausgehen, um die Medienlandschaft systematisch zu verändern. Wer sollte sie verändern, wenn nicht wir?

Ich möchte auf einen Aspekt der experimentellen Publikation hinweisen, der mehr Aufmerksamkeit verdient: die Peer-Review-Kritik und alternative redaktionelle Qualitätssicherungsmechanismen. Bisher konzentrieren sich digitale Publikationsexperimente vornehmlich auf Formate und die Bereitstellung einer Plattform. Doch die »Demokratisierung« des Publizierens umfasst letztendlich auch die Veränderung redaktioneller Entscheidungen. Die Neugestaltung der (kollaborativen) Auswahl an Inhalten in einem Zeitalter, in dem (zumindest in den »freien« Teilen der Welt) alles online gestellt werden kann, ist überschattet worden vom Aufstieg neuer Gateways, wie etwa Algorithmen in den sozialen Medien, Influencern, versteckten Inhaltsmoderatoren und KI. Die vorherrschende Idee ist, dass während die Verlagsbranche sich grundlegend verändert hat, die Informationen, die wir online lesen, als zeitlos gelten.

Während »Fake News« inzwischen zu einer etablierten Kategorie geworden ist, erstreckt sich der Kult des organisierten Misstrauens gegenüber Nachrichtenjournalismus (noch) nicht auf das Verlagswesen. Es gibt gute Gründe, eine ideologische Agenda von Branchenriesen wie Penguin Random House, Springer, Elsevier und Hachette zu vermuten, aber es fehlt die öffentliche Debatte über ihren Einfluss. Während allen die wachsende Macht von Big Tech (Google, Amazon, Apple und Microsoft) bewusst ist, richtet sich die allgemeine gesellschaftliche Debatte schlicht nicht auf das Verlagswesen. Der moralisch bankrotte Open-Access-Diskurs, der aktiv zu den Profiten der Verlagsgiganten beiträgt, intensiviert nur das generelle Gefühl der Malaise und Stagnation.

Verglichen mit den Versprechen, die vor fünfzehn Jahren gemacht wurden, als Apple das iPad auf den Markt brachte, haben Tablets Bücher aus Papier keineswegs ersetzt. Sie können bestenfalls als zusätzliche Geräte betrachtet werden, auf einem Markt der heute von Apple, Samsung, Huawei und Amazons Kindle dominiert wird. Zugenommen haben jedoch das Lesen auf dem Smartphone (trotz des kleinen Displays), buchnahe Podcasts und Audiobücher. Zusammen bilden sie eine »unscharfe« Lesekultur, in der neue Modi das Gesamtbild langsam, aber beständig verändern.

Geert Lovink

Wie auch in verwandten Kontexten richtet sich die Diskussion zunehmend auf Standards und Protokolle, etwa die Verwendung von ISBN oder ASIN (Amazon Standard Identification Number).[21] Wirft man einen Blick auf die Codelisten von ONIX for Books,[22] gewinnt man einen Eindruck von den oft ungenutzten Möglichkeiten der standardisierten E-Book-Publikation als eine öffentliche Domäne. Hier können Metatags im offenen Internet gesucht werden, als Alternative zur monopolisierten Realität, in der die Website von Amazon für viele normale Benutzer:innen zum De-facto-Katalog geworden ist. Dabei wird die Existenz von WorldCat ignoriert, der hervorragend als allgemeiner Onlinekatalog funktioniert.[23]

Vieles von dem, was hier diskutiert wird, lässt sich auf eine Definitionsfrage zurückführen: Was ist ein Buch im Zeitalter des Internet? Das ist eine philosophische, ökonomische und technische Frage. In einer fünfteiligen Artikelreihe schlägt Hugh McGuire vor, eine plattform-agnostische Definition des Buchs im Sinne einer separaten Textsammlung zu entwickeln, als eine intern vollständige Darstellung einer Anzahl von Ideen oder Emotionen, die den Leser:innen in unterschiedlichen Formaten übermittelt wird.[24] Hier wird das Gebunden-Sein und die Vollständigkeit eines Buchs betont. Sowohl für Autor:innen als auch für Leser:innen können Bücher als spirituelle Maschinen betrachtet werden, als Fokus-Geräte in einem Zeitalter des abgelenkten Geists. Was hier ungeachtet des Formats hervorgehoben wird ist die »Bookness«, verstanden als die Schönheit der Beschränkung und die Akzeptanz dessen, was aufgenommen und ausgeschlossen wurde. Gegen die romantische Geste, das Buch als ein historisches Menschheitsprojekt retten zu wollen, setzten wir das »ungebundene« Buch als Teil einer digitalen Medienökologie, in der aus verteilten Inhalten ein wilder und fluider Almanach zusammengestellt wird. Ein temporär kuratiertes (»gebundenes«) Gesamtkunstwerk aus Links zu Texten, Videos, Audio, Bilder und Materialen aus den sozialen Medien. Gegen die puristische Reduktion des Buchs als »vollständiger Ausdruck einer Idee oder eines Konzepts« sehen wir eine Kultur der Versionen, die die grundsätzlich instabilen, sich ständig verändernden Formen der Welt akzeptiert – und mit ihnen spielt.

Man beachte bitte nochmals, dass sich die Diskussion nicht mehr um die Vorstellung des Buchs als Objekt oder »Speicherausdruck auf Papier« dreht. Das können wir Fortschritt nennen. Stattdessen zoomt das Feld des Experimentierens auf die Entwicklung nachhaltiger Formate, die sich aus dem Prozess der Formalisierung ergeben. Die bevorzugte Vorstellung des Buchs impliziert (egal in welchem Medium und mit welcher Technologie), dass es sich um eine in sich abgeschlossene Publikation handelt, die an einem Ort gelagert und in seiner Gesamtheit von Person zu Person weitergegeben werden kann (im Falle des E-Books als Datei). Wir sehen hier eine Dialektik zwischen künstlerischer These, basierend auf der kreativen Entdeckung einmaliger Verknüpfungen, und der Antithese der Serialisierung eines gut definierten Prototyps.[25] Das Feld muss künstlerische Herangehensweisen mit dem digitalen Handwerk zusammenbringen. Wie können die (industriellen) Konventionen mit dem Design neuer, aber letztendlich auch limitierender Publikationsprotokolle disruptiv infrage gestellt werden?

1 »Bookness« wird hier definiert als die Qualitäten, die mit einem Buch zu tun haben. Siehe: https://www.philobiblon.com/bookness.shtml (zuletzt: 26.06.2024). Für ihre ausführlichen Kommentare danke ich Silvio Lorusso, Florian Cramer und Miriam Rasch. Ich bin dankbar für unsere Zusammenarbeit im letzten Jahrzehnt – und in der Zukunft. Dieser Text sollte als Teil eines fortwährenden kollektiven Unterfangens verstanden werden. Vielen Dank auch an Chloë Arkenbout für das Lektorat.

2 https://networkcultures.org/publications/#net-notebook (zuletzt: 26.06.2024).

3 https://networkcultures.org/publications/#inc-reader (zuletzt: 26.06.2024).

4 https://networkcultures.org/publications/#studies (zuletzt: 26.06.2024).

5 https://rhizome.org/community/15400/ (zuletzt: 26.06.2024). Bei dieser Veranstaltung präsentierte Alessandro Ludovico die erste Version seiner Untersuchung zu postdigitalem Druck.

6 https://networkcultures.org/outofink/past-events/unbound-book-2011/ (zuletzt: 26.06.2024).

7 https://networkcultures.org/outofink/past-events/boek-uit-de-band-2012/ (zuletzt: 26.06.2024).

8 https://networkcultures.org/digitalpublishing/2014/03/05/off-the-press-electronic-publishing-in-the-arts/ (zuletzt: 26.06.2024).

9 https://networkcultures.org/makingpublic/conference/ (zuletzt: 26.06.2024).

10 https://networkcultures.org/outofink/ (zuletzt: 26.06.2024).

11 https://autonomedia.org/product/readme/ (zuletzt: 26.06.2024).

12 Effiziente und widerstandsfähige Ausnahmen sind Kunstbuch- und Zine-Messen sowie von Künstler:innen betriebene Buchhandlungen, z.B. Light Logistics von Display Distribute in Hongkong und https://www.artzines.info/ (zuletzt: 26.06.2024, inaktiv) (Informationen von Florian Cramer).

13 https://networkcultures.org/blog/publication/from-print-to-ebooks-a-hybrid-publishing-toolkit-for-the-arts/(zuletzt: 26.06.2024).

14 Ebd.

15 https://networkcultures.org/makingpublic/2020/05/20/here-and-now-explorations-in-urgent-publishing/ (zuletzt: 26.06.2024).

16 https://apria.artez.nl/what-is-urgent-publishing/ (zuletzt: 26.06.2024).

17 https://techhq.com/2021/04/adobe-decade-of-digital-transformation-to-the-cloud/ (zuletzt: 26.06.2024).

18 Das INC-Publishing-Workflow-Modell, das ursprünglich von Michael Murtaugh entwickelt und von André Castro weiter verbessert wurde, hat die Besonderheit, dass die Publikations-»Datenbank« nicht wie üblich in Indesign, sondern in Github (jetzt im Besitz von Microsoft) gespeichert ist. Das macht es weniger abhängig von Adobe (aber mehr von einem anderen IT-Riesen). In seinem Blog *Entreprecariat* untersucht und hinterfragt Silvio Lorusso die Rolle von Design und Designausbildung (https://networkcultures.org/entreprecariat/). Vor diesem Hintergrund müssen wir die Verbindung zwischen der »Desillusionierung« über die mögliche Rolle des Designs als Changemaker und der zunehmenden Automatisierung des Berufs durch standardisierte Vorlagen und cloudbasierte Softwareplattformen weiter diskutieren..

19 Siehe Yuk Hui: *On the Existence of Digital Objects*. Minneapolis: University of Minnesota Press, 2016.

20 Siehe die Entwürfe für ein akademisches Zine-Format: https://networkcultures.org/makingpublic/2019/12/05/re-inventing-the-afterlife-of-periodicals-through-the-zine-format/ (zuletzt: 26.06.2024).

21 https://argonauthor.com/isbn-vs-asin/ (inaktiv, Archivlink: https://web.archive.org/web/20201219171020/http://argonauthor.com/isbn-vs-asin/ (zuletzt am 21.06.2024).

22 https://www.editeur.org/files/ONIX%20for%20books%20-%20code%20lists/ONIX_BookProduct_Codelists_Issue_50.html (zuletzt: 26.06.2024).

23 https://www.worldcat.org/ (zuletzt: 26.06.2024).

24 https://hughmcguire.medium.com/what-is-a-book-in-the-age-of-the-web-part-1-of-5-3a529701e0df (zuletzt: 21.06.2024). Siehe auch seinen Versuch von 2012, das Feld zusammen mit anderen in einem futuristischen Manifest zu definieren: https://book.pressbooks.com/ (zuletzt: 21.06.2024).

25 Das war die Herangehensweise beim Piet Zwart Institute/Willem de Kooning Academy: Wie können künstlerische Einzigartigkeit und wissenschaftlicher Standard gemeinsam verwirklicht werden? »Für die Standardversion entschieden wir uns für das elektronische Format, um die Vorteile des modularen Codes und dessen Vorlagenoptionen zu nutzen. Ergänzend hierzu entschieden wir uns für eine individualisierte Druckversion, die sich durch eigens gestaltete optische und haptische Qualitäten auszeichnet.« (http://hp.researchawards.wdka.nl/report.html, zuletzt: 21.06.2024))

Der Server ist das Lagerfeuer

Feministische Infrastrukturkritik, Gemeinschaftlichkeit und das kulturelle Paradigma von Zirkulation in digitaler Infrastruktur

Shusha Niederberger

Infrastrukturen sind merkwürdige Dinge, es sind »matter, that enable the movement of other matter«.[1] Als Erklärung für Infrastruktur wird gerne die Wasserversorgung herangezogen, um zu veranschaulichen, dass diese nicht aus Wasser besteht, sondern aus Leitungen und Verteilsystemen, aber auch aus den alltäglichen Berufspraktiken von Handwerkern, welche die Systeme instand halten. Dazu gehören aber auch die durch Zugang zu oder Ausschluss von der Wasserversorgung produzierten Lebensumstände der Bevölkerung. Und natürlich gehört auch die Verwaltung dazu, welche für Ausbau und Instandhaltung zuständig ist, und die sie umgebenden politischen Machtverhältnisse, welche die Interessen und Möglichkeiten abstecken, Gesetzeslagen zum Grundwasserschutz etc Pestizidverordnungen, Zonenregelungen etc.

Diese Ausdehnung von Infrastruktur über die konkreten Dinge hinaus wird in der anthropologischen Infrastrukturforschung als Relationalität bezeichnet, eines der grundlegenden Merkmale von Infrastruktur.[2] Ihr gegenüber steht die Funktionalität von Infrastruktur, welche aber die Tendenz hat, die in Infrastruktur wirksamen Beziehungen und die vielfältigen mit ihr verbundenen Praktiken unsichtbar zu machen. Natürlich sind diese Faktoren hochgradig abhängig von den lokalen Kontexten. Infrastruktur ist im Westen anders organisiert als in den Ländern des globalen Südens, und wie Couldry und Mejias betonen, hat Infrastruktur nicht nur in der Kolonialisierung eine entscheidende Rolle gespielt, sondern spielt es auch gegenwärtig in der Datenwirtschaft, in der soziale Zusammenhänge und Kommunikation kommerzialisiert werden.[3]

Kulturelle Ordnung der Zirkulation

Eine zentrale Rolle für Infrastrukturen spielt die Zirkulation. In den klassischen Infrastrukturen wie der Wasserversorgung, Kanalisation oder des Verkehrssystems ist dies offensichtlich, die Rolle der Zirkulation geht jedoch weit über diese funktionale Ebene hinaus. Denn Infrastrukturen sind die Erben der Ideen der Aufklärung, in denen die freie Zirkulation von Gütern, Ideen und Menschen die Bedingung für Fortschritt und Freiheit darstellt. Man kann also von einem Paradigma der Zirkulation als kulturelle Ordnung der Neuzeit sprechen, und als diese prägen sie auch Kunst und Kultur.

Seit der Aufklärung werden Wissen und Kulturgüter nicht mehr wie Schätze in Sammlungen, Wunderkammern und Thesauri angehäuft, vielmehr sollen sie zirkulieren, um die Gesellschaft als Ganzes weiterzuentwickeln. Im Bereich der Kunst und Kultur ist dies der ideologische Hintergrund für die Entstehung von Institutionen wie Bibliotheken oder öffentlichen Museen. Diese funktionieren als Infrastrukturen des Fortschritts, indem sie sowohl Zugang zu Wissen für die Vertiefung von Erkenntnissen in Forschung und technologischer Entwicklung bereitstellen, als auch für die »horizontale Aufklärung«, welche Wissen verbreiten soll.[4]

Für die Kultur und die Künste bedeutet dies auch einen fundamentalen Wandel im Verständnis von Autorenschaft. Bis zur Aufklärung war der Künstler ein Meister, der die Regeln seines Gebietes beherrscht, ein Kanal höherer Wahrheiten, die außerhalb von ihr/ihm liegen (und Allgemeingut sind!) und denen sie/er gültige Form verleiht. Mit der Herausbildung der liberalen Gesellschaft im Zuge der Aufklärung mit dem liberalen, autonomen und nur sich selber gehörenden Individuum im Zentrum veränderte sich dies grundlegend: Aus dem Meister wurde der Autor, der etwas grundsätzlich Neues schafft, das nur dieses eine bestimmte Individuum (das Genie) schöpfen kann.[5] Dieses Verlegen von Schöpfungskraft in das Individuum machte es dann auch möglich, ein Werk als einem Individuum zugehörig zu verstehen. Wenn das Werk zum Individuum gehört, dann schafft der Akt des Veröffentlichens ein Produkt mit Eigentumsverhältnissen,[6] das dann zirkulieren kann. Moderne Autorenschaft ist also grundsätzlich auf der Ebene der zirkulierenden Güter angesiedelt, und berührt die Infrastrukturen als Ebene der Zirkulation nicht.

Zirkulation gehört zentral zum Wertesystem der modernen westlichen liberalen Gesellschaftsordnung und ist darum kein neutraler Wert. Wie es Donna Haraway 1985 in ihrer folgenreichen Kritik der scheinbar neutralen Vorstellung von Fortschritt durch Wissenschaft und Technologie formulierte, gehören zu dieser Ordnung auch »the tradition of racist, male-dominant capitalism; the tradition of progress; the tradition of the appropriation of nature as resource for the productions of culture; the tradition of reproduction of the self from the reflections of the other«[7]. Dieser ideologische Hintergrund ist »the unbearable modernity of infrastructure«, wie der Anthropologe Brian Larkin fast dreißig Jahre später trocken anmerkt[8]. Haraway hat für diese unreinen Verbindungen in Technologie das Bild der Cyborg geprägt, und damit eine Position markiert, aus der heraus gehandelt werden kann, ohne sich für unbrauchbare Gegensätze wie diejenigen zwischen Natur und Kultur, Fortschritt und Untergang, Körper und Geist entscheiden zu müssen, wie sie die Neuzeit so tief prägen.[9]

Feministische Infrastruktur

»Technologies are about relations with things we would like to relate to, but also things we don't want to be related to«, sagt Femke Snelting über den Hintergrund ihrer Arbeit mit Constant zu feministischer Infrastruktur.[10] Constant ist ein artist-based space in Brüssel, der seit 1997 an der Schnittstelle von Freier Software, kollaborativer Praxis und Kunst arbeitet.[11] Wie künstlerisch durch diese Relationalität (in feministischer Terminologie: Situiertheit) von Infrastruktur gedacht werden kann, zeigt eine Veranstaltung von Constant, die unter dem Namen »Are You Being Served?« Ende 2013 in Brüssel stattfand.[12] In den viertägigen Meeting Days waren Künstler:innen, Aktivist:innen und andere Praktizierende eingeladen, über Server und das in ihnen artikulierte Verhältnis zu Technologie nachzudenken. Die Leitfrage »what does it mean to serve and to host?« spricht direkt die in digitaler Infrastruktur angelegten Politiken und Ethiken an. Infrastrukturen – und das gilt ganz besonders für digitale Infrastrukturen – basieren zu einem Großteil auf unsichtbarer Arbeit, und ein Verständnis von Infrastruktur beginnt mit »finding the invisible work, [...] recovering the mess obscured by the boring sameness of the information represented«[13]. Denn »ein Server ist ein Dienst. Das impliziert Arbeit und Care, und es ist illusorisch zu denken, dass das immer gratis sein kann, oder dass sie immer für dich da sein kann, wenn man die Bedingungen kennt, die notwendig sind, damit ein Dienst funktioniert.«[14] Dieser feministische Diskurs zu unsichtbarer Arbeit, Machtverhältnissen und Ökonomie war die Grundlage des »Feminist Server Summit«, einer Teilveranstaltung der Meeting Days. Hier wurden unterschiedliche künstlerische und community-based Serverprojekte vorgestellt anhand eines Fragenkatalogs, der unter anderem die Fragen nach dem Gender des Servers beinhaltete. Und obwohl – oder wahrscheinlich gerade weil – Server als technische Infrastruktur eine vorwiegend männliche Domäne sind, half diese Frage, Imaginationen zu Dienstbarkeit, Verfügbarkeit und Macht bewusst zu machen. Dieses Thema wurde an einem weiteren »Feminist Server Summit« im Rahmen des Festivals »Art Meets Radical Openness« 2014 in Graz vertieft.[15] Aus diesem Anlass ging das »Feminist Server Manifesto« hervor, eine Artikulation von »those many layers, resources, maintenance, care, relations between serving and served, skills, access, security, all these kinds of things [that] come into play, when we say ›feminist server.‹«[16]

»A Feminist Server

- Is a situated technology. She has a sense of context and considers herself part of an ecology of practices
- Is run for and by a community that cares enough for her in order to make her exist
- Builds on the materiality of software, hardware and the bodies gathered around it
- Opens herself to expose processes, tools, sources, habits, patterns
- Does not strive for seamlessness. Talk of transparency too often signals that something is being made invisible
- Avoids efficiency, ease-of-use, scaleability and immediacy because they can be traps
- Knows that networking is actually an awkward, promiscuous and parasitic practice
- Is autonomous in the sense that she decides for her own dependencies
- Radically questions the conditions for serving and service; experiments with changing client – server relations where she can
- Treats technology as part of a social reality
- Wants networks to be mutable and read-write accessible
- Does not confuse safety with security
- Takes the risk of exposing her insecurity
- Tries hard not to apologise when she sometimes is not available«[17]

Ein »Feminist Server« ist hier ein Denkwerkzeug, »to discuss and bring out the problems that are with the technologies of today. These questions of the relation, of the dependency, of the expectation of 24-hours availability, all of that comes out, in what servers do, and somehow the force field around them«.[18] Auf der anderen Seite sind »Feminist Servers« aber auch tatsächlich existierende Infrastrukturen, »a real practice and a need, so for actual spaces that can provide storage and services«[19]. Auch wenn das erste dezidiert feministische Serverprojekt Amaya, betrieben vom Frauenkollektiv Samedis (welches zum Umfeld von Constant gehört), zum Zeitpunkt des »Feminist Server Summits« schon nicht mehr aktiv war, existieren heute eine Vielzahl von »Feminist Servers«, die von feministischen Kollektiven betrieben werden.[20] Dies sind oft queer-feministische Kollektive, die sich nicht auf kommerzielle Dienste verlassen können, um ihre Inhalte zu erhalten und vor einem repressiven Staat und anderen Internet-Nutzern zu schützen.[21]

Ein »Feminist Server« ist hier ein safe space, »a space that we want to inhabit, as inhabitants, where we make a contribution, nurturing a safe space and a place for creativity and experimentation« wie spideralex im Interview formuliert.[22] Diese konzeptionelle Verlagerung von einer Infrastruktur hin zu einem Ort hat Konsequenzen: »Feminist Servers« werden von ihren Benutzerinnen gewartet, wobei nahtlose Funktionalität nicht Priorität ist. Dies produziert zwar Brüchigkeit, aber »a feminist server tries hard not to apologise when she sometimes is not available«, wie es im Manifesto heisst. Feminist Server sind in diesem Sinne transparent auf ihre eigenen Reproduktionsbedingungen hin, und die Spannung zwischen Funktionalität und Selbstbestimmtheit ist gewollt. »It's a tension, it's a trade-off; you lose and you win other dimensions, and all depends on your context, and what is most important, at that moment, for the people that inhabit the server.«[23]

»Feminist Servers« werden zu Orten einer gemeinschaftlichen Praxis eben *genau dadurch*, dass sie nahtlose Funktionalität gegen Selbstbestimmtheit tauschen. Im Inkaufnehmen des Verlusts der Bequemlichkeit des Bedientwerdens liegt die Radikalität dieser Praxis, und ihre bewusste Adressierung dieser Spannung unterscheidet sie von anderen kritischen Praktiken der autonomen Infrastruktur, welche zum Ziel haben, Infrastrukturen unabhängig von kommerziellen Interessen zur Verfügung zu stellen, aber die ideologischen Bedingungen von Infrastruktur oft auf Fragen von Zugang reduzieren.[24]

»Feminist Servers« realisieren so die partikulären, situierten und verkörperten Positionen, welche die feministische Theorie als Alternative zur universalistischen, teleologischen modernen Perspektive vorschlägt. Und sie tut dies in Infrastruktur selbst.

Ausufernde Verbindungen

Wie der Infrastrukturbegriff mit seiner Relationalität nahelegt, ist auch Feministische Infrastruktur kein abgeschlossenes Gebiet oder Werk, sie ist von weiteren Praktiken umgeben – »considers herself part of an ecology of practices,« wie es das Feminist Server Manifest ausdrückt. Femke Snelting macht dies sehr klar, wenn sie sagt »when I say feminist infrastructure, I'm not talking about own infrastructure. I think, it's a trap to go through ›own‹ and ›control‹ when we think feminist infrastructure«.[25]

Ein »Feminist Server« ist darum nur ein Beispiel für feministische Infrastruktur. Feministische Infrastruktur setzt sich aus unterschiedlichsten, sich gegenseitig stärkenden und ermöglichenden Praxen zusammen. Dabei geht es nicht darum, autarke Infrastrukturen zu schaffen und alle Bedürfnisse abzudecken. Feministische Infrastrukturen sind »a set of practices that were based on self-organization, and they were looking towards autonomy as a desire for freedom, for mutual aid and solidarity, self-valorization and inclusion«[26] sagt die Aktivistin spideralex. Autonomie bedeutet nicht Autarkie, sondern Verbindung untereinander: »a federation of competencies, and a federation of desires, and a federation of possibilities among ourselves«[27]. Und diese Verbindungen begründen vielfältige Gemeinschaften.

Gemeinschaften in Technologie

Feministische Technologien basieren auf Gemeinschaften, welche diese Technologien hervorbringen und unterhalten. Für Constant mit ihrem radikalen Fokus auf Freie Software ist die FLOSS-Community Teil dieser Gemeinschaft. FLOSS (Free, Libre und Open Source) Software ist eine Bewegung, welche freie Software herstellt. Frei meint hier nicht gratis, sondern bedeutet die Freiheit des Users, Programme für die eigenen Zwecke frei zu verwenden und weitergeben zu können, diese zu verändern und auch verändert weitergeben zu können[28] – als Gegensatz zu kommerzieller Software, wo diese Freiheiten nicht gegeben sind. Das Gründungsdokument der FLOSS Bewegung ist das Free Software Manifesto[29], das 1985 von Richard Stallman veröffentlicht wurde. Femke Snelting bezieht sich im Interview auf das Free Software Manifesto als ein feministisches Manifest. Denn tatsächlich ist das Free Software Manifesto ist ein Versuch, die soziale Praxis des Programmierens vor Ausbeutung und Kontrolle zu schützen.

Dazu ist es wichtig zu verstehen, dass Software bis zu den 1980er Jahren kein Produkt war, sondern eher eine Bedienungsanleitung zu den Maschinen, welche von den Herstellern mitgeliefert wurde. Programme wurden in den Labs von Universitäten und Forschungseinrichtungen der Industrie für die jeweiligen Zwecke selbst geschrieben, von einer Gemeinschaft von Programmierern, welche Code und Programme untereinander austauschte und voneinander lernen konnte. Programmieren war also eine gemeinschaftliche Tätigkeit, und Programme waren Allgemeingut. In den 1980er-Jahren wurde Software erstmals zu einem von Hardware unabhängigen Produkt. Damit kamen Lizenvereinbarungen auf, welche das Verändern und Teilen von Software verboten.

Auf diese Kommerzialisierung eines vormaligen Gemeinguts reagierte die Free Software Bewegung, indem sie eine neue Lizenz (die GNU Lizenz) entwickelte, welche die gemeinschaftliche Praxis des Teilens und Lernens als Teil des Werkes definiert (die vorher erwähnten Freiheiten). Diese Bewegung war äußerst erfolgreich, und praktisch die ganze Basisinfrastruktur des Internets läuft heute auf Linux-Servern und Open Source-Diensten. Allerdings setzen auf diesen freien Technologien oft geschlossene Technologien auf: OSX, das Betriebssystem von Apple, setzt auf einem Linux-Kern auf, und im Internet ermöglichen Open Source-Technologien den darauf aufsetzenden Plattform-Ökonomien ihre unvorstellbaren Gewinne und Machtfülle. Dies ist auch ein Problem der Lizenz, denn diese agiert auf der Ebene der Güter: Sie schützt zwar die Zirkulation von Software, aber trägt zum Erhalt der Gemeinschaft nichts bei. Es ist sprechend, dass die feministische Kritik an der Ausbeutung von unsichtbarer Arbeit inzwischen auch im nicht gerade für feministische Perspektiven berühmten Technologiediskurs auftaucht.[30]

Mit der vorher genannten Aufteilung von Hardware und Software in unabhängige Produkte kam auch eine weitere Trennung auf, nämlich die von Programmierer:innen als Hersteller:innen von den User:innen als Konsument:innen von Software, wie wir sie heute kennen. Software-Praxis ist im Allgemeinen keine gemeinschaftliche Praxis mehr, User:innen und Programmierer:innen begegnen sich praktisch nie. Alternativen dazu sind in LibreGraphic-Meetings, die einmal jährlich stattfinden, und wo sich Entwickler:innen für FLOSS-Software im Bereich der Grafik und Benutzer:innen treffen, um über freie und offene Grafik-Software zu diskutieren.[31] Dieses Verständnis von digitaler Infrastruktur als gemeinschaftliche Praxis schafft Möglichkeiten für Beiträge zu digitaler Infrastruktur, welche nicht direkt technologischer Art sind. Dazu gehört der Einbezug der Perspektive der User:in in Prozesse und Entscheidungen zur technologischen Entwicklung, aber auch die Pflege der Community als solche.

Anders als die kommerzielle Softwareentwicklung sind Open Source-Communities in elementarer Weise auf funktionierende Gemeinschaften angewiesen. Gleichzeitig sind es aber von weißen Männern dominierte Gemeinschaften – noch stärker als die kommerzielle Softwareentwicklung. Sexismus und Rassismus waren lange Zeit unangefochten Teil von Softwarekultur. Um dies zu verändern, haben sich seit den frühen 2000er Jahre auf Druck verschiedener queer-feministischer Initiativen Code of Conducts etabliert. Code of Conducts sind Dokumente, welche es ermöglichen sollen, systemische Formen von Diskriminierung zu benennen und dadurch handhabbar zu machen. Sie gehen auf schon bestehende Formen von Standards zur Kommunikation (Netiquette) und Zusammenarbeit zurück, und wurden in langwierigen und oft schmerzhaften Prozessen in der Open Source-Szene inzwischen großflächig durchgesetzt.[32]

Die Förderung von Diversität in den FLOSS-Gemeinschaften hat dazu geführt, dass die Anliegen von marginalisierten Gruppen in die Entwicklung von Infrastruktur selber einzufließen beginnen. Mastodon z.B. ist ein neues Protokoll für Social Media-Dienste. Es führt unter dem Namen »federation« ein neues Organisationsprinzip ein, das nicht mehr eine universelle Zirkulation von Daten und Kommunikation voraussetzt wie die konventionellen Dienste von Twitter oder Facebook / Instagram, sondern von unabhängigen Gemeinschaften ausgeht, die sich verbinden können, aber nicht müssen. Der Schutz von Gemeinschaften steht beim Prinzip der »federation« über dem Prinzip von Zirkulation und Vernetzung.[33]

Ästhetik der Infrastruktur

»Feminist Servers« sind im Umfeld einer künstlerischen Organisation und im Verlauf von vier sorgfältig gestalteten Tagen entstanden. Die zugrundeliegende Frage nach Diensten und Dienstleistungen wurde nicht nur auf Technologie und Infrastruktur von Servern bezogen, sondern auch in die Form des Zusammenkommens selber »to investigate what could make current networking technologies into hospitable habitats for critique, as space for artists and solidarity, teaching and learning«, wie es die Einleitung zur Publikation zusammenfasst.[34] Diese aufmerksame Gestaltung umfasst nicht nur die Veranstaltung selber, sondern bezieht sich auch auf Fragen der Unterbringung der Gäste (für die Protokolle entwickelt wurden), die Verpflegung (der ein eigenes

Format unter »sustainability and maintenance« gewidmet war), und die verschiedenen Rollen aller Teilnehmenden (für die ein wechselnder Rollenplan von Expert:in bis zur Tellerwäscher:in entwickelt wurde, um Mikro-Hierarchien zu verhindern). Das Thema der Meeting Days wurde also nicht nur besprochen, sondern auf unterschiedlichen Ebenen performt, die sowohl die technologischen Komponenten als auch nicht-technologische Aspekte beinhaltete. Konventionen werden so zu ästhetischen Momenten, in denen durch sorgfältige Gestaltung Differenz hergestellt wird, welche Aufmerksamkeit, Auseinandersetzung und Involviertheit produziert. Dieses Spiel mit der Imaginationen von technologischer Infrastruktur öffnet diese als eine relationale ästhetische Praxis, welche in der Tradition anderer relationaler Ästhetiken wie der Institutionskritik kontextualisiert werden kann.[35] Jedoch ist diese ästhetische Praxis von Infrastruktur nicht auf der Ebene von Werken angelegt, denn in dieser ästhetisch infrastrukturellen Praxis zirkuliert die ganze symbolische Ordnung – sowohl die der technologischen Infrastruktur als auch die der Kunst – wie ich anhand der Logik der kulturellen Ordnung der Zirkulation im Autorenbegriff versucht habe herauszuarbeiten. Wenn es also das Dezentrieren von Technologie erlaubt, Infrastruktur als Ort für sozio-technologischen Praktiken zu sehen,[36] dann bedeutet das Einnehmen dieses Ortes für eine ästhetische Praxis das Dezentrieren des Kunstwerks. Dies schafft Raum für eine ästhetische Praxis, deren Ausdruck grösser gefasst ist als ein Werk, und deren Subjektivität vielfältiger ist als das Genie.

1 Brian Larkin: »Politics and Poetics of Infrastructure«. *Annual Review of Anthropology* 42 (2013), S. 327–343.

2 Susan Leigh Star: »The Ethnography of Infrastructure«. *The American Behavioral Scientist* 43 (1999), 3: S. 377–391.

3 Nick Couldry und Ulises Mejias: *The Cost of Connection. How Data Is Colonizing Human Life and Appropriating It for Capitalism.* Stanford, California: Stanford University Press, 2019.

4 Harald Schmidt und Marcus Sandl (Hg.): *Gedächtnis und Zirkulation: der Diskurs des Kreislaufs im 18. und frühen 19. Jahrhunderts.* Göttingen: Vandenhoeck & Ruprecht, 2002.

5 Martha Woodmansee: »The Genius and the Copyright: Economic and Legal Conditions of the Emergence of the ›Author‹«. In: Oren Bracha (Hg.): *The History of Intellectual Property Law, Vol 1.* Cheltenham UK: Edward Elgar Publishing Limited, 2018.

6 Eric Achermann: »Ideenzirkulation, geistiges Eigentum und Autorschaft«. In: *Gedächtnis und Zirkulation: der Diskurs des Kreislaufs im 18. und frühen 19. Jahrhundert.* Göttingen: Vandenhoeck & Ruprecht, 2002.

7 Donna Haraway: »A Cyborg Manifesto. Science, Technology, and Socialist Feminism in the Late Twentieth Century«. In: *Manifestly Haraway.* Minneapolis, University of Minnesota Press, 2016, S. 7.

8 Larkin: »Politics and Poetics of Infrastructure«, S. 332.

9 Haraway: »A Cyborg Manifesto«.

10 Femke Snelting and spideralex: *Forms of Ongoingness.* Interviewt von Cornelia Sollfrank. Video, 2018, Transkript,. http://creatingcommons.zhdk.ch/forms-of-ongoingness/ (zuletzt: 16.06.2024).

11 https://constantvzw.org/ (zuletzt: 16.06.2024).

12 https://vj14.constantvzw.org/ (zuletzt: 16.06.2024).

13 Star: »The Ethnography of Infrastructure«, S. 385.

14 spideralex: »Pas d'internet féministe sans serveurs féministes«. Interviewt von Richard Claire, Panthère Première, 2019. https://pantherepremiere.org/texte/pas-dinternet-feministe-sans-serveurs-feministes/ (zuletzt: 16.06.2024).

15 http://radical-openness.org/en/archive.

16 Snelting und spideralex: *Forms of Ongoingness.*

17 Reni Hofmüller, Ivan Markoff, Olivier Meunier, Laurent Peuch, Denis Devos, Fred Peeters, Jens-Ingo Brodesser et al.: *Are You Being Served?* (notebooks). Brussels: Constant, 2014, S. 54.

18 Snelting und spideralex: *Forms of Ongoingness.*

19 dies.

20 Eine Liste von feministischen Serverprojekten findet sich am Ende des Transkripts zum Interview mit Femke Snelting und spideralex: http://creatingcommons.zhdk.ch/wp-content/uploads/2020/06/Transcript-Femkespider.pdf (zuletzt: 16.06.2024).

21 spideralex: »Neue Welten erfinden – mit cyberfeministischen Praxen und Ideen«. In: Cornelia Sollfrank (Hg.): *Die schönen Kriegerinnen. Technofeministische Praxis im 21. Jahrhundert.* Wien: transversal texts, 2018.

22 Snelting und spideralex: *Forms of Ongoingness.*

23 dies.

24 Daphne Dragona und Dimitris Charitos: »Challenging Infrastructures. Alternative Networking & the Role of Art«. In: Marc Garrett, Yiannis Colakides, und Inte Gloerich (Hg.): *State Machines.* PostScriptUM 33. Lijubliana: Aksioma, 2019.

25 Snelting und spideralex: *Forms of Ongoingness.*

26 dies.

27 dies.

28 https://www.gnu.org/philosophy/free-sw.html (zuletzt: 16.06.2024).

29 https://www.gnu.org/gnu/manifesto (zuletzt: 16.06.2024).

30 http://unhandledexpression.com/general/2018/11/27/foss-is-free-as-in-toilet.html (zuletzt: 16.06.2024).

31 https://libregraphicsmeeting.org/2020/en/index.html (zuletzt: 16.06.2024).

32 Femke Snelting: »Code of Conduct – Gemeinsame Werte in alltäglicher Praxis umsetzen«. In: Cornelia Sollfrank: *Die schönen Kriegerinnen. Technofeministische Praxis im 21. Jahrhundert.* Wien: transversal texts, 2018.

33 Aymeric Mansoux und Roel Roscam Abbing: »Seven Theses on the Fediverse and the Becoming of FLOSS«. In: Kristoffer Gansing und Inga Luchs (Hg.): *The Eternal Network. The Ends and Becomings of Network Culture.* Amsterdam / Berlin: Institute of Network Cultures / transmediale e.V., 2020, S. 125–140.

34 Hofmüller et al: *Are you being served?*

35 Ines Kleesattel: »Situated Aesthetics for Relational Critique. On Messy Entanglements from Maintenace Art to Feminist Server Art«. In: Cornelia Sollfrank, Felix Stalder, und Shusha Niederberger (Hg.): *Aesthetics of the Commons.* Zürich Berlin: Diaphanes, 2021, 181–197.

36 Larkin: »Politics and Poetics of Infrastructure«, S. 330.

Selbstbeobachtung

Dirk Baecker

I.

Es war ein Abend an der Hochschule für Musik und Theater in Köln. Brigitta Muntendorf hatte den Schlagwerker und Komponisten Dirk Rothbrust zu einem Try-Out mit ihren Studierenden eingeladen, bei dem es darum ging, zu erforschen, wie Räume von Klängen evoziert werden können. Rothbrust sägt Styropor, klopft Steine, lässt Kreisel drehen, schabt an einer Trommel, schlägt an eine Gebetsglocke. Gefragt, an welche Räume sie bei diesen Klängen jeweils denken würden, nennen die Studierenden die Küche von Rothbrust ebenso wie das Universum. Es dominieren intime Nähe und flüchtige Ferne. Ein Student meldet sich und sagt, ihn würde interessieren, ob man mit Klängen den Ton von Konsonanten imitieren könne, ohne dass man dabei an Sprache denken müsse. Mit drei Kontrabassisten, die ebenfalls geladen waren, übt man zum Exempel die ersten Zeilen des Gedichts »Schtzngrmm« (1957) von Ernst Jandl. Ich habe die Aufgabe, die Übung mit Hinweisen auf George Spencer-Browns Formkalkül zu begleiten, in dem Räume nicht etwa die Voraussetzung, sondern das Ergebnis des Aufrufens, Kreuzens und Wiedereinführens von Unterscheidungen sind.

Man war mit dem nötigen Ernst, aber auch mit viel Spaß bei der Sache. Äußerst konkret, um nicht zu sagen konkretistisch wurden die Effekte von Geräuschen diskutiert, wurde auch mal das Quietschen einer Türangel einbezogen, wenn Studierende den Raum verließen, wurde an Feinheiten gearbeitet und wurde wiederholt und wiederholt. Über Kunst wurde nicht diskutiert. Es war klar, dass man es nicht mit lautmalerischer Mimesis zu tun hatte, nicht mit dem Versuch der Imitation schöner oder hässlicher Klänge der Natur, und auch nicht mit einer autonom für sich stehenden, in ihre Referenzlosigkeit vertieften, allenfalls auf das Erhabene zielenden Kunst. Diese Funktionen der Kunst, an die man in der Antike und Moderne gedacht hätte, spielten in einer Vergangenheit eine Rolle, die dieses Try-Out hinter sich gelassen hatte. Aber worum ging es dann?

Brigitta Muntendorf vertritt mit ihren Kompositionen eine Musik, die sie als »referentielle Kunst« bezeichnet.[1] Ihre Musik bewegt sich nicht nur in »Referenzsystemen«, sondern sie schafft diese Systeme, ruft sie auf, baut sie aus, erkundet sie, variiert sie und lässt sie wieder verklingen – zwangsläufig, denn es handelt sich um Musik.[2] Für sie, die Musiker und das Publikum sollen Referenzen sichtbar und hörbar werden – auch sichtbar, denn die Musik wird aufgeführt, es gibt Kulissen und Bühnenelemente, die Musiker tragen Kostüme. Es gibt Referenzen auf alltägliche und historische Ereignisse, Phänomene aus der Nachrichten- und Unterhaltungswelt, auf andere Künste und andere Medien und auch auf die Musik, klassische und moderne, folkloristische, volksnahe, poppige und ernst-enigmatische. Die Referenzen sind ausbuchstabierbar, jedoch nie eindeutig. Ihr Effekt ist nicht das Wiedererkennen, sondern das Erarbeiten der Interpretation durch ein Publikum, das sich erinnert und dieser Erinnerungen nie ganz gewiss sein kann.

Ich übersetze Muntendorfs Interesse an Referenzsystemen in ein Interesse an Selbstbeobachtung. Und ich habe den Eindruck, dass Muntendorf eine zeitgenössische Faszination auf den Punkt bringt, die für die Künste bezeichnend ist, doch in ihrer Bedeutung für die Gesellschaft insgesamt eine paradigmatische Bedeutung hat. Denn es gilt nicht nur für zeitgenössische Kompositionen, Performances, Ausstellungen und Lesungen, dass Künstler:innen sich, ihre Performer und ihr Publikum in Formen der Selbstbeobachtung verwickeln. Es gilt auch für unser Interesse an überlieferten Künsten, dass wir nach wie vor genießen und bewundern, aber auch wissen wollen, an welchen Problemstellungen die Künstler:innen gearbeitet haben, auf welche Medien sie zurückgreifen und mit welchem Publikum sie rechnen. Damit sind nicht nur klassische Themen der Kunstwissenschaften angesprochen, sondern dies unterstreicht eine Tendenz in den Künsten, die spätestens mit dem Dadaismus der 1920er Jahre und der Fluxus- und Happeningbewegung der 1960er Jahre gestartet wurde und seither an Bedeutung gewinnt.

II.

Was hat es mit dieser Selbstbeobachtung auf sich? Sie bricht mit Verboten des Narzissmus und mit Geboten des Objektivismus. Sie bricht auch mit den Annahmen, dass Reflexion notwendig in einen infiniten Regress führt und allenfalls dort gestoppt werden kann, wo ein blinder Fleck einzugestehen ist, der nur ausgeleuchtet werden kann, wenn genau dafür ein neuer blinder Fleck in Kauf genommen wird. So hat es der Konstruktivismus gelehrt: Etwas beobachten kann man nur, wenn die Unterscheidung, die man dafür verwendet, im Moment der Verwendung nicht ihrerseits beobachtet wird. Denn das würde die Beobachtung auf sich selbst zurückwerfen.[3] Die Selbstbeobachtung, die ich hier zum Thema mache, akzeptiert die Lehren des Konstruktivismus, freilich nur die des operationalen, nicht die des radikalen. Der radikale hält umstandslos alles für eine Erfindung des Beobachters,[4] der operationale jedoch sucht nach Verfahren, den Voraussetzungen jeder Beobachtung in der Beobachtung auf die Spur zu kommen, das heißt die Unterscheidungen zu rekonstruieren – gerne auch auf dem Umweg ihrer Dekonstruktion –, denen sich die eigenen Operationen organisch, neuronal, mental, sozial, technisch und kulturell verdanken.[5]

Diese Selbstbeobachtung steht in einer ehrwürdigen Tradition. Platons sokratische Ironie forderte sie bereits ein. Descartes machte sie zum Gegenstand seiner Meditationen. Kants Kritiken wären ohne sie so undenkbar wie Fichtes Wissenschaftslehre und Hegels Phänomenologie des Geistes. Marx' Entdeckung der Gesellschaft in der Warenform und ihrem Fetisch verdankt sich einer Reflexion auf die gesellschaftliche Praxis aller Warenbesitzer, deren Bewusstsein es nur allzu gerne anders hätte. Nietzsches Genealogie der Moral ist Selbstbeobachtung, was sonst, und Freuds Analyse des Unbewussten spielt zwar zwischen Couch und Sessel mit verteilten Rollen, zielt aber auf genau das, was sich der Selbstbeobachtung erschließt und was sich ihr entzieht.[6]

Aber niemand sprach in all diesen Fällen von Selbstbeobachtung. Weder Husserls Phänomenologie des Bewusstseins noch Heideggers Existenzialanalyse, weder Wittgensteins Philosophie der Sprache noch Benjamins Kulturtheorie galten als Formen der Selbstbeobachtung.[7] Sie alle stellten sich einer positivistischen und objektivistischen Wissenschaftstradition entgegen, aber galten sie deswegen weniger als Beiträge zu einer Beobachtung von Psyche, Kultur und Gesellschaft, die auch ohne Referenz auf ihre Autoren ihre Gültigkeit haben? Wer wie Georges Bataille die Selbstbeobachtung explizit zum Thema machte,[8] konnte damit rechnen, als nicht weiter diskutierbar zu gelten. Noch die Phänomenologie musste sich hinter ihrem Schlachtruf »Zu den Sachen« verstecken, obwohl es ihr doch dezidiert darum geht, an den Sachen das Bewusstsein zu studieren, das sich an ihnen zu einem solchen macht.[9]

Was also ist passiert? Sicherlich kann es hier nicht darum gehen, die Philosophiegeschichte Revue passieren zu lassen, so sehr sich das unter dem Gesichtspunkt der Selbstbeobachtung lohnen würde. Mir geht es darum, dass die zeitgenössischen Künste diese Themen wieder auftauchen lassen, ohne im Mindesten eines historischen Interesses an den Abenteuern der Philosophie oder gar der beflissenen Abarbeitung von Gelehrsamkeit verdächtig zu sein. Die Motive der Künste für das, was ich hier Selbstbeobachtung nenne,[10] sind gesellschaftlicher und, kaum davon zu trennen, ästhetischer Art. Es geht um ein neues Koordinatensystem der Gesellschaft, wenn »Koordinaten«

und »System« nicht bereits zu viel an Geometrie und Ordnung unterstellen. Es geht um eine fundamentale Verschiebung der Kategorien, in denen sich die Gesellschaft denken und beschreiben und in denen sich die Künste verstehen lassen, zunächst in den letzten Jahrzehnten des 18. Jahrhunderts und dann in den ersten Jahrzehnten des 20. Jahrhunderts (dazwischen ein 19. Jahrhundert, das sich abgesehen von einer Kritik der politischen Ökonomie und sehr viel Aufmerksamkeit für die technologischen Seiten der Naturwissenschaften primär für Prozesse der Urbanisierung, Globalisierung und Industrialisierung interessierte). Die romantische Kunst mit ihrem Interesse an Kritik und Ironie ist ebenso sehr Zeuge dieser Verschiebung wie die Kunsttheorien insbesondere der bewegten Bilder im Film in den 1920er Jahren.[11] Alle Beobachtung ist relativ, so könnte man diese Verschiebung mit Einstein auf ihren einfachsten Nenner bringen. Einstein unterstrich die Bedeutung des Standorts relativ zum beobachteten Objekt und dessen Geschwindigkeit und die Sprach- und Kulturwissenschaften trugen Hinweise auf die verwendete Perspektive, die gesprochene Sprache, die kulturelle Form nach. Doch bis heute arbeitet man nicht nur an einer Verabschiedung substanzieller zugunsten funktionaler Kategorien der Beschreibung von Welt,[12] sondern versucht jene eigentümliche Orientierung von Beobachtern an Beobachtern in den Blick zu nehmen, die eine dynamische Stabilität in die Verhältnisse bringt. Hatte man der Aufklärung noch ein Interesse an Vernunft – und bei Kant: ein Interesse der Vernunft an der Aufklärung – unterstellen können, so entdeckte man jetzt, ohne es recht zu wissen, dass Beobachter sich nur für Beobachter interessieren und dass dies in Politik und Wirtschaft, Wissenschaft und Recht, Kunst und Religion, Erziehung und Massenmedien zum Gestaltungsprinzip der Moderne wird.[13]

III.

Man könnte meinen, damit sei das goldene Zeitalter der Öffentlichkeit angebrochen. Wenn alle alle beobachten, kann es nicht lange dauern, bis allen alles bekannt ist. Dabei vergisst man jedoch einige wichtige Überlegungen. Erstens ist diese Öffentlichkeit nur das Komplement zu einer privaten Welt, die als solche dem Blick entzogen ist. Man benötigt eine Unterstützung durch die staatliche Gewalt, um diese Öffentlichkeit durchzusetzen, und man benötigt diese Unterstützung nicht zuletzt gegen die staatliche Gewalt, die ihre Arkana ebenfalls dem Blick entzieht.[14] Zweitens vergisst man zu schnell, dass eine Beobachtung kein neutraler, geschweige denn ein unschuldiger Vorgang ist. Beobachten engagiert den Beobachter, es bindet ihn an sein Interesse. Und Beobachten schmerzt den- und diejenigen, die beobachtet werden; sie fühlen sich ertappt, leiden unter der Kontingenz, in deren Licht getaucht wird, was zuvor nur allzu selbstverständlich schien.[15] Wer sich dafür interessiert, wofür sich andere interessieren, interessiert sich in deren Augen nicht zuletzt dafür, wofür diese sich nicht interessieren. Man wird bei seinen Ausblendungen, bei seinen Vorurteilen erwischt. Auch das heißt »Aufklärung«, von der man nach dem Muster der Religionskritik glaubte, sie im Namen der Vernunft jedermann zumuten zu können. Nicht umsonst wirkt im öffentlichen Raum jeder zu lang geworfene Blick aggressiv. Beobachten ist Kommunikation. Sie entwirft bereits ein Verhältnis und muss daher zu ihren möglichen Motiven und Absichten Rede und Antwort stehen.

Drittens und nicht zuletzt aus diesen beiden Gründen ist die Öffentlichkeit in der modernen Gesellschaft im Gegensatz zur Hoffnung auf einen geschlossenen und einheitlichen Raum der »bürgerlichen« Verständigung auf die politischen Geschicke der Gesellschaft hoch fragmentiert. Das notierte bereits Gabriel Tarde.[16] Die Öffentlichkeit differenziert sich in milieuspezifische Publika, die sich anhand ihrer Erregungsmuster unterscheiden, aber nicht zum vernünftigen Räsonnement über welche Fragen auch immer vereinigen.

Wenn jeder jeden beobachtet, entstehen viele Unterscheidungen, die dort, wo sie getroffen werden, ebenso viel Intransparenz entstehen lassen (wer unterscheidet aus welchen Gründen was?), wie sie dort auflösen, worauf sie sich richten (um den Preis der Verkennung, doch wer will das entscheiden?). Das lässt sich nicht durchhalten. Stattdessen schwingt die Gesellschaft sich auf tolerierbare Unterscheidungen und Beobachtungen ein. Es entstehen Märkte, Publika und Diskurse, in denen man nicht nur Beobachtungen, sondern auch die ihnen zugrundeliegenden Unterscheidungen untereinander austauscht. Man bindet sich an Motive, Interessen, Absichten. Preise und Qualitäten, Meinungen und Argumente, Bedürfnisse und Präferenzen werden schneller wiedererkannt, als sie auch nur zum Ausdruck kommen. Beobachtung zweiter Ordnung ist nicht zuletzt Disziplinierung der Beobachter erster Ordnung, die zwar beobachten können, was sie wollen, aber nur mit wiedererkennbaren Beobachtungen Aufmerksamkeit finden. Alles andere hat es schwer.

IV.

Selbstbeobachtung ist ein aus mindestens zwei Gründen interessantes Projekt. Erstens ist sie frei von jeder kulturellen Aneignung anderer als der eigenen Position. Sie legt sich keine fremden Beobachter erster Ordnung zurecht, über die Meinungen entwickelt werden, zu denen von den Betroffenen keine Stellung genommen werden kann. Und zweitens ist sie per se auf Verknüpfung und Verbindung angelegt. Die Pointe jenes Selbst, auf das die Beobachtung zielt, besteht darin, dass es hochgradig verteilt in Adressen, Bezügen und Geschichten vorliegt, die nach Belieben vertieft und verfolgt werden können. Das Selbst ist kein isolierter Punkt in der Weltgeschichte, sondern ein Gewebe aus ungeahnten historischen, biographischen und medialen Voraussetzungen. Es hat eine Identität, die nur im Netzwerk dynamisch stabilisiert werden kann.

Selbstbeobachtung, so könnte man sagen, ist ein Zivilisationsprojekt. Es kann nach Belieben und Vermögen ins Idiosynkratische getrieben werden. Und doch bleibt jede Selbstbeobachtung fraktal mit jeder anderen verknüpft. Sie ist genau wie jede andere Selbstbeobachtung eine Selbstbeobachtung. Indem man sie aufeinander bezieht, muss und kann man sie nebeneinander stehen lassen. Ich glaube, das ist es, was die zeitgenössischen Künste daran fasziniert. Jede Selbstbeobachtung ist beispielhaft und keine kann irgendeine andere belehren. Die Ergebnisse sind mitteilbar und die Methode ist es auch. Von der Praxis, die dazwischen liegt, kann man allenfalls erzählen.

Jede Selbstbeobachtung beginnt mit einer Unterscheidung,

⌉.

Man weiß, es ist die Unterscheidung eines Beobachters und sie soll letztlich diesen Beobachter selbst bezeichnen. Wie wird dieser Kreis geschlossen; oder, besser, wie wird dieser Kreis durchschritten?

Man weiß auch, wenn man sich auf George Spencer-Browns Formkalkül beruft, dass der Beobachter mit der Unterscheidung, die er trifft, in der Form identisch ist.[17] Damit wäre die Aufgabe bereits erledigt. Das Cross,

⌉,

ist selbst der Ausgangs- und Zielpunkt der Übung. Selbstbeobachtung ist Beobachtung einer Markierung, die den Raum spaltet in eine Innenseite der Unterscheidung, auf der weitere Unterscheidungen getroffen werden können, und eine Außenseite der Unterscheidung, die unmarkiert bleibt. Die Markierung markiert als unmarkiert. Das ist eine Eigentümlichkeit des Formkalküls, die den Vorteil hat, dass man nun beginnen kann, mit der Leere zu rechnen.

Mit dem Cross ist noch nichts gesagt. Aber es zeigt sich, dass die Selbstbeobachtung die Wahl hat. Sie kann auf der Innenseite der Form die Markierung vertiefen und sie kann auf der Außenseite der Form der Leere nachgehen, die auf eine noch unklare Weise ihre eigene ist. Man hat Zeit gewonnen und einen Raum geschaffen. Doch noch hängt man fest. Man kann die Operation wiederholen, mit demselben Ergebnis, dem Cross. Und man kann auf die Außenseite der Form wechseln und im Nichts verschwinden.

Letztlich hat man keine Wahl. Wer eine Unterscheidung trifft, sagt Spencer-Brown, trifft auch eine Bezeichnung. Man muss herausfinden, was auf der Innenseite der Unterscheidung bezeichnet worden ist. Die Unterscheidung war nicht unmotiviert. Irgendeinen Wert hatte sie von Anfang an.[18] Aber welchen? Womit assoziiert sich das Selbst, um ein Selbst sein zu können? Es muss die Form, die es sich gegeben hat, auf der Innenseite der Unterscheidung wieder einführen. Nur so bekommt es sich zu sehen:

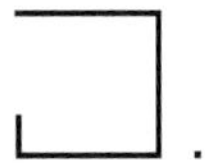

Mit diesem *Re-entry* beginnt es zu oszillieren. Das ist der Moment der Selbsterkenntnis. Selbstbeobachtung ist eine Beobachtung, die sich selbst erschafft. Die Beobachtung ist kreativ. Sie kann ansetzen, wo sie will. Sie muss nur bereit sein, sich das Ergebnis zuzurechnen.

Das Interesse der Selbstbeobachtung verlagert sich auf ein Interesse an der Oszillation. Was sind die Bedingungen der Möglichkeit dieser Oszillation? Sind sie physischer, organischer, neuronaler, mentaler oder sozialer Art? Man weiß, dass die Welt aus Schwingungen besteht.[19] Soll und kann man sich auf dieses Weltwissen einlassen? Und was dann?

An diesem Punkt kommt uns zu Hilfe, dass die Frage nach der Selbstbeobachtung nicht vom Himmel fällt. Sie ist motiviert, sie hat einen Wert und sie hat einen Kontext, der in der musikalischen Komposition ein anderer ist als im Theater oder in der Malerei, ganz zu schweigen von Selbstbeobachtungen in der Familie, im Beruf oder im Alltag. Wir können aufgreifen, was wir wollen, und es auf der Innenseite der Unterscheidung bezeichnen, etwa *a*. Dann sagen wir, dass *a* uns interessiert im Kontext von *b* und im Unterschied zum nach wie vor unmarkierten Zustand, *n*:

$$a = \overline{\underline{\overline{a\,}|}\; b \;|}\; n \;.$$

Und damit kommen wir weiter, wenn auch auf die Gefahr hin, uns zugunsten von *a* bereits aus den Augen verloren zu haben.

Denn die Form von *a* zeigt, worum es sich beim Selbst der Selbstbeobachtung in jedem möglichen Fall handelt. Das Selbst ist die Operation und das Ergebnis eines Zurückkommens auf die Operation und das Ergebnis eines Zurückkommens auf sich. Die Operation wird zum Operand und im Operand erkennt sich die Operation.[20] Die Form von *a* zeigt jedoch auch, dass diese selbstreferentielle Schließung eine entscheidende Komplikation enthält. Es handelt sich um ein Zurückkommen auf die Resultate der eigenen Operation in einem Kontext, den die Selbstbeobachtung, wie Luhmann schreibt, »für sich aktiviert.«[21] Daraus ergibt sich die unstillbare Oszillation im Zentrum der Selbstbeobachtung. Es gilt immer beides, sie hat es mit sich und mit einem von ihr aktivierten Kontext zu tun. Letztlich kommuniziert sie nichts anderes als diese Differenz und wird damit zum Muster aller Kommunikation.

V.

Selbstbeobachtung ist ein überfälliges Projekt. Doch es startet nicht von einem Nullpunkt. Deswegen erzählt die Rekonstruktion im Formkalkül nur die halbe Geschichte. Wenn über Selbstbeobachtung nachgedacht wird, ist das Spiel bereits im Gang. Ein Anfang wird im Nachhinein suggeriert und simuliert. Deswegen kann es nur darum gehen, im Material, in dem man sich bereits bewegt, etwas aufzugreifen und zum Gegenstand weiterer Untersuchungen zu machen, nun aber im Modus der Reflexion auf die eigenen Beobachtungen als Beobachtungen.

Durch den Formkalkül wird der Blick auf das Cross gewonnen. Das Cross oszilliert nicht nur, sondern es operiert als ein generalisierender Negator, der alle Bestimmung zurückübersetzt in die Unterscheidung von anderem, das im Moment negiert, in der Form jedoch mitgeführt und so auch im nächsten Moment aufgerufen und angesprochen werden kann. Damit ist nichts Geringeres gewonnen als das Verständnis eines Operators im logischen Raum Ludwig Wittgensteins,[22] das heißt in jenem Raum, der durch den Verweisungsreichtum von Sinn aufgespannt, aber in seiner aktuellen Bedeutung nicht entschieden wird. Der logische Raum besteht aus Unterscheidungen, die getroffen oder nicht getroffen werden können, der aktuelle Moment aus den Bezeichnungen, die tatsächlich manifest werden, und ihrer Bedeutung, die sich in diesem Moment für alle beteiligten Beobachter haben.[23]

Selbstbeobachtung ist Reflexion auf die Genese von Sinn und die Entscheidbarkeit von Bedeutung. Selbstbeobachtung macht den Beobachter für diese Genese von Sinn verantwortlich und macht ihn oder auch sie mit seinen und ihren Entscheidungen sichtbar. In den Künsten kann man dies in einem nahezu arbiträren Material üben, das mit jeder neuen Unterscheidung an Struktur gewinnt und in jeder neuen Form wieder unentscheidbar wird. So zivilisiert sich die Gesellschaft. Und so werden die Künste zum Paradigma, das man auch andernorts, nämlich überall dort, wo die eigenen Voraussetzungen überprüft und Bewegungsspielraum gewonnen werden soll, einsetzen kann. Selbstbeobachtung ist ein schwaches Prinzip. Sie schwächt sich laufend selbst. Aber so kann sie Anhänger gewinnen und Kreise ziehen.

Die Selbstbeobachtung bekommt sich nicht zu fassen. Sie bleibt paradox, weil sie sich im Material verliert. Aber nur so gewinnt sie Zugang zu jenem logischen Raum, dem Raum der Rede (*logos*), in dem alle Entscheidungen jeweils erst noch zu treffen sind. Dieser logische Raum ist nicht der Raum des Richtigen,[24] sondern der Raum, in dem zum Tatsächlichen Abstand gewonnen und das Mögliche selbst zum Thema wird. Im logischen Raum gelten imaginäre Werte. Imaginäre Werte schaffen in der Zeit, aber auch in der Gesellschaft und in der Ökologie der Sachverhalte Sinn,[25] der Möglichkeiten aufruft, die noch entschieden werden können und müssen. Was dann geschieht, hat dazu einen Bezug, der jedoch durch weitere Selbstbeobachtung erst erarbeitet werden muss.

1 Siehe Brigitta Muntendorf: »Mehr Chaos, bitte! Zeitgenössische Musik und Kultur der Digitalität«. In: *Klangforum Wien. Agenda 2018/2019*, S. 22–24, https://www.hellerau.org/de/mehr-chaos-bitte/ (zuletzt: 09.12.2024); dies.: »Community of Practice: Komponieren in Referenzsystemen«. In: *Positionen* Heft 116 (2018), S. 19–23, https://brigitta-muntendorf.de/words/community-of-practice-2018/ (zuletzt: 09.12.2024).

2 Ich denke im Folgenden vor allem an *#AsPresentAsPossible* (2017) mit dem Ensemble Decoder, aufgeführt in Hellerau am 11. November 2018.

3 Siehe etwa Paul Watzlawick (Hg.): *Die erfundene Wirklichkeit: Wie wissen wir, was wir zu wissen glauben? Beiträge zum Konstruktivismus*. München: Piper, 1981; ders. und Peter Krieg (Hg.): *Das Auge des Betrachters: Beiträge zum Konstruktivismus*. München: Piper, 1991; Niklas Luhmann, Humberto Maturana, Mikio Namiki, Volker Redder und Francisco Varela: *Beobachter: Konvergenz der Erkenntnistheorien?* München: Fink, 1990.

4 Siehe Ernst von Glasersfeld: *Radikaler Konstruktivismus: Ideen, Ergebnisse, Probleme*. Frankfurt a.M.: Suhrkamp, 1996.

5 Siehe zu dieser Position Niklas Luhmann: »Das Erkenntnisprogramm des Konstruktivismus und die unbekannt bleibende Realität«. In: Ders.: *Soziologische Aufklärung 5: Konstruktivistische Perspektiven*. Opladen: Westdeutscher Verlag, 1990, S. 31–58; ders.: »Deconstruction as Second-Order Observing«. In: *New Literary History* 24, 4 (1993), S. 763–782; und Bruno Latour: »Die Versprechen des Konstruktivismus«. In: Jörg Huber (Hg.): *Interventionen 12: Person/Schauplatz*. Zürich: Edition Voldemeer, 2003, S. 183–208.

6 Siehe zu diesen Themen auch Mieke Bal: *Kulturanalyse*. Frankfurt a.M.: Suhrkamp, 2002; und Neil Hertz: *Das Ende des Weges: Die Psychoanalyse und das Erhabene*. Frankfurt a.M.: Suhrkamp, 2001.

7 Siehe jedoch eindrücklich: Wolfram Eilenberger: *Zeit der Zauberer: Das große Jahrzehnt der Philosophie 1919–1929*. Stuttgart: Klett-Cotta, 2018.

8 Siehe Georges Bataille: *Die innere Erfahrung, nebst Methode der Meditation und Postskriptum 1953*. Berlin: Matthes & Seitz, 2017. Und für einen späteren Versuch Thomas Eder und Thomas Raab (Hg.): *Selbstbeobachtung: Oswald Wieners Denkpsychologie*. Berlin: Suhrkamp, 2015.

9 Siehe Maurice Merleau Ponty: *Phänomenologie der Wahrnehmung*. Berlin: de Gruyter, 1966; Hans Blumenberg: *Zu den Sachen und zurück*. Frankfurt a.M.: Suhrkamp, 2002; und vgl. Niklas Luhmann: *Die neuzeitlichen Wissenschaften und die Phänomenologie*. Wien: Picus, 1996.

10 »Wir reden über Selbstbeobachtung«, brachte André Reichel im formlabor an der CODE University, Berlin, am 1. Februar 2020 das höchst diverse Interesse von Mathematiker:innen, Philosoph:innen, Soziolog:innen und Berater:innen an George Spencer-Browns Formkalkül auf den gemeinsamen Punkt.

11 Siehe zu beidem Walter Benjamin: »Der Begriff der Kunstkritik in der deutschen Romantik«. In: Ders.: *Gesammelte Schriften I. 1*. Frankfurt a.M.: Suhrkamp, 1974, S. 7–122; und ders.: »Das Kunstwerk im Zeitalter seiner technischen Reproduzierbarkeit«. In: Ders.: *Gesammelte Schriften I. 2*. Frankfurt a.M.: Suhrkamp, 1974, S. 471–508.

12 So klassisch Ernst Cassirer: *Substanzbegriff und Funktionsbegriff: Untersuchungen über die Grundfragen der Erkenntniskritik*. Darmstadt: Wissenschaftliche Buchgesellschaft, 1980.

13 Siehe dazu Niklas Luhmann: *Beobachtungen der Moderne*. Opladen: Westdeutscher Verlag, 1992, insbesondere ebd., S. 51–91, den Aufsatz »Europäische Rationalität« mit der Konsequenz, S. 76: »Nie wieder Vernunft!« Stattdessen: Beobachte den Beobachter!

14 So bereits Immanuel Kant: »Beantwortung der Frage: Was ist Aufklärung?«. In: Ders.: *Werke XI*. Frankfurt a.M.: Suhrkamp. 1968, S. 53–61, hier: A492f., zur Notwendigkeit eines Gehorsams gegenüber dem Fürsten (Friedrich dem Großen), der alles Räsonnement begleiten können muss. Und zur entsprechenden Dialektik der Öffentlichkeit in der Aufklärung Reinhart Koselleck: *Kritik und Krise: Eine Studie zur Pathogenese der bürgerlichen Welt*. Neuausgab:e Frankfurt a.M.: Suhrkamp, 1973; Jürgen Habermas: *Strukturwandel der Öffentlichkeit: Untersuchungen zu einer Kategorie der bürgerlichen Gesellschaft*. Neuauflage Frankfurt a.M.: Suhrkamp, 1990

15 Das ist der zentrale Impuls der modernen, nämlich nicht mehr nur verehrenden und pflegenden, sondern vergleichenden Kultur. So Niklas Luhmann: »Kultur als historischer Begriff«. In: Ders.: *Gesellschaftsstruktur und Semantik: Studien zur Wissenssoziologie der modernen Gesellschaft*, Bd 4. Frankfurt a.M.: Suhrkamp, 1995, S. 31–54. Und vgl. Dirk Baecker: *Wozu Kultur?* 2. Aufl., Berlin: Kulturverlag Kadmos, 2001.

16 Gabriel Tarde: *Masse und Meinung*. Konstanz: UVK, 2015. Und vgl. Eiko Ikegami: »A Sociological Theory of Publics: Identity and Culture as Emergent Properties in Networks«. In: *Social Research* 67 (2000), S. 989–1029. Dass sich bürgerliche und proletarische Öffentlichkeiten unterscheiden, notierten Oskar Negt und Alexander Kluge: *Öffentlichkeit und Erfahrung: Zur Organisationsanalyse von bürgerlicher und proletarischer Öffentlichkeit*. Frankfurt a.M.: Suhrkamp, 1972.

17 George Spencer-Brown: *Gesetze der Form*. Lübeck: Bohmeier, 1997, S. 66: »Nun sehen wir, dass die erste Unterscheidung, die Markierung und der Beobachter nicht nur austauschbar sind, sondern, in der Form, identisch.«

18 So *Gesetze der Form*, S. 1: »Es kann keine Unterscheidung geben ohne Motiv, und es kann kein Motiv geben, wenn nicht Inhalte als unterschiedlich im Wert angesehen werden.«

19 Siehe Louis H. Kauffman und Francisco J. Varela: »Form Dynamics«. In: *Journal of Social and Biological Structures: Studies in Human Sociobiology* 3, 2 (1980), S. 171–206.

20 Vgl. Spencer-Brown: *Gesetze der Form*, S. 76. Siehe auch Ludwig Wittgenstein: *Tractatus logico-philosophicus*. Frankfurt a.M.: Suhrkamp, 2003, Satz 5.251: »Eine Funktion kann nicht ihr eigenes Argument sein, wohl aber kann das Resultat einer Operation ihre eigene Basis werden.« Gegenüber Operation und Operand bleibt die Funktion ein sich entziehendes Drittes.

21 Aus Anlass von Überlegungen zur Ideengeschichte schreibt Niklas Luhmann: »Ideengeschichten in soziologischer Perspektive«. In: Joachim Matthes (Hg.): *Lebenswelt und soziale Probleme: Verhandlungen des 20. Deutschen Soziologentages zu Bremen 1980*. Frankfurt a.M.: Campus, 1981, S. 49–61, hier S. 52: Selbstreferenz heiße, »dass jede Formulierung sich auf einen gedanklichen Kontext hin versteht und diesen für sich aktiviert.« Und erst die Orientierung am Kontext erfüllt die Bedingung intelligenten Verhaltens, so Paul Weston und Heinz von Foerster: »Artificial Intelligence and Machines that Understand«. In: *Annual Review of Physical Chemistry* 24 (1973), S. 353–378.

22 Gemäß Ludwig Wittgenstein, *Tractatus logico-philosophicus*, Sätze 2.11, 3.42 u.ö.

23 Der Sinn wird gesagt, die Bedeutung zeigt sich. Die für Wittgenstein wichtige Unterscheidung zwischen Sagen und Zeigen ließe sich aufklären, wenn man mit der Systemtheorie vom orthogonalen Verhältnis zweier operationaler Schließungen ausginge, der Schließung sozialer Systeme (Kommunikation) und der Schließung psychischer Systeme (Wahrnehmung). Siehe Niklas Luhmann: *Soziale Systeme: Grundriß einer allgemeinen Theorie*. Frankfurt a.M., 1984, S. 346ff.; ders.: »Die operative Geschlossenheit psychischer und sozialer Systeme«. In: Hans Rudi Fischer, Arnold Retzer und Jochen Schweitzer (Hg.): *Das Ende der großen Entwürfe*. Frankfurt a.M.: Suhrkamp, 1992, S. 117–131; Fritz B. Simon: *Formen: Zur Kopplung von Organismus, Psyche und sozialen Systemen*. Heidelberg: Carl Auer, 2018.

24 Ludwig Wittgenstein: *Tractatus logico-philosophicus*, Satz 5.4733: »Frege sagt: Jeder rechtmäßig gebildete Satz muss einen Sinn haben; und ich sage: Jeder mögliche Satz ist rechtmäßig gebildet, und wenn er keinen Sinn hat, so kann das nur daran liegen, dass wir einigen seiner Bestandteile keine *Bedeutung* gegeben haben.«

25 Zur Zeit: Spencer-Brown: *Gesetze der Form*, S. 50f. Zur Gesellschaft: Cornelius Castoriadis: »Das Imaginäre: die Schöpfung im gesellschaftlich-geschichtlichen Be-

reich«. In: Harald Wolf (Hg.): *Das Imaginäre im Sozialen: Zur Sozialtheorie von Cornelius Castoriadis*. Göttingen: Wallstein, 2012, S. 15–38; und ders., *Gesellschaft als imaginäre Institution: Entwurf einer politischen Philosophie*. Frankfurt a.M.: Suhrkamp, 1984. Zur Ökologie der Sachverhalte: Gregory Bateson: *Ökologie des Geistes: Anthropologische, psychologische, biologische und epistemologische Perspektiven*. Frankfurt a.M.: Suhrkamp, 1981. Und zum Sinn allgemein: Niklas Luhmann: »Sinn als Grundbegriff der Soziologie«. In: Jürgen Habermas und Niklas Luhmann: *Theorie der Gesellschaft oder Sozialtechnologie: Was leistet die Systemforschung?* Frankfurt a.M.: Suhrkamp, 1971, S. 25–100; und Gilles Deleuze: *Logik des Sinns*. Frankfurt a.M.: Suhrkamp, 1993.

SIGRID ADORF ist Professorin für Kunst- und Kulturanalysen an der Zürcher Hochschule der Künste. Sie forscht, lehrt und publiziert zu Themen zeitgenössischer Kunst mit Fokus auf Politiken visueller Kultur und Praktiken der Kritik. Sie ist Mitbegründerin von *INSERT. Artistic Practices as Cultural Inquiries* und Mitherausgeberin von *FKW // Zeitschrift für Geschlechterforschung und visuelle Kultur*.

DIRK BAECKER ist Soziologe im Ruhestand. Von 1996 bis 2025 lehrte er auf verschiedenen Lehrstühlen und als Seniorprofessor an Universität Witten/Herdecke und der Zeppelin Universität in Friedrichshafen am Bodensee. Arbeitsschwerpunkte: soziologische Theorie, Theorie der Gesellschaft, Wirtschafts- und Organisationssoziologie. Seine jüngsten Publikationen beinhalten *Wozu Universität?* (Hamburg: Metropolis, 2022) und *Katjekte. Erweiterte Fassung* (Leipzig: Merve, 2024).

MARGARIDA BRITO ALVES ist ausserordentliche Professorin im Departement für Kunstgeschichte an der Fakultät für Sozial- und Humanwissenschaften der Universidade Nova de Lisboa. Zu ihren Veröffentlichungen gehören unter anderem *Space in 20th Century Artistic Creation* (Lissabon: Colibri, 2012) und *The Colloquium / Arts Magazine* (Lissabon: Colibri, 2007). Sie ist unter anderem Co-Kuratorin der Ausstellungen *Co-Habitar* (2016, Lissabon) und *As Leis próprias do Mar* (2021, Lissabon).

SØNKE GAU ist Kulturwissenschaftler, Kurator und Kunstkritiker sowie Senior Researcher und stellvertretender Leiter des Forschungsschwerpunkts Kulturanalyse in den Künsten an der Zürcher Hochschule der Künste. Dort lehrt er in den Bereichen Transdisziplinarität, Curatorial Studies und Critical Thinking. Seine Arbeitsschwerpunkte umfassen die Einflüsse kritischer künstlerischer und kuratorischer Praktiken auf Institutionen sowie die (Re-)Politisierung künstlerischer Ansätze. Als Kurator war er unter anderem für das Künstlerhaus Wien, die Berlin Biennale und die Shedhalle Zürich tätig und publiziert regelmäßig kunsttheoretische Beiträge.

STEPHAN GEENE ist Künstler und Theoretiker, der mit Filmen, Kunst, Theorie und Kollektiven arbeitet und gehört zum Verlag und Buchhandlung b_books in Berlin. Sein aktuelles Interessensgebiet ist Kunststoff. Zuletzt publizierte er die sechsteilige Mini-Serie *SHAYNE* (2019) und das Buch *Freiheit 71. Ricky Shayne, Musik und die Materialität des Nachkriegs* (Berlin: b-books, 2021).

JENS KASTNER ist Soziologe, Kunsthistoriker und Autor. Er ist Senior Lecturer am Institut für Kunst- und Kulturwissenschaften an der Akademie der Bildenden Künste Wien. Seine Forschungsschwerpunkte sind Kultur- und Sozialtheorien, Kunstkritik, Geschichte und Theorie sozialer Bewegungen, Anarchismus und Latin American Studies. Zuletzt erschienen *Balzac-Lektüren. Studien zur Kultursoziologie* (Wien/Berlin: Turia + Kant, 2024) und *Klassifikation und Kampf. Zur Aktualität der Kultursoziologie Pierre Bourdieus* (Wien/Berlin: Turia + Kant, 2024).

EVA KERNBAUER ist Professorin für Kunstgeschichte an der Universität für angewandte Kunst Wien. 2015–2019 leitete sie das FWF-Projekt *A Matter of Historicity* zur Beziehung zwischen Kunst, Geschichte und Geschichtsschreibung. Publikationen dazu unter anderem der Sammelband *Kunstgeschichtlichkeit* (Paderborn: Wilhelm Fink, 2015) und *Art, History, and Anachronic Interventions since 1990* (New York: Routledge, 2021).

GABRIELA LÖFFEL ist Künstlerin, die hauptsächlich mit zeitbasierten Medien arbeitet und sich für Politik- und Finanz(infra-)strukturen interessiert. Sie operiert mit Strategien des Fragmentierens, Übersetzens und Verschiebens. Ihre Arbeiten zeigte sie zuletzt unter anderem im Aargauer Kunsthaus in Aarau (2025), bei der Fondazione MAST in Bologna (2024) und an der Kochi-Muziris Biennale (2023).

ISABELL LOREY ist politische Theoretikerin und arbeitet für die Publikationsplattform transversal texts (transversal.at) des European Institute for Progressive Cultural Policies (eipcp). Sie ist Professorin für Queer Studies an der Kunsthochschule für Medien in Köln. Ihre Bücher sind in mehrere Sprachen übersetzt. Zuletzt erschien ihr Buch *Demokratie im Präsens. Eine Theorie der politischen Gegenwart* (Berlin: Suhrkamp, 2020; englisch 2022 bei Verso, London/New York; spanisch 2023 bei subtextos Málaga sowie bei Tinta Limón, Buenos Aires).

GEERT LOVINK ist ein niederländischer Medientheoretiker, Internetkritiker und Autor. Seit 2021 ist er Professor für Kunst und Netzwerkkulturen an der Universität Amsterdam. Aktuelle Projekte befassen sich mit digitalen Publikationsexperimenten, kritischer Meme-Forschung, partizipatorischen Hybrid-Events oder Prekarität in der Kunst. Zu den jüngsten Veröffentlichungen gehören *Stuck on the Platform. Reclaiming the Internet* (Amsterdam: Valiz, 2022) und *Platform Brutality* (Amsterdam, Valiz, 2025).

TINE MELZER ist Autorin und Künstlerin. Ihre Arbeit verbindet die Philosophie der Sprache mit visuellen Mitteln und Literatur. Sie lehrt an Universitäten in Europa und seit 2014 an der Hochschule der Künste Bern, wo sie am Institut Praktiken und Theorien der Künste forscht. Ihre Arbeit wurde unter anderem im Stedelijk Museum Amsterdam, im Irish Museum of Modern Art in Dublin und im Museum van Hedendaagse Kunst in Antwerpen gezeigt. Ihre Publikationen umfassen unter anderem *Atlas of Aspect Change* (Zürich: Rollo Press, 2022) und *Alpha Bravo Charlie* (Salzburg: Jung und Jung Verlag, 2023).

MARIA MUHLE ist Professorin für Philosophie und Ästhetische Theorie an der Akademie der Bildenden Künste München. Ihre Forschungsschwerpunkte umfassen politische Ästhetik, Medienphilosophie, Biopolitik und Lebensbegriffe seit 1800, Strategien des Reenactment, Medien und Mimesis. Zuletzt erschien ihr Buch *Mimetische Milieus. Eine Ästhetik der Reproduktion* (Paderborn: Brill | Fink, 2022).

SHUSHA NIEDERBERGER ist Künstlerin, Vermittlerin und Forschende im Bereich digitale Kunst und Kultur. Gegenwärtig arbeitet sie an ihrer Dissertation zu Datenregimes und der kulturellen Form des Users im Rahmen des Forschungsprojektes *Latent Spaces. Performing Ambiguous Data* am Institute for Contemporary Art Research der Zürcher Hochschule der Künste.

URIEL ORLOW ist ein multidisziplinärer Künstler, dessen Arbeiten unter anderem auf der 54. Biennale von Venedig, der Manifesta 9 und 12 sowie auf den Biennalen von Berlin, Dakar, Kochi, Taipeh, Sharjah, Moskau, Kathmandu und Guatemala zu sehen waren. Einzelausstellungen unter anderem im Castello di Rivoli, in der Kunsthalle St. Gallen und in der Kunsthalle Mainz. Orlows Publikationen umfassen *Conversing with Leaves* (Berlin: Archive Books, 2020) und *Forest Times* (Berlin: K. Verlag, 2024). Orlow lehrt an der Zürcher Hochschule der Künste, an der University of Westminster in London und am Maumaus ISP in Lissabon.

VOLKER PANTENBURG ist seit 2021 Professor für Filmwissenschaft an der Universität Zürich, nachdem er zuvor Positionen an der Universität Münster, der Bauhaus-Universität Weimar und der Freien Universität Berlin innehatte. 2015 gründete er in Berlin gemeinsam mit anderen das Harun Farocki Institut. Zurzeit leitet er das SNF-Projekt *Paranational Cinema. Legacies and Practices* (2024–2027). Zuletzt erschien sein Buch *Einfachheit ohne Vereinfachung. Zur Praxis Harun Farockis* (Zürich: diaphanes, 2024).

BASIL ROGGER ist – nach einem Studium der Philosophie, Psychologie und Pädagogik und einem kurzen Zwischenspiel an der Universität Zürich – seit 2000 freischaffender Ausstellungsmacher, Autor und Forscher, seit 2003 lehrt er an der Zürcher Hochschule der Künste, seit 2008 in den Kernteams der beiden Masterstudiengänge Kulturpublizistik sowie Transdisziplinarität in den Künsten an der Zürcher Hochschule der Künste.

MARION VON OSTEN (1963–2020) war Künstlerin, Kuratorin, Forscherin und Dozentin, die eine tiefgreifende Kritik der Subjektivität im neoliberalen, von den Nachwirkungen der kolonialen Moderne geprägten Kapitalismus entwickelte. Zu ihren Arbeiten gehören die internationale Ausstellungsreihe *bauhaus imaginista* (2017–2019), *In the Desert of Modernity* (2008–2009, Berlin/Casablanca) und *Sex & Space* (1996, Zürich). Zu ihren Kollaborateur:innen gehörten Labor k3000, kleines postfordistisches Drama und das Center for Post-colonial Knowledge and Culture.

S. 21
Richard Wrigley: *The origins of French Art Criticism. From the Ancien Regime to the Restoration*. Oxford: Clarendon, 1993, Abb. 1.

S. 23
Statens Museum for Kunst / National Gallery of Denmark, open.smk.dk/artwork/image/KKS10888a (zuletzt: 19.12.2024).

S. 27
La Biennale di Venezia, Webseite des Deutschen Pavillons 2017, https://www.labiennale.org/en/agenda/anne-imhof-faust-9 (zuletzt: 19.12.2024).

S. 28
Heinz-Norbert Jocks, Anne Imhof: »Der Anfang und das Ende des Anderen«. In: *Kunstforum International*, Bd. 247, Juli 2017, S. 234.

S. 30
Marco Anelli: *Portraits in the Presence of Marina Abramović: 716 Hours, 3000 Eyes*. Bologna: Damiani, 2011, S. 159.

S. 32
Museum Moderner Kunst Stiftung Ludwig Wien (Hg.): *Changing Channels, Kunst und Fernsehen 1963–1987*. Ausstellungskatalog. Wien/Köln Verlag der Buchhandlung Walther König, 2010, S. 79.

S. 50–53
https://queensmuseum.org/wp-content/uploads/2016/04/Ukeles-Manifesto-for-Maintenance-Art-1969_5-pages.pdf
(zuletzt: 19.12.2024).
© Mierle Laderman Ukeles

S. 60
https://gallery98.org/2018/mierle-laderman-ukeles-maintenance-art-works-questionnaire-and-manifesto-1976/
(zuletzt: 19.12.2024).
© Mierle Laderman Ukeles

S. 61
https://www.wikiart.org/de/mierle-laderman-ukeles (zuletzt: 19.12.2024).
© Mierle Laderman Ukeles

S. 63
https://museums.fivecolleges.edu/detail.php?t=objects&type=ext&id_number=SC+2009.21 (zuletzt: 19.12.2024).
© Mierle Laderman Ukeles

S. 64–65
https://feldmangallery.com/exhibition/096-touch-sanitation-ukeles-9-9-10-5-1984
(zuletzt: 19.12.2024).
© Mierle Laderman Ukeles. Courtesy the artist and Ronald Feldman Gallery, New York

S. 74/75
Alle Bilder: Uriel Orlow

S. 94–121
Alle Bilder: Tine Melzer

S. 127–135
Alle Bilder: Gabriela Löffel

S. 156–169
Sammlung Volker Pantenburg

Going Public.
Praktiken des Veröffentlichens im Kunstfeld.

Herausgeber:innen
Sigrid Adorf, Sønke Gau und Basil Rogger

Autor:innen
Sigrid Adorf, Dirk Baecker, Margarida Brito Alves, Sønke Gau, Stephan Geene, Jens Kastner, Eva Kernbauer, Gabriela Löffel, Isabell Lorey, Geert Lovink, Tine Melzer, Maria Muhle, Shusha Niederberger, Uriel Orlow, Volker Pantenburg, Basil Rogger, Marion von Osten

Gestaltung und Satz
Anna Marchini Camia, Zürich

Übersetzungen
Karl Hoffmann, Berlin

Lektorat und Korrektorat
diaphanes, Zürich-Berlin und die Herausgeber:innen

Druck und Bindung
Offsetdruckerei Karl Grammlich, Pliezhausen

Verlag
diaphanes, Zürich-Berlin
www.diaphanes.net

Die Herausgeber:innen danken dem Master Transdisziplinarität in den Künsten, dem Master Art Education, dem Departement Kulturanalysen und Vermittlung sowie dem Forschungsschwerpunkt Kulturanalyse in den Künsten für ihre Unterstützung dieser Publikation, die auf die Veranstaltungsreihe »Positionen und Diskurse« zurückgeht, welche von 2009 bis 2024 im Basisprogramm des Departements Kulturanalysen und Vermittlung an der Zürcher Hochschule der Künste stattfand.

ISBN 978-3-0358-0520-8
Printed in Germany

Impressum